RAÚL GUSTAVO FERREYRA

ESBOÇO SOBRE A CONSTITUIÇÃO

Tradução: Carolina Cyrillo

Revisão: José Eduardo Schuh e Rodrigo Vissotto Junkes

NIDH - UFRJ

RIO DE JANEIRO

2023

Direitos autorais desta edição

Instituto Interamericano Ltda., 2023.

ISBN: 978-65-980381-0-6

Ficha catalográfica

Para Alessandra, María Eugenia, Martina Sol e Aitana Giulia

Para Leandro E., Juan Ignacio e Ramiro

"El Señor creó el mundo el primer día; el sol, la luna y las estrellas, el cuarto.
¿De dónde salía la luz el primer día?"

Fiódor DOSTOIEVSKI, *Los hermanos Karamázov*, Madrid, Gredos, 2016, p. 157

SUMÁRIO

PREÂMBULO PARA EDIÇÃO NO BRASIL

O AMBIENTE NATURAL DO ESBOÇO SOBRE A CONSTITUIÇÃO

A "Constituição cidadã" (*The Citizen Constitution*)

A República Federativa do Brasil possui um dos maiores espaços territoriais do mundo. Em suas terras, com suas águas, sob seu céu e seu sol perpétuo, mais de 200 milhões de pessoas convivem com desigualdade de fortuna.

O Brasil é uma bênção do mundo natural!

A Lei Fundamental do Brasil de 1988 deu origem a um modelo que, presidido pela natureza obrigatória do *sufrágio com valor igual para todos*, engloba um cidadão com simultaneamente o direito de votar e o dever de se alistar civicamente para eleger autoridades dentro das margens de uma democracia constitucional. Assim, o Brasil, com base nas premissas acima mencionadas, é uma das democracias constitucionais mais amplas das Américas. Ao avaliar a abrangência das normas de sua constituição, deve-se sempre levar em consideração que estamos diante de um território continental com mais de oito milhões de quilômetros quadrados e um cadastro eleitoral que permite o voto de mais de cento e cinquenta milhões de cidadãos. Todas as democracias constitucionais são fundamentais para seus cidadãos, mas a democracia constitucional brasileira também é fundamental para os estudos constitucionais e políticos na América do Sul, devido às propriedades de suas possibilidades de manutenção, desenvolvimento e aprimoramento.

No discurso proferido na sessão de 5 de outubro de 1988, sessão parlamentar de aclamação do Texto Constitucional, o deputado federal Ulysses Guimarães afirmou: "*A exposição panorâmica da lei fundamental que hoje passa a reger a Nação permite conceituá-la, sinoticamente, como a Constituição coragem, a Constituição cidadã, a Constituição federativa, a Constituição representativa e participativa, a Constituição do Governo síntese Executivo-Legislativo, a Constituição fiscalizadora*"[1]. Os 35 anos transcorridos demonstram muito

---

[1]   Disponível em https://www2.camara.leg.br/atividade-legislativa/plenario/discursos/escrevendohistoria/25-anos-da-constituicao-de 1988/constituinte-1987-1988/pdf/Ulysses%20Guimaraes%20

mais os pontos fortes do que as fraquezas da descrição legal e do prognóstico político feitos pelo ex-presidente da *Assembleia Nacional Constituinte*. Uma reunião de congressistas que, por seu número, pelas qualidades fundamentais do instrumento criado e pela importância da configuração jurídica que realizaram, tem um lugar na história e no presente do constitucionalismo mundial.

A existência e o desenvolvimento das instituições do Brasil são um farol brilhante e insubstituível para todos os sul-americanos. A partir de sua cabeça, estabelece-se um exemplo de boa linguagem constituinte. As raízes e justificativas da ordem estabelecida por uma Constituição devem ser sempre estabelecidas logo no início do livro secular; embora as diferentes peças de uma lei fundamental não devam ter qualquer diferença hierárquica entre si. Nesse sentido, a Constituição da República Federativa do Brasil (CF88) de 1988, ao estipular em seu art. 1° que o Brasil é um "*Estado Democrático de* Direito"[2], que tem como fundamentos a soberania, a cidadania, a dignidade da pessoa humana, os valores sociais do trabalho e da livre iniciativa[3], tudo dentro de um quadro de pluralismo político em que todo o poder emana do povo, confere o pleno cumprimento à proposição teórica acima mencionada.

No *Bosquejo sobre la Constitución* (Buenos Aires, Ediar, ISBN 978-950-574-956-0), publicado em 2022, afirmei que se apresentava uma "declaração teórica" para a América do Sul sobre o objeto "Constituição" do Estado democrático, tal como exposto no capítulo *inicial* do livro. Essa "declaração" é feita com a máxima pureza que uma certa abstração teórica exige, sem considerar uma ordem jurídico-constitucional concreta. Uma "declaração teórica" baseada em uma ideia fundamental pregada pelo egrégio mestre Paulo Bonavides: *"uma limitação da autoridade governamental"*[4] por meio de uma norma sobre as regras da ordem jurídica para garantir a paz social. Entretanto, a composição dessa "declaração", feita sob o método puramente racional, também se valeu da experiência que emana da positividade de cinco ordens fundamentais, jurídicas, concretas e atuais: as da Argentina, Colômbia, Equador, Bolívia e... claro: a que emana

---

%20DISCURSO%20%20REVISADO.pdf

[2] Streck, Lenio Luiz e Bolzan de Morais, Jose Luis, "Estado democrático de Direito", na obra coletiva *Comentários à Constituição do Brasil*, coordenação científica de Gilmar Ferreira Mendes *et al.*, São Paulo, Saraiva et al. 2014, pp. 113-115.

[3] Barroso, Luis Roberto e De Barcellos, Ana Paula, "Os valores sociais da livre iniciativa" em *Comentários à Constituição do Brasil, p. 133-135.*

[4] BONAVIDES, Paulo, *Curso de direito constitucional*, São Paulo, Malheiros, 2017, p. 34.

da magnífica CF88. A "declaração" tem por objetivo estimular e desenvolver a discussão científica da teoria do direito constitucional comparado na América do Sul, sem apelo direto a uma ordem fundamental específica e concreta de um Estado, mas para o benefício sustentado de todos ou da maioria dos cidadãos.

A obra foi concebida e escrita em meu idioma nativo com a séria e desejada ilusão de sua tradução para outros idiomas, em particular e em uma aspiração diletante: para o português. Assim, "esboço" em espanhol significa "o primeiro traço de qualquer criação intelectual". No maravilhoso idioma português, ele agora é intitulado *"Esboço"* também sobre a "Constituição" pelas razões a seguir expostas. Em português, "esboço" significa, em suas possíveis acepções, os primeiros contornos de uma obra e, por extensão, o conjunto de ideias principais. O campo semântico de "bosquejo" em espanhol é equivalente ao de "esboço" em português. Mas há mais. Uma razão histórica. O uso do substantivo "esboço" é uma homenagem ao jurista baiano Augusto Teixeira de Freitas [1816-1883], que com seu *Esboço[5] "de um Código Civil para o Brasil "* [1860-1865] apontou o caminho para a codificação do direito privado na América do Sul.

O *Esboço da Constituição* foi escrito durante o verão e corrigido no outono de 2022. Foi publicado no final do inverno daquele ano e apresentado à comunidade acadêmica por Alejandro W. Slokar e Leandro Vergara na Universidade de Buenos Aires (UBA).

Apenas duas temporadas se passaram desde que saiu do prelo na cidade de Buenos Aires até o gentil convite, da Editora do Instituto Interamericano de Direitos Humanos e do Núcleo Interamericano de Direitos Humanos da Universidade Federal do Rio de Janeiro (UFRJ), para publicá-lo no Brasil na primavera e o verão deste ano de 2023.

---

[5] Em 25 de agosto de 1860, Antônio Teixeira de Freitas definiu sua própria obra como um "longo trabalho, que por ora tem o título de Esbôço". Veja, *Código Civil. Esbôço*, Ministério da Justiça e Negócios Interiores, Serviço da Documentação, República dos Estados Unidos do Brasil, 1952, p.3. No artigo 1º de seu "Esbôço", Freitas disse que as leis do Código não serão aplicadas fora de seus limites, uma frase admirável que deve ser totalmente seguida e compreendida por todos os funcionários públicos de nossos países, uma vez que eles abusam ou se desviam dos poderes restritos autorizados pelos códigos constituintes.

O autor do "Esboço" foi descrito como "um jurista puro" por Haroldo Valladão em sua contribuição "Teixeira de Freitas, jurista excelso de Brasil, de América, del Mundo", *Lecciones y Ensayos*, Facultad de Derecho, Universidad de Buenos Aires, Buenos Aires, número 21-22, 1961, p. 77".

A obra que o leitor tem em seu domínio, *Esboço sobre a Constituição*, agora em português, acaba sendo a tradução fiel do *Bosquejo sobre a Constituição,* concebido e escrito em espanhol, de modo que as questões relacionadas à irmandade de nossas línguas sejam resolvidas e solucionadas.

Apenas seis meses se passaram entre a edição inicial e o convite para realizar essa tradução, razão pela qual, como a obra está agora no palco do debate público, nenhuma alteração foi introduzida na publicação em língua portuguesa em relação à publicação em *castelhano*. Por essas razões, é nessa atmosfera outonal que se desenvolvem as reflexões que se seguem nas duas próximas seções sobre a "linguagem do sistema da Constituição" e as "razões da Lei Constituinte do Estado", muito possivelmente, os laços instrumentais e substantivos sobre os quais se assenta o livro, cuja única mudança reside na adoção da língua portuguesa, representem uma forma de creditar respeito e afeto à comunidade a que se destina.

Linguagem teórica para a paz

Os idiomas são uma das maiores invenções dos seres humanos. Até o momento, não existe uma linguagem global e universal que englobe todos os seres humanos. Por essa razão, toda linguagem é parcial, pois pressupõe uma compreensão fragmentária, nunca total, da realidade objetivada no mundo.

Para que um idioma exista,[6] deve existir uma combinação ou um conjunto ordenado de sinais que constituem um sistema de comunicação de uma sociedade humana e que também costumam ter um *script*.

Em português, há as palavras: "língua" e "linguagem", assim como em espanhol *"lengua"* e *"lenguaje"*. O campo de cada uma delas não será definido aqui porque tal empreendimento está além do escopo deste estudo. Devo simplesmente testemunhar que a escolha de "língua" ao longo deste artigo se baseia nos motivos a seguir apresentados. Primeiro, o fato de que o significado de "língua" parece ser o mais apropriado para a tese que desenvolvo e justifico neste trabalho. Em seguida, em segundo,

---

[6] Para Ferdinand de Saussure, a linguagem é um fenômeno; um exercício de uma faculdade que está no homem. A linguagem, por outro lado, é o conjunto de formas concordantes que esse fenômeno assume em uma coletividade de indivíduos e em uma determinada época. Consulte SAUSSURE, Ferdinand de, *Escritos sobre lingüística general*, Gedisa, Barcelona, 2004, p. 119.

uma razão muito forte me levou a apoiar o termo "língua"; assim, o artigo 13 da CF de 1988 afirma que: *"A língua portuguesa é o idioma oficial da República Federativa do Brasil"*. Isso não foi um palpite, mas uma determinação intelectual. A escolha da "língua" é, talvez e finalmente, uma aplicação do princípio *"a verdad sabida, buena fe guardada"* contido no artigo 268, parágrafo 8°, da Constituição Política da Colômbia de 1991, uma norma fundamental que tem o cuidado de estabelecer a língua como um instrumento útil para igualar a sociedade e superar suas desigualdades, como pode ser visto nos artigos 10 e 13 da Suma Regra colombiana.

Os idiomas escritos nas Constituições são idiomas artificiais.

Na América do Sul, tanto as constituições em vigor quanto as que foram abolidas, revogadas ou enterradas representam um patrimônio cultural muito importante de suas comunidades.

Os sistemas constitucionais, por meio de sua linguagem, instituem uma regulamentação fundamental e operacional adequada para governar o relacionamento e a coexistência pacífica de cidadãos igualmente livres de uma determinada comunidade.

A linguagem que estabelece o sistema da Constituição do Estado sempre será uma criação puramente política. Ela reivindicará para o benefício de sua ação a instituição do fundamento jurídico da ordem estatal e de sua mudança. Assim, as normas constitucionais produzidas pelo exercício do poder instituidor (ou de variação) devem ser sempre finitas, porque o número de palavras que compõem o texto constituinte é limitado.

As regulamentações escritas do idioma da Constituição são finitas porque não têm elementos fora de si mesmos no estabelecimento da regulamentação. Com suas normatizações, a linguagem da Constituição mostra a essência de tudo o que pode ser pensado dentro da comunidade estatal. A linguagem constituinte do Estado, regulada pela finitude de suas palavras geradoras, terá que fornecer um caminho quase infinito. A realização da Constituição, por cumprimento ou interpretação, autorizará um uso quase "infinito" ou ilimitado do instrumento de "meios finitos"[7]. Em um determinado espaço e tempo, a linguagem da Constituição expressa as possibilidades de governabilidade de uma comunidade de cidadãos iguais em liberdade. Cidadãos e servidores públicos, em uma

---

[7] HUMBOLDT, Wilhelm von, *On Language. The Diversity of Human Language-Structure and Its Influence on The Mental Development of Mankind (A diversidade da estrutura da linguagem humana e sua influência no desenvolvimento mental da humanidade)*, Nova York *et al.*, Cambridge University Press, 1988, p. 91.

sociedade aberta e pluralista, são todos "potencialmente intérpretes da lei fundamental do Estado".[8]

Os profissionais que elaboram a Constituição, em regra apelidados de servidores públicos, porque suas tarefas são pagas pelo Tesouro do Estado, devem ter sempre em mente que a linguagem da Lei Fundamental nunca incluirá caminhos infinitos para evitar a tentação habitual de abuso ou mau uso do poder autorizado. A finitude da linguagem constitutiva do Estado termina quando o servidor público, sozinho ou com sua própria vontade vacilante ou irracionalidade, corrompe os limites da Lei Fundamental. Assim, o instrumento finito por natureza se tornará escandalosamente a pedra infinita de um despotismo judicial, congressional ou executivo, que, conforme o caso, exercerá o poder sem a autorização da Lei - um estado sem lei ou com "nenhuma lei", resultado da vontade irrefletida do príncipe no poder ou de um grupo de déspotas autoritários.

As elaborações que descrevem e valorizam a linguagem da Constituição também são instituídas como um linguajar; a linguagem da doutrina científica dos autores ou a linguagem profissional da jurisdição, caso esta última possua características marcantes de estabilidade, seriedade, coesão e harmonia.

A linguagem do *Esboço* é o linguajar de uma teoria geral da Constituição na América do Sul, uma ideação que se expressa por escrito, cujos objetos científicos de estudo são as partes abstratamente descritas e elaboradas de uma Lei Fundamental sem o eixo principal de um determinado ordenamento jurídico. Essa metalinguagem teórica - ou linguagem do conhecimento constitucional - não é uma novidade na doutrina do autor. No próprio texto da obra, mais adiante no Capítulo *I,* é reconhecida a tese de Emer de Vattel, que provavelmente foi um dos pioneiros a escrever e a contribuir na língua românica [1758] com uma definição da "Lei Fundamental" que forma a "Constituição do Estado"[9] .

---

[8] HÄBERLE, Peter, *Hermenêutica Constitucional - A sociedade aberta dos intérpretes da constituição: contribuição para a interpretação pluralista e "procedimental" da constituição.* Tradução e apresentação de Gilmar Ferreira Mendes, Porto Alegre, Fabris Editor, 2002, p.41.

[9] No Capítulo Um do *Esboço sobre a Constituição,* o leitor encontrará a citação completa correspondente à edição principesca em francês.   Também pode ser lida em espanhol: Vattel, Emer de, *El Derecho de gentes o principios de la ley natural aplicados a la conducta y a los negocios de las naciones y de los soberanos,* traducidos al castellano por Lucas Miguel Otarena, tomo I, Madrid, 1822, Ibarra Impresor de Cámara de Su Majestad, p. 45 [XXVII].

Entretanto, a linguagem do *Esboço,* expressada e relacionada à finitude de suas palavras, também tem um limite auto imposto. A linguagem do *Esboço,* embora não seja a linguagem da ordem constituinte do Brasil, da Bolívia, da Colômbia, do Equador ou da Argentina, visa ao diálogo genuíno com todos os cidadãos sul-americanos e só pode ser lida e entendida como uma sentença sobre a paz legal, duradoura e estável, na estruturação que o princípio democrático deve proporcionar. Além da paz, não há linguagem do *Esboço,* porque todos os predicados de sua teoria estão inequivocamente voltados para o desenvolvimento e a manutenção da convivência cívica baseada na intangível dignidade da insubstituível individualidade de cada ser humano.

O domínio da razão

Uma concepção de Direito, "aquilo que é em si"[10] para a construção de um Estado, contém em seu âmbito espacial e em sua própria temporalidade uma concepção de Constituição, porque sua natureza derivará de todos os atributos da primeira normatização; portanto, sem ela, jamais poderia ser configurada. A Constituição escrita, regra sobre regras, é o instrumento inevitável para a preservação da vida de todos os seres humanos e de seu meio ambiente em paz. Ela foi inventada para que a humanidade pudesse abandonar o estado de natureza, um estado extremamente perigoso, associado a luta de todos contra todos.

A ordem constituinte do Estado deve ser uma ordem que emana da razão.

A "razão" é um guia autônomo do homem em todos os campos em que é possível fazer perguntas ou investigações. Nesse sentido, diz-se que a "razão" é uma faculdade própria do homem e que o distingue dos outros animais; "a razão é, por natureza, a mesma em todos os homens"[11]. Nesse contexto, o termo "razão" significa "a faculdade de pensar", e não que o homem sempre pensa ou às vezes pode pensar. O ser humano tem a aptidão para pensar. Ele pode fazer descrições, críticas, histórias e criações a partir de seus pensamentos. Isso é tudo. "Razão", usada no contexto deste estudo, significa apenas que a vontade do Estado, como

---

[10] Spinoza, Baruch, *Ética*, Madri, Gredos, 2014, p. 31.

[11] Descartes, René: *Discurso sobre o Método. Para dirigir bem a razão e buscar a verdade nas ciências*, Barcelona, Altaya, p.5

regra, deve ser precedida por um critério cognitivo que se baseia amplamente na racionalidade.

Na história do pensamento, houve vários axiomas sobre as suas fontes, inclusive o próprio lugar onde o ser humano é nutrido para realizar as suas tarefas mundanas. Um desses axiomas afirmava: *"Não há nada na alma que não venha dos sentidos"*. No campo do conhecimento constitucional, a axiomatização até suas últimas consequências nos obrigaria a sustentar, de fonte intoleravelmente experimental, por exemplo, a validade da escravização do homem pelo homem, dos crimes contra a humanidade, da exclusão sem justiça social, da concentração despótica do poder e do abuso dos servidores públicos, sendo resultados de uma determinada e eventual constância empírica - caso existam - o próprio conteúdo de qualquer ordem jurídica, histórica e concreta dessas malignidades.

Ao contrário, se alguém postulasse que nada há no intelecto humano fora de seus sentidos, a não ser o próprio intelecto, a razão humana, esse experimento axiomático colapsaria. Essa imagem macabra da dignidade e da convivência humana, de uma ordem concreta, histórica e determinada, seria invalidada, mesmo que perversamente reivindicada por sua eficácia. Sem hesitar, caro leitor, digo-lhe de boa-fé que sigo o último axioma, a tese do próprio Gottfried Leibniz em seus *Nouveaux Essais sur l'entendement humain: Nihil est in intellectu quod non fuerit in sensu; excipe nisi ipse intellectus*[12]. Ele não pôde desfrutar das vicissitudes desse texto durante sua vida. Três séculos depois de sua redação, talvez possamos aproveitar aspectos centrais de sua fisionomia axiomática sem a necessidade de afirmar ou negar, conforme o caso, a ausência ou a presença de um princípio sobre a harmonia universal das coisas e seus estados no mundo. A Lei, a Lei da Constituição, é uma invenção contingente que responde a certas propriedades temporais e espaciais; não há eternidade ou perpetuidade em suas ordenações fundamentais. Essa lei da Constituição deve ser uma das mais altas e distintas criações humanas e o resultado da razão do homem. A fonte da autoridade da Constituição do Estado deve ser principalmente a razão. Enquanto essa autoridade voluntária do Estado estiver em conflito feroz com a razão, ela não será uma lei fundamental, mas um "monstro jurídico"[13]. O triunfo da razão

---

[12] LEIBNIZ, Gottfried, *Nouveaux Essais sur l'entendement humain, Paris, Libraire Hachette, 1886, p. 241.*

humana tem que ser a vitória daqueles que raciocinam, em vez de assumir qualquer experiência que tenha ocorrido ou sido mobilizada por um experimento puro e único da vontade autoritária.

Da página inicial à última página do *Esboço sobre a Constituição*, vislumbra-se a razão, o predomínio da razão na teoria constitucional e no exercício sugerido para o exercício do poder constituído. Penso que o ser humano somente será livre - ou terá um quadro de possibilidades para sê-lo - quando o seu itinerário seja orientado pelas "regras da razão", em cujo tempo e espaço possa revelar uma tendência a se associar com outros indivíduos e a realizar um determinado modelo de organização comunitária. Assim, propõe-se a tese de que a razão é a fonte que deve nutrir e inspirar a criação ou a mudança da Constituição. A fundação ou a variação da Lei Básica, um estado de coisas eminente em toda comunidade deve ser embalada na razão.

Em suma, a Constituição do Estado, a ordem fundamental de uma comunidade livre, democrática, positiva, escrita e regulamentada deve ser o resultado de um exercício da razão para todos os estados de coisas que, com pretensões de antecipação, previsibilidade e calculabilidade, se decide estabelecer em um determinado tempo e espaço. Essa é minha tese racional mais pura, elaborada com a ajuda da experiência.

Agradecimentos

Nos últimos 12 anos, cinco contribuições de minha autoria foram publicadas em "Língua Portuguesa e no Brasil[14] ". Em cada uma delas, se

---

[13] VICO, Giambattista, *El Derecho Universal*, Barcelona, Anthropos, 2009, p. 56.

[14] Os detalhes das edições em território brasileiro são os seguintes:

i.   *Manifesto do Estado Constitucional. Regras fundamentais sobre os antecedentes e justificação da associação estatal*, Malheiros, São Paulo, 2018, 189 pp., tradução de Ben Hur Rava.

ii.   *Constituição e direitos fundamentais: um enfoque sobre o mundo do direito*, traduzido por Carolina Machado Cyrillo da Silva e David Leal da Silva, Linus, Porto Alegre, 2012, pp. 72.

iii.   "Fundamentos Básicos de Direito Constitucional", in *Revista Latino-Americana de Estudos Constitucionais*, ano 10, nº 12, edições D. Rocha, Fortaleza, Brasil, novembro de 2011, pp. 437-465, traduzido por Carolina Machado Cyrillo da Silva.

iv.   "Notas sobre a paz. Propósito de um constitucionalismo cidadão", publicado na *Revista Estudos Institucionais*, Vol. 3, nº 2, 2017, Universidade Federal do Rio de Janeiro, pp. 1045-1073, traduzido por Ben Hur Rava.

v.   "Breve Manifesto sobre o Estado constitucional (a constituição como quarto

houver mérito ou progresso, ele deve pertencer ou ser atribuído de pleno direito a quem fez as traduções. Por outro lado, erros ou conjecturas equivocadas devem ser atribuídos exclusivamente ao autor deste "Preâmbulo à edição brasileira" do *Esboço sobre a Constituição*.

Essas contribuições permitiram um crescimento notável do diálogo com a comunidade brasileira. Sinto-me muito honrado com as discussões e o apoio dos diferentes editores para levar essas publicações adiante.

A publicação do *Esboço sobre a Constituição* contou com a constante contribuição de Carolina Cyrillo, que produziu uma tradução sóbria e solvente, fruto de seu excelente domínio dos dois idiomas, tanto o português, sua língua materna, quanto sua língua de adoção: o espanhol. Contou com a revisão feita por José Eduardo Schuh e Rodrigo Vissotto Junkes. Também recebi o apoio de Siddharta Legale, que com confiança e dedicação distinguiu a edição. Evidentemente, não posso deixar de mencionar a *Editora do Instituto Interamericano de Direitos Humanos e o Núcleo Interamericano de Direitos Humanos da Universidade Federal do Rio de Janeiro*. Expresso meus agradecimentos a todos.

Também sou grato à Ediar por autorizar esta tradução gratuita para o português.

Para concluir, busco a companhia das palavras do contador de histórias: "a verdade, como o tempo, é uma ideia que depende do contato humano"[15] . Portanto, é preciso aceitar que todo "conhecimento humano é humano"[16] , seja ele baseado na razão ou na experiência (talvez, por exceção: intuições e imaginações), deve ser sempre um conhecimento cuja frágil autoridade só pode residir naquilo que está ao nosso alcance. Nosso domínio minudente dos estados de coisas do mundo só pode autorizar um conhecimento minucioso. Se o domínio for minúsculo, a natureza do que é conhecido nunca poderá ser superior, pois seria um milagre se fosse igual ou equivalente, e deixaria de ser científico. Um agnosticismo irredutível me impede de comentar sobre a graça divina. Por tudo isso, a busca de uma verdade e sua adequação com a realidade mundana, uma conjectura racional sujeita à própria mudança das existências,

---

elemento do Estado Democrático de Direito)", in *Revista da Escola Superior de Advocacia* (Seção do Rio Grande do Sul da Ordem dos Advogados do Brasil), Vol. 4, nº 4, 2018, traduzido por José Eduardo Schuh.

[15] DINESEN, Isak, "Los caminos de los alrededores de Pisa", em *Cuentos reunidos*, Buenos Aires, Alfaguara, 2011, p.17.

[16] POPPER, Karl R., *Selected Writings*, Cidade do México, FCE, 1995, p. 60.

constitui o fim do trabalho nas condições epistêmicas impostas, cuja crítica e avaliação dependem agora, graças à vida, do relacionamento com a comunidade brasileira.

Raúl Gustavo Ferreyra
Outono de 2023.

NOTAS DE TRADUÇÃO

Raúl Gustavo Ferreyra é o mais brasileiro dentre os constitucionalistas argentinos. Seu domínio do sistema de direito constitucional positivo brasileiro impressiona e facilita a realização da tradução de qualquer de suas obras ao nosso idioma.

Traduzir é verter, converter e entregar ao público leitor o trabalho que ilustra o pensamento do autor. Temos a pretensão de havermos conseguido com êxito essa tarefa.

Optamos por traduzir *Bosquejo* por *Esboço,* e não por rascunho, que seria a literalidade mais aproximada, em comum acordo com o autor, de modo a converter o entendimento de seu pensamento. A graça da linguagem que permeia o que quis comunicar Raúl Gustavo Ferreyra, neste ensaio de constante construção de uma teoria sobre a Constituição, do olhar atento de um constitucionalista Sul-americano, deve ser preservada.

Temos a enorme satisfação de conversarmos constantemente com o autor, nosso professor titular catedrático. Seguramente sabemos que a tradução desse livro será aproveitada pelo público alvo que fala português e terá facilitado o diálogo com as ideias do autor em nosso país.

Carolina Cyrillo
José Eduardo Schuh
Rodrigo Vissotto Junkes

PALAVRAS SOBRE PALAVRAS

Esboço

Neste estudo, o leitor é apresentado com prosa produzida em um momento único no tempo: o verão de 2021-2022. A literatura jurídica é frequentemente produzida em vários atos, não raro que levam anos. Ela é pesquisada, discutida, repensada, planejada e redigida, até que com imensa energia se encontra um fio para suas palavras, convencido da seriedade da escrita. Não se sabe - ou não se quer saber - que uma obra nunca terá um fim acabado. Sim, ela terá um "fim". Todos os meus livros anteriores foram escritos em "capítulos diferentes" que, por sua vez, se estenderam por anos.

O *Esboço sobre a Constituição* estava em minha mente há muito tempo. A ideia original era pensar, repensar, escrever e reescrever uma "declaração teórica" sobre o objeto "Lei Fundamental"[17]. Uma tese englobando decisões epistemológicas e ontológicas sobre a natureza, Deus, conhecimento teórico, razão natural, inteligência artificial (IA), tipos de regras constituintes, democracia, sociedade aberta e paz. Todas estas preocupações estavam de forma seminal comigo desde o dia em que entrei na Faculdade de Direito da Universidade de Buenos Aires (UBA), no verão de 1978, em sua escadaria principal.

Os escritos científicos sobre Direito têm formatos e conteúdos diferentes. Cada autor acreditará ou intuirá que em uma determinada obra foi feita uma descrição ou uma estipulação sobre os estados do objeto em estudo e as razões manifestas e latentes que motivaram a jornada da escrita. No entanto, com relação ao resultado da contribuição, eles serão divididos entre aqueles que preferem ser lidos de "várias vezes por uma pessoa" a "uma vez por várias"[18].

Como sempre acontece por "acaso" na existência viva dos seres humanos[19], uma "causalidade" embalou o início destes escritos. Um *esboço,*

---

[17] A Constituição é pura lei, e é por isso que neste livro "Lei Fundamental" e "Constituição" são usadas como sinônimos. Além disso, a Lei Fundamental pertence à lei do gênero, sobre a qual Bertrand Russell disse: "o respeito à lei é uma condição indispensável para a existência de qualquer ordem social tolerável". V. RUSSELL, Bertrand, *Authority and the Individual,* Cidade do México, Fondo de Cultura Económica, 1950, p. 122.

[18] VALÉRY, Paul, *Cuadernos (1894-1945)*, Colonia (Uruguai), Del Sacramento, 2021, p. 95.

no sentido que pode ser aplicado a toda "criação intelectual". É nesta orientação que esta contribuição deve ser entendida. Assim, considerei que era necessário imaginar um *incito* para a obra. Uma vez justificada, procurei, pensei e encontrei, comoventemente, o respectivo *excêntrico*. Eu alivio o peso desta história. A ilusão é que o leitor fará toda a viagem, da "Inicial" à "Última página", sem saltar etapas.

Eu sempre desejei possuir uma escrita com tais propriedades. Era também para fornecer prosa com seus quatro pontos cardeais e, acima de tudo, o parâmetro de sua finitude. A vida humana está basicamente sujeita ao princípio da indeterminação. No que diz respeito a estas "palavras sobre palavras", posso dizer que não lembro o dia em que comecei a escrevê-las, nem posso adivinhar o infeliz dia em que parei. Sabendo, então, a importância do início, com tal impressão, eu "tive" de planejar um desenvolvimento e um fim.

Todo escritor é um leitor - o gênero máximo. As leituras produzem influências importantes na vida daqueles de nós que decidem que elas devem ser um momento perpétuo. Confesso que já li longos romances em todos os sentidos do termo. De um dos mais notáveis, escolhi a epígrafe para este livro, pois essas palavras condensam lindamente minhas preocupações. No entanto, desde muito jovem, as peças de teatro e romances curtos eram as minhas preferidas. Talvez por essa razão, julguei que a duração de um romance curto seria um quadro apetitoso de contenção para o *Esboço*. Estou ciente de que não há e nunca haverá um acordo sobre "qual" deve ser a duração e qual deve ser a estrutura de um romance curto. Seria suficiente para mim que o leitor soubesse e se regozijasse em conhecer a representação original de minhas ações, independentemente do sucesso ou fracasso da tarefa final.

O *Esboço* visa conter, com as formalidades descritas acima, as linhas básicas de uma redação sobre a teoria do sistema da Constituição. Aceito que as teorias são redes que lançamos para capturar o que chamamos de "mundo": para racionalizá-lo, explicá-lo e dominá-lo e tentar tornar a malha mais fina e mais fina[20]. Somente as pessoas que lançam a rede terão

---

[19] Neste livro eu uso o termo "ser humano" para me referir a qualquer ser animado racional, masculino, feminino ou não-binário. Assim, sigo um dos acordos mais edificantes e difundidos na história da humanidade, a Declaração Universal dos Direitos Humanos (DUDH) de 1948, que afirma no Artigo 1 que "Todos os seres humanos nascem livres e iguais em dignidade e direitos e, dotados de razão e consciência, devem agir uns para com os outros em espírito de fraternidade". Também para os propósitos deste trabalho, todo ser humano é uma pessoa.

mais chances de colher os frutos. Dentro desta estrutura, o *Esboço* não é uma teoria de uma ordem jurídica particular, e é por isso que a abstração em seu planejamento e posterior dissertação tem se revelado como momentos decisivos e indispensáveis. No entanto, ele aproveita meu status de constitucionalista sul-americano, embora - repito - não seja um texto sobre o direito constitucional sul-americano, mas uma teoria escrita e concebida na América do Sul.

Como toda teoria, posso aqui dar um esboço geral de seu conteúdo, porque a "afirmação teórica" é encontrada mais tarde em "Inicial" e se justifica ao longo de todo o livro com uma variedade de argumentos.

Uma lei fundamental deve ser instituída por um sistema da constituição contendo uma combinação de regras acima de todas as regras do direito estatal para o desenvolvimento de processos públicos no espaço e no tempo de uma comunidade. Um sistema de regras instrumentais a serem dirigidas aos cidadãos e funcionários públicos, que serão registradas em escrituras. A produção do sistema artificial da constituição, que deve ser um elemento primordial do Estado, deve ser baseada no poder e na liderança política dos cidadãos que compõem o povo, representados por uma autoridade política para cada momento constituinte (fundação ou mudança).

Este sistema da Constituição, que conferirá hierarquia e validade a toda a ordem jurídica do Estado, deve ser composto de quatro peças. A primeira destas peças, os atos do sistema da Constituição que preveem a sua "composição", devem compreender até quatro partes: simples declarações; direitos, bens e deveres fundamentais; o desenho do poder e o processo de reforma. A segunda das peças deve ser os mecanismos de garantia. A terceira peça é a estrutura democrática. A composição, a estrutura e as garantias do sistema terão como ambiente uma "sociedade aberta", uma espécie de quarta peça. A missão do sistema da Constituição será a implementação de uma paz relativa e duradoura na comunidade estatal.

O próprio cultivo da abordagem teórica, com suas margens indispensáveis que devem sempre delimitá-la, inibe qualquer inclinação cognitiva para as regras do direito constitucional em vigor na América do Sul. Eventualmente, considerei textos em vigor em cinco estados sul-americanos e, para a própria definição teórica, não considerei outros estados.

---

[20] POPPER, Karl, *La lógica de la investigación científica*, Madrid, Tecnos, 1962, p. 58.

A identidade da tese

Para compor este trabalho, fiz uso da contribuição "Sobre la Constitución". Concepto, composición y mecanismos", em *Visión Jurídica*, Club de Abogados, Bogotá, ano 8, nº 7, 2019, pp. 59-76.

Também usei as seguintes palestras que ministrei:

I. "Natureza e cultura", palestra aberta, Faculdade de Direito, outubro de 2019. "Direitos fundamentais: uma escada para o céu", Palestra aberta, Faculdade de Direito, novembro de 2019.

II. "A Constituição: um sistema de regras fundamentais", Faculdade de Direito, Curso de Pós-graduação, 26/11/2020.

III. "La Constitución y su reforma: retos y problemas teóricos", no 1º Seminário Web sobre Direito Constitucional co-organizado pela Faculdade de Direito da UBA e pela Faculdade de Direito da Universidade de Oviedo, 13/4/2021.

IV. "Jurisdicción y supremacía constitucional", no 2º Webinar sobre Direito Constitucional co-organizado pela Faculdade de Direito da UBA e pela Faculdade de Direito da Universidade de Oviedo, 27/9/2021.

V. "Governance of Citizens, the Democratic Principle", Ordem dos Advogados do Estado, 7/12/2021.

VI. "Cuál debería ser el espíritu de la nueva Constitución para Chile... desde la Ciudad de Buenos Aires", 17/12/2021, organizado pelo Instituto de Estudios Judiciales "Hernán Correa de la Cerdá" de Santiago.

VII. "Constitución y cambio tecnoloogico", Seminário sobre *Independência Judicial e Sociedade Digital*, organizado pelo Colégio de Juízes e Procuradores de Antioquia, Medellín, 17/2/2022.

VIII. "Los condicionamientos externos al Estado social y democrático de Derecho en perspectiva transoceánica (UE y FMI)", 3º Webinar sobre Direito Constitucional co-organizado pela Faculdade de Direito da UBA e a Faculdade de Direito da Universidade de Oviedo, 21/3/2022.

Agradeço, em todos os casos, aos editores e organizadores das reuniões acadêmicas e eventos acima citados. Tive muita sorte em participar, de uma forma ou de outra, dos momentos científicos detalhados.

Talvez este inventário tenha autorizado a oportunidade de escrever o *Esboço*, em um único traço e singular, de um ponto de vista discursivo, devido a suas qualidades, talvez sem repetição na vida de uma pessoa. Uma mistura de razões e emoções que, com seus respectivos processos, são deixadas à existência do mundo. Convido, portanto, todos os leitores a pensar juntos sobre a construção pacífica de uma comunidade igualitária de cidadãos em igual liberdade.

Agradecimentos

Discuti algumas das ideias aqui apresentadas com Leandro Vergara, Alejandro W. Slokar, Alberto R. Dalla Vía, Nancy Cardinaux, Sebastián D. Toledo, Diego A. Dolabjian, Mario F. Cámpora, Edgar H. Fuentes-Contreras, Pablo Gres Chávez, Andrés Pérez Velasco, Cecilia Urquieta Pardo, César Domínguez Ardila, Carolina Cyrillo, Vannesa A. Pérez Rosales, Enrique J. Morales, Nerina A. Da Rin, Gabriela Roveda Peluffo, Ricardo Rabinovich-Berkman e Nora Cattaneo. Também falei com professores que trabalham no meu departamento: Francisco Balbín, María Alejandra Perícola, Leandro A. Martínez, Melisa Szlajen, Carlos Romanelli e María Fernanda Lombardo.

Também me beneficiei das discussões com Mariano Vitetta, Carlos Más Vélez, Juan Pablo Más Vélez, Pablo O. Cabral, Adriana do Carmo Figueiredo, Paul Córdova Vinueza, Virgilio Hernández Enríquez, Guillermo Raúl Moreno, Eduardo R. Olivero, Ben-Hur Rava, R. Eloy Miranda Argôlo, José Eduardo Schuh, Luciano Vernetti, Rodrigo Vissotto Junkes, Lucas Bettendorff e Alfonso Clavijo.

Este livro também credita, de uma forma ou de outra, as influências dos diálogos que tive com Gustavo Oscar Carrara, Alfonso Celotto, Benito Aláez Corral, Juan Carlos Cassagne, Diego Valadés, Peter Häberle, Raúl Serroni Copello e Eugenio Raúl Zaffaroni.

Gostaria de expressar minha gratidão a Ediar na pessoa de Alejo Álvarez. Também a Pablo Alí, por todo o trabalho envolvido na edição e cuidado deste livro, assim como a Javier F. Luna, pelo layout da edição argentina.

O ensino de Germán J. Bidart Campos está sempre presente. Em constante memória de seu legado humanista e científico, adoto a "Constitución federal" de la Argentina (CFA) para analisar as regras em que se baseia o Estado do país vizinho ao Brasil.

Estou feliz em minha vida, pois pude ter um diálogo profundo com meus filhos Leandro E. e Juan Ignacio, sobre alguns dos assuntos relativos à filosofia, política e Direito envolvidos neste livro.

Um escritor não sabe - ou não sabe exatamente - quando começará suas tarefas. Eles devem ter sempre uma concepção, cuja fecundidade poderia se refletir, no todo ou em parte, no próprio texto. María Gracia Quiroga acompanhou todo o processo com suas conversas. Acabo me perguntando se um alto grau de conversação não poderia ser uma condição para a perpetuidade da doutrina.

A todos estes, meu apreço genuíno. Nenhum deles tem responsabilidade por quaisquer erros que possam estar contidos neste *Esboço*. Agradeço também ao leitor: é uma grande verdade que um escritor escreve, em grande parte, para ser lido[21]. Uma ideia de que anseio para estabelecer uma compreensão da realidade através de conjecturas expressas por uma coleção de palavras.

Raúl Gustavo Ferreyra
Faculdade de Direito da Universidade de Buenos Aires
21 de março de 2022.

---

[21] CAMUS, Albert, "L'Énigme", em *L'été, Ouvres*, Paris, Gallimard, 2013, p. 1132. As obras citadas ou referidas em outros idiomas (alemão, inglês, italiano, francês, português, alemão, italiano, francês) são minhas próprias interpretações ou traduções.

INICIAL

RESUMO: Existe uma ideia de Constituição? Mundo natural. Mundo convencional. Declaração teórica sobre o sistema da Constituição.

Existe a ideia de uma Constituição?

Existe uma Constituição que é dada "em e por" si mesma na natureza? Minha intenção é estimular o leitor com a abertura destas palavras. Na evolução da espécie humana, doutrinas muito diferentes foram desenvolvidas para descrever ou justificar a existência das regras e dos princípios que fundamentam o Estado e sua ordem jurídica. Mais tarde, neste mesmo corpo inicial, apresento uma "declaração teórica" sobre a Constituição do Estado[22]. Aprecio a esperança de que a ideia especulada seja suficientemente consistente e fecunda. Primeiramente, para abordar esta tese, apresento como uma questão de tratamento indispensável a elucidação da origem natural ou artificial da constituição "escrita"[23] de um "estado de direito"[24] , em particular por causa das consequências que surgem decisivamente de cada um destes entendimentos e com o propósito de moldar a cadeia do pensamento. Uma breve distinção baseada na razão e na experiência deve ser feita aqui[25] .

---

[22] Em 1974 Peter Häberle, em sua contribuição "Verfassungstheorie ohne Naturrecht", apresentou como "tese inicial" de seu entendimento dogmático que o "assunto" e a função da constituição da *res publica* devem se desenvolver, provar e apoiar de tal forma que não exija "recursos" da ordem da lei natural. Nesta linha doutrinária, ele argumentou ainda que uma teoria constitucional da comunidade política deveria alcançar e desenvolver abordagens "próprias" auto-sustentáveis, argumentos e relações de fundamentação, princípios de assunto e procedimento e princípios constitucionais além do direito natural. V. HÄBERLE, Peter, "Verfassungstheorie ohne Naturrecht", Tübingen, *Archiv des öffentlichen Rechts*, Mohr Siebeck, Vol. 99, No. 3, pp. 437-463.

[23] Germán J. Bidart Campos ensinou que a Constituição com força normativa é uma Constituição escrita ou codificada. V. BIDART CAMPOS, Germán J., *El Derecho de la Constitución y su fuerza normativa*, Buenos Aires, Ediar, 1995, p. 42.

[24] E. Raúl Zaffaroni ensina que "toda a ordem jurídica proporciona segurança jurídica". ZAFFARONI, E. Raúl, *Manual de Derecho Penal. Parte General*, Ediar, Buenos Aires, 1979, p. 38.

Por "teoria" quero dizer uma combinação consistente de propostas robustas relativas a um mesmo objeto, cuja inferência é feita dentro de um domínio homogêneo. Tenho minhas dúvidas de que uma escrita sobre teoria possa alguma vez alcançar uma forma definitiva, pois nenhum dos caminhos do conhecimento (mesmo que unidos) possuirá uma autoridade conclusiva. Aprecio a ilusão de apresentar e descrever uma teoria argumentada, cuja refutação momentânea é ousada ou complexa.

Por "natureza" quero dizer aquela parte do mundo que é dada "em e por" si mesma, que tem existência real e sobrevive independentemente do ser humano ou da pessoa. Seus elementos, embora antiquados, ainda são básicos: água, terra, ar, fogo. "Artificial" é o nome dado a qualquer coisa ou objeto criado pelo ser humano; por exemplo, ideias, linguagem, máquinas, normas, bem-estar e "paz social"[26]. Todas as coisas artificiais "não ocorrem por si mesmas na natureza" ("em e por" si mesmas).

Ao nascer, o ser humano faz parte do mundo natural, já que somos *assemblages* ou meros acervos de partículas fundamentais da natureza[27] . Temos uma morada na Terra, junto com o resto dos animais e plantas que habitam o mesmo espaço comunitário. Entretanto, o ser humano e a natureza não formam uma entidade única Em outras palavras, o fato de a natureza humana estar associada ao mundo natural não implica que os dois sejam "uma só peça"[28] - mundo natural e natureza humana -, integrados e sujeitos ao governo invariável, rigoroso e uniforme das mesmas leis.

---

[25] Mario Bunge explicou que o "*racio-empirismo*" é uma síntese do conhecimento humano que abraça o racionalismo e o empirismo, colocando, em cada campo, uma autoridade moderada na faculdade de pensar e tal autoridade na observação dos fatos, respectivamente. V. BUNGE, Mario, *A la caza de la realidad: La controversia sobre el realismo*, Barcelona, Gedisa, 2007, p. 63.

[26] Hans Kelsen argumentou que somente uma ordem jurídica poderia garantir a paz social com uma base relativa de permanência para seus cidadãos. Tal ordem, para ter uma existência duradoura, teria que alcançar um compromisso entre os interesses opostos dos cidadãos que minimizasse seus possíveis atritos, sem satisfazer os interesses de uns em detrimento de outros. Ver KELSEN, Hans, "The Pure Theory of Law and Analytical Jurisprudence", *Harvard Law Review*, Vol. 55, No. 1 (Nov., 1941), p. 49.

[27] HAWKING, Stephen, *Breves respuestas a las grandes preguntas*, Buenos Aires, Crítica, 2018, pp. 47-49.

[28] BUNGE, Mario, *Las ciencias sociales en discusión: Una perspectiva filosófica*, Buenos Aires, Sudamericana, 2000, p. 19.

A natureza pode ser melhorada ou destruída pelo homem, mas nos falta a capacidade de criá-la. Sem discutir a eternidade ou a finitude do mundo, a humanidade está testemunhando danos irreversíveis à natureza. A existência do ser humano e de todas as formas de vida na Terra está ameaçada, entre outras calamidades, pela devastação causada pelas atividades emissoras de gases de efeito estufa e pela consequente mudança climática; pela ameaça nuclear gerada pelas ogivas; pela poluição da natureza; pelo crescimento da exclusão social; pelo endividamento irracional dos países pobres ou em desenvolvimento; pelo desmatamento e desertificação grosseiros e irrefletidos do solo; por práticas irresponsáveis na agricultura, na mineração e na criação de animais. A magnitude destes problemas significa que eles são sofridos globalmente com a mesma intensidade em todo o mundo, embora as comunidades continuem sendo estatais, pelo menos na América do Sul[29]. .

A distinção entre natureza e convenção (ou arte e norma), ou, por outro modelo ou forma de expressão, entre natural e artificial, tem sido considerada "fundamental"[30] para a pesquisa e o pensamento. No âmbito da diferenciação acima mencionada, há aqueles que sustentam que existe apenas uma realidade irredutível, a natural. Portanto, a vida passada, presente e futura aconteceria dentro de um "círculo encantado"[31] e de um círculo fechado de regras, artes ou convenções que teriam sido estabelecidas em conformidade com a natureza, e suas próprias leis seriam uma derivação direta de propriedades basilares pressupostas daquelas. Assim, as regras seriam estabelecidas pela conjugação inesperada de energia, por uma vontade do criador ou criadores, ou do dominador do universo, ou seriam uma consequência da interpretação humana determinada de uma ordem cósmica prevalecente e indisponível.

Do outro lado da distinção, há aqueles que sustentam que a produção de normas sociais é uma "convenção"[32] , um verdadeiro e

---

[29] Na América do Sul não há soberania compartilhada. O Estado cobre seus próprios cidadãos, dentro de seu território e com a autoridade de seus poderes criados pela Lei Fundamental. Há uma integração incipiente através de instrumentos e instituições multilaterais, mas não há outro Estado para resolver os problemas mencionados, por enquanto, além daquele constituído pela Lei Fundamental, sem prejuízo dos enormes e notáveis esforços internacionais para evitar os danos irreparáveis da destruição da natureza e da exclusão social.

[30] V. POPPER, Karl, *La sociedad abierta y sus enemigos*, Madrid, Paidós, 1992, pp. 68 e 477.

[31] BURNET, John, *Filosofia grega. Parte I. Thales a Platão*, Londres, MacMillan, 1928, p. 106.

[32] V. POPPER, Karl, *The Open Society and its Enemies*, p. 70.

autêntico artifício, pelo qual os seres humanos são responsáveis, razão pela qual, embora estes sejam domínios proeminentes, é aconselhável construir uma ponte entre o *ser* e o *que deve ser.* Por esta razão, a natureza não deve ser o fundamento e nem deve proporcionar qualquer estado de coisas para que uma decisão ou convenção humana seja produzida de uma certa forma e com um certo conteúdo. Em seu repertório de uniformidades e regularidades, a natureza não teria regras, normas ou modelos morais para o comportamento esperado. O estado de coisas do mundo natural não tem - e não terá - propriedades morais[33]. Entretanto, deve-se notar que permanece aberta a possibilidade de que a natureza possa influenciar as convenções que os seres humanos adotam, por exemplo, em regulamentações legais que são feitas com base no contexto geográfico, na insolação ou na densidade populacional. Portanto, a construção do pensamento que dá origem à lei pode ser influenciada em certa medida, mas não decisivamente fundada, pelos fatos do mundo natural com suas leis próprias.

A distinção oferecida separa claramente, por um lado, uma compreensão "monística" do mundo, na qual não haveria uma separação rigorosa entre leis naturais e leis normativas, e, por outro lado, uma compreensão "dualista", segundo a qual os fatos e normas naturais são impossíveis de redução e acarretam cenários sujeitos a princípios e consequências absolutamente diferentes. Esta última perspectiva, além disso, seria compatível com uma "sociedade aberta"[34] na qual não haveria espaço para tabus, magia ou qualquer outro modelo de encantamento que não fosse o direito social como um fascinante criador de realidade. Em outras palavras: as leis estabelecidas pelo ser humano devem ser declarações que prescrevam uma regulamentação de determinada conduta, regras que podem ou não ser seguidas. Em contraste, as leis naturais, que não têm legislador, são descrições de processos e eventos no universo.

Mundo natural[35]

---

[33] Ibid., p. 71.

[34] Ibid., p. 69.

[35] As considerações sobre a natureza ou o mundo natural, que são sem dúvida inúmeras, servem apenas para orientar o *Esboço*, já que a tese sobre a Constituição é a proclamação do capital. Aqui, desejo compartilhar a ideação de Alexander von Humboldt dada em seu monumental *Cosmos: Ensaio sobre uma Descrição Física do Mundo*, obra publicada entre 1845 e 1862 na Alemanha. A escolha não é aleatória; este autor, em minha opinião, foi um dos

O universo, o mundo ou o cosmos é uma comunhão de todas as coisas existentes. Nas palavras de um filósofo, é um "conjunto de realidades que têm uma existência própria, independente do homem e de sua ação criativa ou modificadora"[36]. A natureza é constituída por uma totalidade de coisas físicas, seus estados e processos; sua descrição mais ou menos exata contém sempre um conjunto de fatos (estáticos e cinéticos), com o detalhe de sua uniformidade, regularidade e estabilidade.

Talvez alguma vez se determine se o universo é espacialmente finito ou infinito. Talvez, como certas cosmologias sugerem, também será conhecido se sua idade é de fato "inferior a 14 bilhões de anos"[37], ou talvez "eterna"[38], porque nenhuma das leis da "física inclui uma data de criação ou expiração". Quiçá em algum momento se saiba se o próprio "tempo" começou com o *big bang* e se o tempo, como tal, não existia antes da criação original do universo. Também não existe nenhuma precisão científica indiscutível, até agora, sobre o início e o desenvolvimento das formas vivas na Terra. Destaque-se: vários bilhões de anos, como data de início, constituem um calendário cósmico que é francamente incontrolável para os seres humanos. Em todo caso, olhar para o enorme passado, tentar imaginar o início do cosmos, desde que não seja eterno, ultrapassa qualquer emoção, amplia a razão e aguça os sentidos. A eternidade do universo, no entendimento de que nada viria do nada, embora com fundamentos, é de aceitação complexa, em razão de sua absoluta falta de determinação.

Não acredito que o estado das coisas no mundo responda a um plano geral, nem que existam seres ou entidades absolutamente perfeitas[39].

últimos polimatos da história. Humboldt disse: "A natureza, considerada por meio da razão, ou seja, submetida como um todo à obra do pensamento, é a unidade na diversidade dos fenômenos, a harmonia entre as coisas criadas, que diferem por sua forma, por sua própria constituição, pelas forças que as animam. É o *todo* animado por um sopro de vida". V. HUMBOLDT, Alexander von, *Cosmos*, Madrid, Los libros de la catarata, Consejo Superior de Investigaciones Científicas, 2011, p. 7. A própria ênfase de Humboldt - um reitor intelectual da humanidade - na contemplação do "todo" natural justifica a inclusão e o gozo de sua citação.

[36] V. MONDOLFO, Rodolfo, *En los orígenes de la filosofía de la cultura*, Buenos Aires, Hachette, 1960, p. 11.

[37] KRAUSS, Lawrence, *Miedo a la física: Una guía para perplejos*, Santiago do Chile, Andrés Bello, 1995, p. 95.

[38] BUNGE, Mario A., *Diccionario de Filosofía*, Cidade do México, Siglo Veintiuno Editores, 2001, pp. 213-214.

Também não acredito que exista ou tenha existido - ou venha a existir - um autor ou série de autores de um programa ou ordem natural do universo e que eles possuíram, possuam ou venham a possuir uma sabedoria suprema e infinita. No mesmo reino da crença intuitiva, não posso compartilhar que Deus escolheu o mais perfeito de todos os "mundos possíveis"[40] para os seres humanos na Terra. No reino da mera conjectura, não acredito em um grande arquiteto onisciente, legislador onipotente infalível e invariavelmente perfeito constituinte, e, portanto, não-humano.

Os seres humanos são matéria do universo, poeira das estrelas. Muito francamente, meu entendimento do universo só me permite intuir que não acredito que haja um só Deus, nem vários ou muitos deuses. E carece de absoluta relevância para um trabalho científico a fé daqueles que decidiram amar e acreditar em um Deus e nas graças divinas - embora eu deva profundamente respeitar, admirar e ponderar. Assim, minhas ideias encapsuladas em sonhos são anseios muito simples: que os seres humanos, acreditando ou não em um Deus, sejam capazes de não fazer o mal ao próximo - ou de diminui-lo - e de cooperar, sempre que possível, de modo a aspirar a desenvolver a humanidade com um passo à frente curto e suave.

As perguntas e preocupações do ser humano começaram com a "natureza" ou com o "outro ser humano" ao seu lado? Ninguém pode dizer com certeza. Os filósofos têm sido inclinados a suspeitar que a cosmologia precedeu os próprios problemas humanos. É complexo admitir que os estudos do que é mais distante e estranho, a natureza (por exemplo, o céu, os mares, as montanhas e as estrelas), teriam precedido a proximidade íntima e adequada de outro ser humano em suas indagações. Minhas intuições - nunca mais do que isso - são uma mera e frágil suspeita: a reflexão sobre o mundo humano precedeu a reflexão sobre o mundo natural[41]. O ser humano sempre exigiu a compreensão do outro para conhecer ou reconhecer a si mesmo, e, se em vez de um único outro, houver uma centena ou mil ou dez mil, tanto melhor, dado que ele poderá aspirar a sentir-se realizado, mesmo que seja com fragmentos da individualidade individualizada em seu ser irrepetível[42].

---

[39] V. LEIBNIZ, Gottfried, *Discurso de metafísica*, Madri, Alianza, 1982, p. 53.

[40] LEIBNIZ, Gottfried, *Ensayos de Teodicea: Sobre la bondad de Dios, la libertad del hombre y el origen del mal*, Salamanca, Ediciones Sí, 2013, p. 57.

[41] V. MONDOLFO, Rodolfo, *En los orígenes de la filosofía de la cultura*, ob. cit., pp. 11-18.

As leis naturais fixam uma ordem, por exemplo, para os movimentos dos corpos celestes, a sucessão das estações climáticas do ano, a gravidade, os princípios da termodinâmica. A descoberta e a determinação de uma lei da natureza será sempre uma "tarefa científica", com seu conteúdo sustentado que provoca ou produz provas até novo entendimento. As singularidades estabelecidas pelas leis do mundo natural, em virtude do fato de não serem artifícios humanos, não podem ser transgredidas ou violadas, assim como não é possível deixar de cumprir o seu próprio regime de ditames supremos e implacáveis. As leis que governam o mundo da natureza, tanto quanto se sabe de suas dimensões espaciais e temporais, com suas regularidades e determinações, estão além do controle dos seres humanos. Nunca podemos, por exemplo, fazer o sol parar de nascer ou de se pôr, ou a lei da gravidade parar de determinar o movimento dos corpos.

Mundo convencional

A natureza é uma obra esplêndida, cuja criação é um enigma. Não há nenhuma certidão de nascimento sobre ela que não cause agnosticismo ou não seja uma peça a favor dela própria. O ser humano é parte do mundo natural. Nós somos um produto ou resultado da natureza e de sua evolução. Nós, seres humanos começamos, desenvolvemos e culminamos nossas vidas em duas esferas: a natural ou física e a comunitária e a individual.

A relação dos seres humanos "em" e "com" cada uma dessas esferas ou realidades gerou - e continuará a gerar - diferentes conflitos e harmonias. Durante milhares e milhares de anos, os seres humanos descobriram, inventaram ou criaram, dependendo do caso e independentemente da ordem cronológica, "ferramentas"[43], máquinas, agricultura, linguagem, escrita, filosofia, artes, conhecimento científico e normas morais e legais.

A razão e a experiência nos permitem transmitir conhecimentos e habilidades aos nossos descendentes, de forma bastante objetiva e em

---

[42] V. ECO, Umberto, *De la estupidez a la locura: Crónicas para el futuro que nos espera*, Buenos Aires, Penguin Random House, 2016, p. 32.

[43] Diz-se deles que os humanos sempre foram "melhores em inventar ferramentas do que em usá-las sabiamente". V. HARARI, Yuval Noah, *21 lecciones para el siglo XXI*, Madrid, Debate, 2018, p. 25.

uma espécie de pódio venerável. Os seres humanos também comunicam tradições, muitas delas patéticas, porque, fundadas em tabus ou misticismo, inclinando-se cruelmente para a deterioração do conhecimento, das artes e da tecnologia.

Nós, humanos, somos os únicos criadores de normas ou artes sociais. Foi precisamente estas normas ou artes - isto é, ideias - que permitiram que os seres humanos se elevassem acima do resto do reino animal. Ou existe outra razão?

O ser humano, com nossa inteligência e experiência, criou artefatos materiais, simbólicos e conceituais[44]. Os "materiais" incluiriam casas, estradas, mas também livros e computadores. Os "simbólicos" incluiriam, entre outros, liberdade, igualdade e paz. E entre os "conceituais", um poema, um romance, teorias, direito e a Constituição, que compartilham o uso da linguagem, e da música, da pintura e da dança.

Através de artefatos, estruturamos certos padrões para a existência no mundo, para nossa geração e para as gerações futuras. O que aconteceria, por exemplo, materialmente, se arquitetos, engenheiros e construtores não tivessem concebido e instalado estradas e pontes? O que aconteceria se a paz não tivesse sido inventada? Como seria a vida humana sem a possibilidade de ouvir a *Nona Sinfonia* de Ludwig van Beethoven ou conhecer a teoria da relatividade de Albert Einstein ou ser capaz de ler a *Divina Comédia* de Dante Alighieri? É inimaginável. Assim como uma existência sem linguagem, o "sistema de comunicação verbal e quase sempre escrita" acompanhado pelo "vocabulário e gramática da época ou de um grupo social"; em particular, essa grande ideação ou criação da comunidade humana, também é inimaginável.

Além disso, juntamente com a criação de artefatos, em algum momento de sua existência viva, os seres humanos começaram a se perguntar sobre o tempo e também sobre os espaços. Provavelmente, as regularidades do mundo natural, com seus ciclos sazonais e peculiaridades, facilitaram a fase inicial da interminável compreensão destes conceitos. Possivelmente, a própria regularidade da vida humana, com sua inevitável finitude material, foi a principal derivação da inquietação inquietante e inacabada sobre a natureza do tempo e do espaço. O ser humano, em sua ânsia de transformar ou conquistar a natureza, pode ter concebido que toda entidade mundana deve possuir um tempo relativo e adequado, seja para a agricultura, seja para a

---

[44] DE LORENZO, Javier, *Un mundo de artefactos: Breve historia de la ciencia y de la técnica*, Madrid, Trotta, 2020, pp. 17-23.

domesticação dos animais, ou para a própria continuidade da espécie humana e sua reprodução.

A própria vida à nossa frente e a de nossos semelhantes é o único mundo que nos poderia pertencer completamente, não determinado pela causalidade natural ou por suas leis. A realidade natural pode influenciar ou pressupor, mas não determinar ou fundamentar - nem de forma durável nem vigorosa - a realidade autoconstruída pelos seres humanos. Podemos conceber, moldar e estabelecer determinações prescritivas para nossas ações, cujos fins podem ser completados, aproximados ou desaparecer por completo.

A maioria dos artefatos criados exige controles e apropriados mecanismos próprios. Suas criações precisam de controles para prevenir, evitar ou reduzir as questões que surgem como consequência natural da restrição dos interesses ou desejos individuais gerados na construção, manutenção ou mudança da comunidade[45]. Toda comunidade de seres humanos que atinge um certo grau de coexistência está inclinada à organização e à fundação de um modelo específico e preciso de "ordem". Poder-se-ia até conjecturar: todos os seres humanos, com sua dignidade imperecível, que desejam ou aspiram à organização da comunidade, devem apelar para uma ordem que estabeleça um critério abrangente para o relacionamento das entidades mundanas.

Nos últimos 300 anos, certamente por causa da complexidade da vida, foi necessário elaborar a regulamentação política da comunidade. A Constituição, com seus princípios e regras[46], não é uma criação divina do mundo; é uma invenção humana modesta e limitada. É provavelmente a

---

[45] BUNGE, Mario A., *Filosofía política. Solidaridad, cooperación y democracia integral*, Barcelona, Gedisa, 2009, p. 324.

[46] Será observado que o apelo aos "princípios e regras" implica não assumir a distinção entre fortes e fracos, respectivamente, que existiria entre eles, de acordo com a doutrina abundante. Meu critério não significa que a distinção não esteja totalmente fundamentada; basta assinalar que ela tem umescopo e conteúdo explicativo muito mais estreito do que o comumente associado a ela, uma vez que a maioria dos princípios tende a comportar-se como regras, pois eles também são "Lei de Direito", portadores de sã normatividade e levam adiante a mais pura regulamentação institucional do Estado. Sigo, em geral, a tese consistente de Luigi Ferrajoli, exposta em "Constitucionalismo principialista y constitucionalismo garantista", in *Un debate sobre el constitucionalismo*, Madrid, Marcial Pons, 2012, pp. 11-50. Portanto, a "normatividade" dos princípios e regras constitucionais significa que eles devem ser diretamente aplicáveis ou aplicáveis após a construção de outras disposições legais a partir de suas prescrições para a regulamentação da ação humana. Assim, princípios e regras são o que se entende por normatividade, sem diferenças estruturais neste documento.

mais conhecida, até agora, para fortalecer a cidadania e metodizar a organização do poder comunitário. Feita por seres humanos e para seres humanos que, com suas ilusões exageradas e detalhadas, muitas vezes tentam em vão, por meio de fórmulas normativas, encerrar todo o futuro, ou pior ainda: deduzi-lo.

A Constituição é uma criação eminente da razão e da experiência do ser humano, que assim introduz um novo padrão na natureza que lhe deu a possibilidade de existir e viver no mundo. As leis fundamentais são estabelecidas e impostas para serem obedecidas. Uma vez aceitas, espera-se a conformidade com os padrões estabelecidos pelos fundadores da regulamentação da comunidade política.

Os seres humanos estão na Terra há milhares de anos. Em contraste, a organização e a regulação da unidade da comunidade na base coerente de uma "Constituição", baseada em ideias múltiplas e contraditórias de liberdade, igualdade, pluralismo e tolerância, não tem mais de 300 anos; em outras palavras, é um instrumento relativamente recente, em construção e em permanente desenvolvimento.

A Constituição, que determina como a autoridade deve ser exercida e quais devem ser os direitos, bens e deveres dos cidadãos, trata da governança do tempo e do espaço, das dimensões que os seres humanos nunca foram capazes de regular completamente. Toda Constituição deve possuir - ou aspirar a possuir - uma compreensão bastante completa da realidade política da comunidade. Tal entendimento envolve um estado de coisas ideal pensado pelo poder constituinte. Os dados do mundo físico devem fazer parte da Constituição. Consequentemente, a idealidade constitucional tem que observar um "mínimo de respeito pelo que é, como é"[47], pois, se não pode ter concretude na realidade, a criação normativa não repousa sobre um fundamento racional.

Assim, a Constituição é a maior criação humana para a regulamentação escrita, ordenada e institucionalizada (incluindo sua própria mudança) da existência de cidadãos na comunidade. A Lei Fundamental deve ser a "Lei da consciência da comunidade"[48] que consiste na cidadania como um todo. É uma máquina do tempo significativa, uma Lei Fundamental jurídica plural, uma "bíblia política" indeclinável e um instrumento de paz imperecível. A invenção da Lei

---

[47] ZAFFARONI, E. Raúl; SLOKAR, Alejandro e ALAGIA, Alejandro, *Manual de Derecho Penal. Parte General*, Buenos Aires, Ediar, 2010, p. 77.

[48] RADBRUCH, Gustav, *El hombre en el Derecho*, Buenos Aires, Depalma, 1980, p. 30.

Básica, uma lei normativa por excelência, será sempre o resultado de um trabalho político. Uma arte sublime que tem que consistir na concepção de soluções ou de atenuações significativas para os problemas[49], ocasionais ou permanentes, que uma comunidade tem que enfrentar.

Declaração teórica sobre o sistema da Constituição

O poder, uma das maiores criações do ser humano, pode gerar desconforto ou bem-estar na comunidade. Nesta área, "somente o poder pode criar lei"[50]. O poder político deve produzir as regras que determinam a conduta humana em comunidade. Assim, o poder é unilateral em sua atitude de criar o Direito, uma linguagem basicamente composta de regras, que uma autoridade produz com raízes na razão e na experiência, no exercício de um poder institucionalizado em representação de uma cidadania e para a organização da paz social de uma comunidade em um tempo e espaço determinados.

A primazia da política é indiscutível. Entretanto, uma vez estabelecida a lei, ocorreu a perdurável mudança: o poder passa a estar sujeito à regulamentação legal. A tensão inacabada entre autoridade e liberdade começa em outra língua e em outra etapa. Assim, a Constituição será puramente uma criação política e sua concepção dependerá de uma certa razão ou experiência do Direito[51]. Nessas condições, a Constituição procurará instituir a base legal da ordem do Estado (e sua mudança).

---

[49] A configuração da estrutura de um "problema" e seu correspondente desenvolvimento não implica que ela possa conter uma solução ou que, uma vez encontrada uma solução, ela possa sempre ser reiterada. Há problemas que não têm solução, pelo menos com satisfação moderada ou razoavelmente comprovada por enquanto. O mesmo adiamento é aplicável às vicissitudes da ciência jurídica, por exemplo, a regulamentação normativa da clonagem humana ou qualquer outra forma de reprodução que não se baseie na natureza. Talvez neste último caso, a tese de G. Leibniz escrita em 1666 seja relevante: "Eu defino o caso perplexo propriamente dito como aquele que é realmente duvidoso em direito, devido à possível conjunção de vários elementos que produzem no fato um efeito legal que, no entanto, é realmente impedido por sua concomitância mútua [...] A perplexidade também pode ser considerada como uma antinomia indireta". LEIBNIZ, Gottfried, *Dissertação sobre casos complexos em direito*, auto-publicada por Ramón Martínez Tapia (também traduzida), 2015, p. 46.

[50] BOBBIO, Norberto, *El futuro de la democracia*, Buenos Aires, Planeta-Agostini, 1994, p. 14.

[51] Uma das melhores idéias para mostrar a estreita relação entre lei e constituição é a de uma *matrioshka*. Esta boneca representa a gênese, a existência multicolorida e plural e a união. Assim, a boneca maior, a concepção de direito, contém em seu espaço outra, a

Aqui eu faço uma "declaração teórica" sobre o complexo objeto "constituição" do Estado. Uma "declaração" que está embutida no âmbito do Estado e da regulamentação institucionalizada da política dentro do Estado. Esta tese não arrisca a dissolução do Estado, nem propõe que o princípio da constitucionalidade seja implementado apenas dentro da esfera do Estado. Tampouco descarto uma futura *constitucionalização* de entidades além do próprio Estado. Afirmo que sem cidadania não há constituição escrita, e sem ela não há Estado democrático.

A ideação de uma constituição talvez não possa ser transferida automaticamente para outro contexto, senão o do Estado. Uma ideia concebida de dentro do Estado e que abre suas portas, na busca de seu próprio fortalecimento, para o direito internacional dos direitos humanos (DIDH). Uma internacionalização determinada e esperançosa da ordem jurídica interna, com sua Constituição na base e como organizadora do sistema de fontes, o que não o faria perder ou desvalorizar seu papel fundamental. Defendo um maior diálogo com as fontes do DIDH do Estado e de sua ordem jurídica.

Assim, eu entendo a Constituição do Estado:

O sistema de regras acima de todas as regras do direito para a realização de processos públicos em um determinado tempo, espaço e comunidade de cidadãos.

Um sistema artificial que, com suas quatro peças, constitui um dos elementos primários do Estado, e funda e confere hierarquia e validade a toda a sua ordem jurídica. Sua emanação deve vir do poder político e da direção do cidadão, que é o povo, representado por uma autoridade, seja ela uma questão de fundação ou de mudança. Assim, a lei fundamental deve ser uma regra instrumental, registrada em escrituras, dirigida à cidadania e aos funcionários públicos.

Os roteiros do sistema da Constituição que prevê sua "composição" devem compreender até quatro partes: declarações simples; direitos, bens e deveres fundamentais; o desenho do poder; e o processo de reforma.

O sistema constitucionalmente instituído tem garantias que instituem mecanismos para sua defesa.

---

concepção da constituição, e esta, sucessivamente, com o resto das regras inferiores da ordem jurídica. A idéia foi originalmente apresentada pelo Professor Benito Aláez Corral, em sua dissertação "Reforma constitucional y concepto de Constitución", Webinar organizado pela Universidade de Buenos Aires, Faculdade de Direito e Universidade de Oviedo, 13/4/2021, disponível em https://www.youtube.com/watch?v=ow5RgHgcmrA. Sugiro também a leitura da contribuição de BIDART CAMPOS, Germán J., "La concepción del Derecho en la Constitución Argentina", *Revista de Estudios Políticos*, Madri, 1968, pp. 153-162.

As ligações, conexões e relações entre cada uma dessas peças, ao definir a "estrutura" do sistema, mostrarão os pontos fortes e fracos do tipo de Estado orientado para o caminho para a "terra prometida" da democracia.

A composição, a estrutura e as salvaguardas do sistema serão definidas em um ambiente de "sociedade aberta".

A principal missão do instrumento consiste na determinação, e posterior realização, do escopo de sua obrigação normativa, que um certo estado de coisas deve ser: estabelecer e desenvolver uma existência pacífica.

A fim de facilitar a discussão das ideias contidas na "declaração teórica", os capítulos seguintes reúnem um "decálogo"[52] , com suas principais afirmações, cuja argumentação - espero - facilitará a consolidação de seu nível de conhecimento ou grau de "verdade"[53] suficiente e consistente.

Procedo, nos escritos seguintes, uma análise de cada uma das peças do sistema e determinação das relações entre elas e o meio ambiente. Assim, os capítulos um a cinco constituem a estrutura epistêmica da "declaração" no nível do "sistema". Nos capítulos seis a oito, descubro as peças do sistema, ou seja, do objeto único e complexo "Constituição": sua composição, seus mecanismos de garantia, sua estrutura; depois, no capítulo nove, defino seu ambiente. No décimo capítulo, concluo o corpo principal deste *Esboço* com uma argumentação teórica sobre a paz, já que a pacificação é a tarefa mais esplêndida que o instrumento constitucional deve alcançar. Finalmente, ofereço algumas considerações finais - e

---

[52] Um decálogo, conforme definido pelo Dicionário da Real Academia Espanhola, é um conjunto de regras ou conselhos que, embora não sejam dez, são básicos para o desenvolvimento de qualquer atividade. Da mesma forma, "Dez" são os "Mandamentos" (BÍBLIA SAGRADA, "Êxodo", [20] e "Deuteronômio", [5]). Por sua vez, a soma dos números 1, 2, 3 e 4 dá origem ao pitagórico "tetraktis", o número 10, "focalizado como um símbolo do cosmos porque este número contém em si aquilo que gera o todo" (DE LORENZO, Javier, *Un mundo de artefactos*, ob. cit..., p. 62): unidade, p. 62): a unidade, o díada, a tríade e o quaternário (elementos naturais) e os pitagóricos lhe atribuíam um "caráter sagrado e costumavam jurar por ele" (ABBAGNANO, Nicola, *Diccionario de filosofía*, México, D. F., Fondo de Cultura Económica, 1996, p. 1134).

[53] POPPER, Karl, *Conjecturas e Refutações: The development of scientific knowledge*, Barcelona, Paidós, 1972, pp. 41-44.

espero que também de abertura - no "Fim", juntamente com o *excipit* prometido

espero que também de abertura - no "Fim", juntamente com o *excipit* prometido

CAPÍTULO 1: Um sistema de regras e princípios para o tempo e o espaço.

RESUMO: Sobre o sistema e suas peças. Composição. Garantias. Estrutura e democracia. Meio ambiente. Combinação de regras. Processos públicos. Uma máquina do tempo. Sobre uma teoria.

Sobre o sistema e suas partes

Os sistemas jurídicos estatais são sistemas normativos em cujo núcleo se encontra a regra constitucional. Um "sistema" é entendido como um "objeto complexo"[54] cujos elementos são compostos, estruturados e garantidos dentro de um ambiente. Esta concepção deve incluir entre suas peças a composição, a estrutura e as garantias e o meio ambiente. A composição engloba todos os seus componentes. A estrutura consiste nas relações havidas entre os elementos, incluindo o ambiente. As proteções são mecanismos que protegem as peças do sistema. O ambiente é detalhado nos estados de coisas que atuam em todas ou algumas das peças do sistema.

Composição

Uma aplicação deste molde sistêmico revela que, por exemplo, na Constituição da República Federativa do Brasil (CF88 1988), na Constituição Política da Colômbia (CPC 1991), na Constituição Federal da Argentina (CFA), na Constituição da Bolívia (CB 2009) e na Constituição do Equador (CE 2008)[55], são Leis Fundamentais que podem

---

[54] BUNGE, Mario A., *Diccionario de Filosofía*, Cidade do México, Siglo Veintiuno Editores, 2001, pp. 196-200.

[55] Neste texto, ao se referir à Constituição brasileira, com sua abreviação CF 1988, o campo semântico inclui o texto original e suas mais de cem emendas. Ao se referir à Constituição da Colômbia, com sua abreviação CPC 1991, e a do Equador, com sua abreviação CE 2008, respectivamente, as reformas que essas leis fundamentais sofreram desde sua origem também são cobertas em ambos os casos. A abreviatura CFA, por outro lado, refere-se à Constituição Federal da Argentina com seu ciclo de "poder constituinte aberto de 1853-60" e as reformas de 1866, 1898, 1957 e 1994; por exceção, a referência à Lei Fundamental de 1853 será exclusivamente ao momento original.

ser encontradas "integradas" em sua composição por até quatro partes: simples declarações; direitos, bens e deveres fundamentais; poderes do Estado - autoridade e controle; e a reforma do próprio sistema. Não se alega que o poder criativo (ou instituidor de mudança) de cada um desses sistemas tenha adotado um modelo em quatro partes; o argumento visa estabelecer que o esboço em quatro partes pode conter, ajustar e desenvolver todas as regras, permanentes e transitórias, que dão forma jurídica a cada uma das Leis Fundamentais ilustradas.

Garantias

As garantias devem visar a intangibilidade da Constituição. Assim, com seus mecanismos, devem processar, por exemplo, a defesa dos direitos fundamentais, os controles entre os poderes constituídos, o controle da constitucionalidade, o padrão de racionalidade e o tratamento de emergências na Lei Fundamental.

Estrutura e democracia

A estrutura é moldada pela democracia, entendida como uma forma de produção de regras, e o fundador da legitimação do Estado, pois este deve ser sua orientação política. Um método idealizado e que deve ser estruturado para prover os cidadãos e os funcionários públicos.

Meio Ambiente

A "sociedade aberta" deveria ser uma comunidade de seres humanos na qual cada um deles possui a natureza imaculada para tomar suas "decisões pessoais", em oposição e rejeição a uma "sociedade fechada", caracterizada pela magia, totalitarismo guiado por um líder, providência ou qualquer outro modelo desarrazoado. Embora o ambiente esteja instalado na periferia do sistema e, portanto, estritamente falando, não seja uma peça, ele interfere na relação entre as partes e, por conseguinte, na estrutura do sistema.

Finalmente, a abreviação CB 2009 refere-se à Constituição boliviana, que não foi emendada até o momento. Em todos os casos, os comentários enfocam a pura normatividade de cada um dos textos e em nenhum deles é apropriado merecer doutrina jurisdicional, dado o escopo justificado da tese teórica aqui apresentada.

Combinação de regras

A constituição deve estabelecer um sistema de regras para o estabelecimento, o funcionamento, o desenvolvimento e a reforma do "aparato do poder estatal"[56] e as relações entre todos os seus cidadãos. Dentro desta ordem jurídica, existem regras de conduta e regras de competência. O primeiro instituto, por exemplo, decide sobre direitos, bens e deveres fundamentais; enquanto o segundo, por exemplo, cria um poder ou uma autoridade ou competência para agir[57]. Em suma, a constituição pode ser concebida como uma combinação de regras primárias de conduta, que determinam direitos, bens e deveres fundamentais, e regras secundárias que instituem poderes para as autoridades públicas; além disso, ambos os tipos de regras também devem se preocupar, por exemplo, com a estruturação da democracia e com os mecanismos de garantia.

As regras primárias prescrevem a conduta a ser observada ou não, sejam abstenções ou performances. As regras secundárias, por outro lado, estruturam os processos e condições por meio das competências conferidas. De fato, as regras secundárias que fixam e determinam diferentes competências também são regras de conduta humana, pois elas dizem respeito principalmente aos funcionários públicos, conferindo-lhes competências limitadas.

Para completar o conteúdo de uma ordem jurídica constituinte, deveriam ser acrescentadas declarações não-normativas às regras primárias de conduta e às regras secundárias de competências, acima mencionadas, como, por exemplo, os preâmbulos das Constituições ou simples declarações políticas, que nada têm de decorativo, como analisarei no Capítulo Seis. Além disso, todos os processos públicos legalmente concebidos pelo sistema da Constituição terão que estar sujeitos à captura e regulamentação normativa pelas regras instituídas, como detalharei na próxima Seção.

A concepção da Constituição, com a trindade reguladora sob análise, traz como consequência invariável que os processos e os conteúdos da Lei Fundamental devem ser entendidos como diretrizes (como leremos mais adiante, no Capítulo Quinto) para cidadãos e

---

[56] ROSS, Alf, *Sobre el Derecho y la Justicia*, Buenos Aires, Eudeba, 1994, p. 34.

[57] Ibid., p. 32.

servidores públicos, a única forma conhecida de promover uma sociedade aberta[58]. A dimensão basicamente normativa do sistema da Constituição, seu enquadramento e estabelecimento como regra acima de todas as regras determina um mundo regulado legalmente pela Lei Básica e outro mundo sem regras de direito.

No campo da legalidade constitucional, talvez se possa objetar que algumas de suas regras não seriam diretamente aplicáveis, pois exigiriam passos diferentes, por exemplo, nos Congressos que visam sua regulamentação. A rigor, por exemplo, as regras primárias sobre direitos, bens e deveres fundamentais devem, como questão de princípio, ser consideradas imediatamente aplicáveis sem a necessidade de qualquer realização operacional de seu programa normativo por parte dos poderes constituídos. Seu conteúdo constituinte deve ser intangível, e qualquer variação legal ou hesitação jurisdicional visando sua regulamentação deve ser considerada, logo no início de qualquer argumentação, como prejudicial ao seu núcleo jurídico fundamental. Por esta razão, a necessidade, o mérito e o alcance da regulamentação pelo Congresso ou pela Assembleia Legislativa devem ser justificados com razões consistentes.

Por outro lado, ao considerar as regras secundárias, por exemplo, aquelas que se referem às competências dos poderes, elas também devem ser julgadas imediatamente aplicáveis, embora neste caso a presunção quanto ao fato de sua regulamentação por lei careceria da presunção de inconstitucionalidade que o mesmo fato possui quando avança sobre as regras primárias mencionadas acima.

A concepção proposta do conteúdo da ordem de um sistema da Constituição, a partir de uma tríade de elementos normativos ou declarações prescritivas (regras primárias, regras secundárias e declarações simples), nos autoriza a estabelecer claramente que não há - nem houve, nem haverá - instâncias metafísicas para fazer surgir, delimitar ou subjugar a sua validade. Dada sua natureza artificial, uma criatura de produção humana por excelência e o resultado do exercício do poder político, suas regras existem mundialmente e sua ordem jurídica positivamente estabelecida não exige, nem contempla, nem admite o recurso a Deus ou a qualquer elemento da natureza para justificar sua validade.

---

[58] Também Julio B. Maier também ensinou que a lei é uma combinação tripartite de regras: regras do dever, regras potestativas e regras permissivas. MAIER, Julio, "El orden jurídico", *Derecho Procesal Penal. Fundamentos*, t. I, Buenos Aires, Editores del Puerto, 2004, pp. 41, 42, 43 e 65.

Processos públicos

O instrumento "Lei Fundamental", com seus tipos de regras, incentiva vários tipos de "processos públicos"[59]. A noção de processo público deve ser considerada axiologicamente neutra, excluindo, por sua própria fisionomia, qualquer possibilidade de aquiescência tácita. A ideia de processo público implica o movimento da conduta humana e sua intersubjetividade dinâmica. O processo público, com sua forma de agir ou sempre guiado pela razão, deve levar ao desenvolvimento e ao progresso daqueles existentes na Lei Fundamental. A concretização da Constituição, como objeto criado, pode inclusive incluir no processo público a possibilidade de sua atualização ou mudança. O processo público, que deve ser constitucionalmente institucionalizado, não deve ser microscópico, semelhante ao laboratório, já que as praças comunitárias, com seus diferentes teatros institucionais, devem incluir sempre os recintos para a inadiável interpretação de seus trabalhos. Assim, como pode ser visto, a trindade reguladora deve compreender os seguintes processos públicos:

- Supremacia constituinte.

- A gênese e o desenvolvimento dos direitos, bens e deveres fundamentais.

- A governança e o controle do poder.

- A própria variação constituinte.

- A estruturação da democracia.

- Mecanismos de garantia.

Com maior ou menor temperança, com maior ou menor regulamentação, estes processos públicos devem ser alimentados pela

---

[59] Para Peter Häberle, interpretação constitucional como um processo público significa em parte "programa" e em parte também "realidade" e "atualidade" dos criadores de qualquer sociedade aberta, independentemente de terem ou não jurisdição constitucional. V. HÄBERLE, Peter, *Pluralismo e Constituição: Estudios de teoría constitucional de la sociedad abierta*, Madrid, Tecnos, 2013, p. 102.

trindade de regras e, portanto, responder pela totalidade da existência constituinte no Estado. Assim, a partir do entendimento normativo dentro do Estado, a Lei Fundamental é pura regra e pura instituição e organização de processos públicos para a convivência da cidadania.

Uma máquina do tempo

Tempo e espaço são propriedades que são usadas como marco, referência ou continente do mundo interno e externo. Quanto ao tempo, ele tem uma relevância vital, em virtude de poder ser medido como o cimento que liga o próprio itinerário na existência da vida que cada ser humano constrói ou edifica no seu desenvolvimento existencial. Existe uma "flecha do tempo"[60] que consiste em uma certa ordem de existência das coisas que não são simultâneas (história), e que inevitavelmente se move em uma "direção em certo sentido", fora do controle do ser humano (tornando-se).

Em 1895, o inglês H. G. Wells "inventou" uma máquina do tempo[61]. Sua grande descoberta - na mais imaginativa das narrativas - foi a de permitir o movimento no tempo. Esta ingenuidade permanece na ficção. Não podemos viajar em todas as direções da "flecha". No entanto, as Leis Fundamentais são instrumentos que permitiriam o diálogo de pessoas que não se conhecem e não se conhecerão (história e porvir). Tal diálogo pode ocorrer no presente, quando os cidadãos optam por organizar sua vida no Estado sob um sistema de regras criadas por pessoas que não estão mais vivas. O diálogo também ocorrerá quando, no futuro, outros cidadãos decidirem mudar as regras do presente, porque essas mesmas regras são a sede de possíveis variações, e assim uma cadeia de validade é preservada.

A Constituição, uma máquina do tempo, é puramente uma invenção humana que autoriza e determina a estrutura dos espaços dos poderes políticos e o quadro temporal de referência das funções governamentais em uma determinada comunidade. O instrumento permitiu - e permite - que os seres humanos alcancem e desfrutem de tudo o que não pudcram alcançar por e com sua energia individual. É também capaz de produzir um poder organizacional superior ao

---

[60] EDDINGTON, Arthur, *The Nature of the Physical World*, Buenos Aires, Sudamericana, 1952, p. 87.

[61] WELLS, Herbert G., *The Time Machine*, Madrid, Cátedra, 2015.

indivíduo em cada cidadão[62]. A Constituição, o mais relevante ato instituidor de uma cidadania, define e ordena uma força com racionalidade e direção.

A concepção da Constituição como uma máquina do tempo[63] tem sua luz e suas sombras. Por sua natureza, "ouro ou chumbo"[64] ou "armas ou rosas" podem ser depositados em seu seio. O princípio da constitucionalidade, derramado na máquina, serve como molde ou recipiente. Pesa na constituição, como em todas as instituições feitas pelo homem, o fato de que como um artefato é o resultado substantivo de "processos passados"[65] .

Um inventário dos argumentos apresentados

A Constituição, com seu sistema de regras, princípios e outras declarações, inaugura um processo legal cujo objetivo é servir ao desenvolvimento da vida de cada um dos indivíduos que compõem uma comunidade. Paradoxalmente, é também o resultado ou a culminação de um processo político: a autodeterminação da comunidade. Em toda associação de cidadãos igualmente livres, deveria ser reconhecido um direito perpétuo: sua decisão política de constituir a comunidade estatal. Qualquer invasão, ocupação, aniquilação ou qualquer modo que assuma a limitação ou negação ou destruição da soberania dos indivíduos de uma comunidade para decidir sua autodeterminação deve ser considerada, sem pausa e com firmeza, uma afronta imprescritível à dignidade humana.

A constituição, com a interação das peças individuais de seu sistema, deve ser o plano mestre que organiza todos os "processos

---

[62] V. POPPER, Karl, *La sociedad abierta y sus enemigos*, Madrid, Paidós, 1992, p. 76.

[63] Fray Mamerto Esquiú definiu a Lei Fundamental como uma "imensa máquina" [9/7/1853] em seu "Sermón por la jura de la Constitución", em *Sermones de un patriota*, Buenos Aires, Jackson, 1944, p. 15. Mais tarde, J. B. Alberdi disse que entendia a Constituição como a "verdadeira construção da máquina do Estado". V. ALBERDI, Juan B., "La omnipotencia del Estado en la negación de la libertad individual", em *Obras Completas*, t. VIII, Buenos Aires, Imprenta de "La Tribuna Nacional", 1887, p. 163. Mais recentemente, B. Ackerman, em seu ensaio "La conversación entre generaciones", pergunta se a Lei Fundamental é uma "máquina ou um organismo", em ACKERMAN, Bruce, *La Constitución viviente*, Madrid, Marcial Pons, 2011, p. 89.

[64] CALAMANDREI, Piero, Prefácio à edição bilíngue de BECCARIA, Cesare, *De los delitos y de las penas*, Madrid, Trotta, 2011, p. 65.

[65] VEBLEN, Thorstein, *Teoría de la clase ociosa*, Buenos Aires, Hyspamérica, 1985, p. 182.

públicos", que, com seu capital assegurado e supremo, deve ser observado em toda a produção e realização legal no Estado. O sistema da constituição deve ser sempre a lei estatal.

Embora não possa transgredir as leis da natureza, a Constituição, ao estabelecer com suas regras os fundamentos do Estado, com seu mecanismo de tempo e espaço acende um processo de certo otimismo inteligente, cujo desenvolvimento permitiria que a conduta dos indivíduos seja calculável, previsível e, em uma medida muito limitada, determinada. Não há perpetuidade nos princípios constituintes. Esse grau de certeza constitui um grão de areia, nunca mais do que isso, na luta dos seres humanos contra a invencibilidade do tempo. Pois a linguagem da Constituição, como toda linguagem, "é de natureza sucessiva" e, portanto, "não é capaz de raciocinar o eterno, o atemporal"[66].

A Constituição é a "Regra Altíssima"[67] no tempo e no espaço; não há validade eterna ou atemporal da Lei Fundamental, nem há uma Lei sem limites espaciais. A Constituição, o tempo e o espaço devem estar sempre unidos sem previsão perpétua ou infinita ou ilimitada.

Sobre uma teoria

A doutrina sobre a Constituição tem como objeto de estudo uma combinação muito singular de regras, uma trindade que dá origem à Lei Fundamental. A Constituição, como sistema fundacional da natureza jurídica de um Estado, a fim de empregar sua energia normativa, está sujeita a duas propriedades muito elementares: o tempo e o espaço. Por esta razão, a dogmática da Constituição costuma construir proposições sobre uma lei fundamental, cuja normatividade é desenvolvida e é chamada a governar a vida de um cidadão em um determinado tempo e em um determinado território, razão pela qual ela se revela "uma ordem histórica concreta"[68] de um determinado Estado. A conjectura é válida.

---

[66] BORGES, Jorge L., "Nueva refutación del tiempo", *Otras inquisiciones*, Buenos Aires, Sudamericana, 2011, p. 220.

[67] Nestas escrituras, "Regra Altíssima" é usada como sinônimo de "Constituição" ou "Lei Fundamental". Além disso, a propriedade superlativa "mais alta" corresponde exclusivamente ao domínio científico e não tem nenhuma referência, invocação ou qualquer outra forma de ligação direta ou indireta com qualquer religião ou teologia.

[68] HESSE, Konrad, *Escritos sobre Direito Constitucional*, Madri, CEPC, 1992, p. 3.

No entanto, o seguinte argumento também é válido. Uma das ideias mais distintas sobre "Constituição", que é inteiramente utilizável hoje, foi pensada pela Emer de Vattel e publicada em 1758. Este jurista suíço entendeu que a regra fundamental que determina a forma como a autoridade pública deve ser exercida é o que forma a "Constituição do Estado"[69]. Passaram-se quase 270 anos e, presumivelmente, a ideia abstrata de E. de Vattel, mesmo que não tenha se mostrado aplicável a uma comunidade concreta de cidadãos, inspirou a produção de textos constituintes muito importantes em todo o mundo, talvez muito significativos na história e no presente do constitucionalismo.

A Constituição deveria ser instituída como uma razão para todos os fatos que ela pretende regular antecipadamente pelo estabelecimento de suas regras. Esta é minha tese pura. Desse modo, as regras constitucionais devem ser produzidas pelo exercício do poder fundador (ou variacional): um fato capital que deve se conformar, derivar e honrar a razão. Esta teoria, em seu status normativo, afirma-se com profunda abstração na urdidura, dentro dos eixos do estado[70], mas sem recorrer, em princípio, às regras de uma lei positiva, esteja ela em vigor ou não. Em ocasiões muito raras, apenas como exemplo e sem que seja uma semente para a semeadura teórica, aqui tenho em mente as normas da CFA (por ser a mais antiga em vigor, desde 1853 com suas reformas), o CF88 (por ser o que regula o Estado com a maior população, território e poderes constituídos, com suas alterações), a CPC 1991 (que representa o desafio da regulamentação da paz por lei, com suas alterações), a CB 2009 e a CE 2008 (por seus novos paradigmas), respectivamente.

A tese sobre a Constituição, neste tempo e espaço, não pretende dogmatizar uma ordem constituinte particular de um Estado. Ela busca,

---

[69] VATTEL, Emer de, *Le droit des gens ou Principes de la loi naturelle appliqués à la conduite et aux affaires des Nations et des Souverains*, Londres, 1758, p. 31.

[70] O jurista italiano Luigi Ferrajoli, com impecável argumentação lógica, propõe uma "Constituição da Terra" que consagra regras ecumênicas "além do Estado", pois ele detecta a existência de sérios "problemas globais". V. FERRAJOLI, Luigi, *Constitucionalismo más allá del Estado*, Madrid, Trotta, 2018 e "Per una Costituzione della Terra", em *Open Editions Journals*, Annali X, fevereiro de 2020, disponível em http://journals.openedition.org/tp/1008. De nossa comunidade sul-americana, esta evolução é acompanhada com rigorosa atenção e também imersa em nossos problemas. Talvez este seja um grão de areia para futura edificação: os princípios não são realizados por si mesmos; seu conteúdo normativo deve ser assumido por uma cidadania comprometida que exerça seu poder de moldar o contra-poder sustentado pelos mercados impiedosos, poderes sem território, que rebaixam a existência da humanidade.

com sua ideação, uma especulação própria que possa ser razoavelmente transferida e aplicada a uma lei fundamental concreta no caminho de sua realização ou de sua mudança formalizada. A prevalência do nível de abstração, que por definição não recorre geralmente à evocação de uma experiência normativa específica ou ordem específica, deve-se à minha condição de jurista na e dentro dos limites da América do Sul, juntamente com os âmbitos precioso, preciso e diversificado de sua cidadania plural.

Finalmente, este sistema de regras constituintes previsto pela Constituição, a pura invenção de uma máquina do tempo e do espaço, é uma metáfora[71]. A fonte de toda a autoridade desta "máquina", sua "inteligência", reside na soberania dos cidadãos. Não posso imaginar - mas também não posso descartar - que em algum momento no futuro da humanidade esta autoridade política comunitária será transferida e exercida por alguma forma de "inteligência artificial" (semelhante ou superior), e que ela tomará decisões por nós mesmos ou aconselhará sua adoção. Esta não é uma hipótese rebuscada e não é sem preocupação, pois parece que o uso deste tipo de instrumento não leva a humanidade a um destino de paz social e igualdade[72]. No entanto, numa espécie de elogio à inteligência e consciência dos seres humanos, insinuaria e até postularia que a fonte da autoridade está para sempre constituída, sob algum modelo imperfeito de eternidade, no poder que eles mesmos são capazes de produzir, sustentar e mudar em cada comunidade.

---

[71] Alan Turing, em 1950, propôs no início de um trabalho: "As máquinas podem pensar? Tal preocupação, no final do papel, merecia a seguinte especulação: poderia eventualmente esperar-se que as máquinas competissem com os homens em todos os campos puramente intelectuais. Ver TURING, Alan, "Computing Machinery and Intelligence", in *Mind. A Quarterly Review of Psychology and Philoshopy*, vol. LIX, no. 236, outubro de 1950, pp. 433-460. Além da celebridade do ensaio citado e de sua notável influência no desenvolvimento da ciência, a Constituição como máquina é meramente uma representação, porque, em todos os momentos e em todo o espaço, a Lei fundamental sobre a qual escrevo não é uma máquina pensante.

[72] A ficção é pura invenção. Os estados de coisas são pensados por um autor com diferentes graus de fantasia. Assim, ficções narrativas, por exemplo, poderiam postular uma realidade modificada, cuja transformação, com similaridade ou semelhança variável, ocorre ao longo de um período de tempo. Em 2017, o escritor Marc-Uwe Kling imaginou uma "comunidade" muito especial: QualityLand. Um país otimizado e governado pela IA. O lema da comunidade é que as máquinas não cometem erros. No "futuro", todos os problemas seriam resolvidos pela tecnologia. Até mesmo um andróide, "João de Nós", foi criado para governar. Esta ideação, que supera outras ficções do século 20, sugere que a humanidade se abandonaria a uma invenção que a supera em suas forças e habilidades.

Entretanto, proponho uma reflexão para ampliar a justificativa do assunto em questão. A Argentina tem a Constituição mais antiga em vigor na América do Sul, desde que seu texto principal foi sancionado e promulgado em 1853. Seus redatores nasceram entre 1787 e 1824. Hoje, a esmagadora maioria dos cidadãos com direitos políticos nasceu depois de 1976. Esses cidadãos (que idealizaram uma comunidade para menos de 1.000.000 de seres humanos) e esses cidadãos (que vivem juntos em uma comunidade de quase 50.000.000 de seres humanos) foram e são seres que nunca se encontrarão pessoalmente. Os constituintes do passado perderam sua existência viva, enquanto os cidadãos do presente a desfrutam dia após dia - no âmbito de suas possibilidades. O presente que pode explicar, até agora, a persistência da normatividade desse sistema de princípios e regras que a Constituição estabelece, do passado ao presente, com intenções seguras para o futuro, é alcançado com a concepção da máquina do tempo, dentro dos limites aqui especificados.

CAPÍTULO 2: ELEMENTO PRIMORDIAL E ARTIFICIAL DO ESTADO

RESUMO: Sobre as abordagens. Mais sobre a natureza convencional da Constituição.

Sobre as abordagens

A "abordagem" da Constituição pode consistir em uma tarefa teórica com base em uma compreensão e observação "interna" ou a partir de uma compreensão e observação "externa".

Na "abordagem interna", o instrumento "Constituição" é isolado do resto dos elementos do Estado e são construídas proposições sobre ele, tanto descritivas quanto avaliativas. Estas proposições, além do mais, podem ser elaboradas sobre um determinado objeto, por exemplo, a CPC 1991, a CF 1988 ou a CB 2009, ou consistem em pura especulação teórica sobre as qualidades existenciais que o instrumento deve possuir, tanto no presente quanto no futuro, ou que ele tenha possuído no passado. Da mesma forma, a teoria pode estar centrada em uma compreensão comparativa de um ou mais sistemas constitucionais positivamente existentes no mundo, e, a partir daí, levantar seus próprios delineamentos.

No campo do estudo "externo", a Constituição não é isolada, mas é computada, unida e conjugada como o "quarto elemento do Estado", entrelaçado com o poder político, o território e a população. A partir deste "entendimento externo", se examina a própria forma como a Constituição é dada, apresentada, relacionada; em suma, ela regula e fundamenta o mundo dos elementos do Estado.

Assim, com o uso da abordagem externa, pode-se entender como a Constituição pode levar adiante o fundamento político e jurídico do Estado, com as raízes e justificativas que emergem do desenvolvimento de suas regras inacabadas e progressivas. Estas, que são objetivadas na conjugação da Lei Básica, são as seguintes:

I. Regra sobre a ação dos direitos, bens e deveres fundamentais.
II. Regra sobre a distinção de funções. Distribuição vertical e horizontal do poder.

III.   Regra de subordinação legal.

IV.   Regra sobre a mudança.

Hoje, cada estado aspira a ser um estado constitucional, como aponta Peter Häberle: "tanto estado como o que constitua a Constituição"[73], que não é o mesmo que um estado com uma constituição. Esta aspiração está presente nas Constituições da Argentina, Bolívia, Brasil, Colômbia e Equador, embora elas não sejam perfeitas. O que acontece é que a prática frequentemente mostra anomia, não conformidade vocacional ou abuso da lei no desenvolvimento destas leis fundamentais.

Esta abordagem externa foi abordada em outro trabalho. Refiro-me, por uma questão de brevidade, à dissertação e fontes escritas em "Manifesto do Estado Constitucional. Regras fundamentais sobre os antecedentes e justificação da associação estatal"[74]. Deve-se notar também que a "abordagem externa da Constituição" favorece sua integração como um elemento primário[75] do Estado. Neste documento eu privilegio a "abordagem interna" da Lei Fundamental, um "sistema" alimentado por uma composição, uma estrutura, um ambiente e mecanismos, que se apresenta como uma categoria básica do Direito, a dogmática e a teórica.

Mais sobre a natureza convencional da Constituição

No campo da teoria, especificamente dentro da abordagem interna, a Constituição é puro *artifício*. "Artifice" (do latim artificĭum) tem quatro significados: (i) a arte, habilidade, engenhosidade ou habilidade com a qual algo é feito; (ii) a predominância da elaboração artística sobre a naturalidade; (iii) artefato (máquina, aparelho); e iv) cautela. Assim, a Constituição, instrumento fundamental para a ordenação da comunidade

---

[73] V. HÄBERLE, Peter, *El Estado constitucional*, Cidade do México, UNAM, IIJ, 2003, p. 14.

[74] FERREYRA, Raúl Gustavo, *Manifesto do Estado Constitucional. Regras fundamentais sobre os antecedentes e justificação da associação estatal*, Malheiros, São Paulo, 2018, 189 pp., tradução de Ben Hur Rava.

[75] Os elementos *primordiais* (*primordia rerum*) foram dados à literatura por Lucretius. Em seu poema *De Rerum Natura*, estes corpúsculos ou elementos possuíam, além disso, um importante viés de "indestrutibilidade". Creio que, com esta qualidade retirada, a idéia de "elementos primordiais" como categoria para o pensamento teórico é uma semente cuja capacidade de gerar é uma aliada da argumentação proposta para o sistema da Constituição. LUCRETIUS, *De Rerum Natura. Acerca de la naturaleza de las cosas*, edição bilíngüe, Buenos Aires, Editorial Las Cuarenta, 2020, pp. 170-171.

estatal, é um "artifício" significativo, uma vez que tudo o que está ou pode estar nela corresponde ou é suscetível de se relacionar ou implicar com alguma de suas quatro definições.

Os seres humanos introduziram a lei constituinte do Estado no mundo natural, e não o contrário. Nesta ocasião, apelo a "artifício" nos sentidos orientados pela "engenhosidade" ou "habilidade", conforme o caso. As constituições não são produzidas pelo mundo natural, nem surgem ou emergem da natureza; elas são uma obra exclusivamente humana. A força ou fraqueza da Lei Fundamental depende, em grande parte, da "habilidade" e "engenhosidade" que seus elaboradores - que a criam, produzem ou geram - possuem para ordenar relações individuais e plurais na comunidade, e as desta na individualidade, e, após a gênese, depende também de todos os seus elaboradores, tanto os cidadãos como os servidores públicos.

Talvez a música, a literatura, as artes plásticas e a arquitetura sejam, de acordo com a sensibilidade e as possibilidades do artista, as obras humanas mais sublimes. Não há critério que defina ou determine, de forma conclusiva, a valorização ou o valor estético de uma obra de arte. Além da relatividade de valores, como não apreciar, por exemplo, o virtuosismo do *Concerto para violino de* Piotr Tchaikovsky (opus 35), a perfeição da *Madame Bovary* de Gustave Flaubert, a beleza da *Mona Lisa de* Leonardo da Vinci ou a utilidade e funcionalidade racional do espaço de Mario R. Álvarez e do *Teatro Geral San Martín de* Macedônio Ruiz.

As leis fundamentais dos Estados são também uma elaboração da arte humana. Sua artificialidade é exposta por sua "obra", a saber: o fato indiscutível de sua "elaboração humana", sem que seus criadores se distanciem de sua filiação ao mundo natural, mas sem a intervenção direta deste último em sua geração normativa.

Numa extraordinária comunhão entre a poesia e a Constituição que é difícil de repetir, Bertolt Brecht escreveu sobre a Constituição de Weimar de 1919[76]:

Artigo 1[77]

---

[76] O estudo "A Constituição de Weimar de 1919". O centenário de uma estrela do constitucionalismo comparativo e o berço da social-democracia", escrito e publicado por Bernd Marquardt, destaca-se como literatura fundamental. V. MARQUARDT, Bernd, *Anuário VIII do Constitucionalismo Comparado. Querétaro 1917 & Weimar 1919*, Bogotá, Ibáñez, 2019, pp. 45-155.

[77] Este artigo da Constituição de Weimar estipulava: "O Reich alemão é uma República.

1

O poder do Estado vem do povo.

Mas para onde está indo?

Para onde vai?

Tem que ir a algum lugar!

O policial deixa sua casa.

Mas para onde está indo?

etc.[78]

A Lei Fundamental entendida como uma máquina de tempo e espaço, com aptidão teórica para definir e organizar uma força ou energia do cidadão, já foi tratada com racionalidade e direção, por isso me reporto ao capítulo anterior. Basta acrescentar que neste artigo a orientação da Constituição como artifício ou máquina tem um âmbito de significado semelhante e equivalente.

Quanto à "precaução", a quarta orientação escolhida do "artifício" constitucional, a Lei Fundamental deve estabelecer a ordem fundamental para a convivência humana, regular a força do Estado e impor que o Estado não cause "dano" às pessoas, ou que elas não causem dano umas às outras, e, além disso, favorecer, estimular e incentivar o desenvolvimento e a solidariedade. A constitucionalidade - se ela existir como propriedade - deve estar ligada, proporcional e necessariamente, à "cautela" ("precaução") a ser observada tanto na instância de produção da Lei Básica quanto na sua realização.

Confio que restou plausivelmente demonstrado o argumento que narra e declara a Constituição como artifício, em todas as suas variantes, tenha sido demonstrado plausivelmente: "engenhosidade", "habilidade", "artesanato" ou "máquina" e "cautela". Também espero ter explicitado as afirmações que sustentam a abordagem adotada neste *Esboço*, bem como a natureza artificial da Constituição. Nesta base, é hora de abordar a

O poder do Estado é derivado do povo".

[78] GUTIÉRREZ GUTIÉRREZ, Ignacio, "Tres artículos de la Constitución de Weimar", *Revista de Historia Constitucional*, n.º 20, CEPC y Universidad de Oviedo, 2019, pp. 337-350, disponível em http://www.historiaconstitucional.com/index.php/historiaconstitucional/article/view/596, é uma contribuição inestimável contendo a tradução espanhola, pela primeira vez, do poema de Brecht "Drei Paragraphen der Weimarer Verfassung", 1931.

questão da hierarquia e da validade da Constituição dentro da ordem estatal.

53

Raúl Gustavo Ferreyra - Esboço Sobre a Constituição

CAPÍTULO 3: HIERARQUIA E VALIDADE DA ORDEM ESTATAL

RESUMO: O marco da supremacia. Uma discussão desnecessária. A regra do reconhecimento. Sobre a validade e a eficácia da ordem constituinte do Estado. Primeiro interlúdio: a presença do princípio de supremacia na Argentina, na Colômbia e no Brasil. Segundo interlúdio: Constituição e Direito Internacional dos Direitos Humanos.

O quadro de supremacia

Hierarquia é um critério. Sua aplicação faz com que uma coleção de determinadas entidades seja orientada por uma relação de dominação[79]. É essa cadeia de comando ou governo na experiência da humanidade, terrestre ou espiritual, fundada em uma hierarquia não jurídica, que se elevaria como o elo original da ideia assumida em lei para sua própria escalada e, então, autorizar ou permitir o caminho do que é considerado mais alto para o que é considerado mais baixo. Até agora, o ser humano dedicou e destinou longos anos para aprender e usufruir das vantagens que podem ser proporcionadas, em geral, por um sistema jurídico específico, qualificado pela supremacia de uma norma ou sistema de regras que se estabelece como superior, com uma hierarquia intransigente, inquestionável e indiscutível, acima do restante das normas que compõem o sistema jurídico estatal e que são qualificadas como inferiores.

A configuração das regras constituintes de um Estado tem - quase sempre - em sua redação uma regra suprema, ou seja, a Constituição como regra subjacente a toda a ordem jurídica, "... tanto por sua forma de criação, quanto por seu conteúdo"[80]. Uma lei fundamental do Estado.

Com as noções de primazia[81] e fundamentalidade, foi criada uma "regra suprema": "suprema, altíssima, e que não tem superior"[82]. Um

---

[79] BUNGE, Mario A., *Diccionario de Filosofía*, ob. cit., p. 118.

[80] V. BIDART CAMPOS, Germán J., *El Derecho de la Constitución y su fuerza normativa*, Buenos Aires, Ediar, 1995, p. 92.

[81] Sobre a supremacia normativa da Constituição, o texto legal mais antigo ainda em vigor é a determinação estabelecida no Art. de 1787: "Esta Constituição, e as leis dos

sistema de regras - o constitucional - é colocado no sistema legal e é posicionado como superior, porque nenhum será superior a ele.

Observe que a posição do sistema constitucional, embora tenha seu fundamento neste último, não implica contradição lógica, porque tratar com cuidado os enunciados de natureza autor referencial é algo bem diferente de predicar que todo enunciado desse tipo ou natureza careça de significado ou consequências teóricas[83]. Não há mistério: para estabelecer a primazia do sistema de normas constitucionais, sua citação normativa repousa em seu próprio texto, e não é necessário recorrer a uma norma superior à Constituição para resolver a questão. A supremacia é entendida em regras estabelecidas na própria redação da Constituição; não há suposição, pois é lei constituinte estabelecida pelo próprio criador da norma.

O acordo básico do poder dos cidadãos significa que, em princípio, no escalonamento hierárquico das normas legais nada existe acima da regra constitucional superior. Qualquer ato ou norma produzido ou gerado fora do procedimento ou conteúdo estipulado pela regra constitucional superior implica uma "variação" não autorizada ou uma mudança proibida pelo próprio sistema, cuja transgressão gera uma situação de não conformidade, um vício ou defeito: inconstitucionalidade. A referida gradação legal coloca todas as regras em diferentes níveis; as superiores subordinam as inferiores, e a Constituição - a Regra Suprema - subordina toda a ordem jurídica do Estado.

A Constituição deve ser a regra mais alta do sistema jurídico como consequência de uma decisão positiva do poder do Estado. Se a Constituição for a norma mais alta na hierarquia do sistema, não será logicamente possível passar da norma mais alta para a norma mais baixa sem cruzar a distância hierárquica entre elas. Negar esta distância seria incoerente, pois não é possível passar da norma mais alta para a mais baixa sem cruzar as distâncias líquidas que as separam. Este simples exemplo demonstra a primazia lógica da Constituição. Recorrer ao

---

Estados Unidos que serão feitas em sua aplicação, e todos os tratados feitos ou que serão feitos sob a autoridade dos Estados Unidos, serão a lei suprema da terra, e os juízes de cada Estado serão obrigados a observá-las, não obstante a Constituição ou as leis de qualquer Estado".

[82] De acordo com o Diccionario de la Real Academia Española, do *summus* latino.

[83] A auto referência, como um problema na teoria constitucional, tem sido estudada e discutida em FERREYRA, Raúl Gustavo, *Reforma constitucional e controle de constitucionalidade: Límites a la judiciabilidad de la enmienda*, Buenos Aires, Ediar, 2007, pp. 437-450.

caminho inverso - da norma inferior para a norma superior -, é escusado dizer, contraditório em si mesmo, e toda contradição deve ser sempre combatida na vida individual, assim como na existência e no desenvolvimento da ordem jurídica do Estado.

A constituição rege a produção de normas jurídicas de âmbito geral; consequentemente, ela regula a forma e, em certa medida, o conteúdo de toda a elaboração jurídica do Estado. A Constituição fornece a base para a realização do escopo de sua normatividade: que um determinado estado de coisas deve ser ordenado sob as diretrizes de suas regras.

Uma discussão desnecessária

De acordo com a conceituação já introduzida, a distinção entre constituição formal e material não tem sentido e cai sob seu próprio peso. A distinção doutrinária entre "constituição formal" e "constituição material" gera distorções epistemológicas intransponíveis, razão pela qual a irracionalidade deve ser condenada dentro do Estado de tipo constitucional[84]. Com ela, o cidadão jamais poderá conhecer, com certeza, a prescrição de suas ações ordenadas pela Lei Fundamental, já que seria sempre uma inclinação escorregadia ou o próprio abismo.

O critério de distinção entre constituição formal e constituição material tenta envolver ou colocar dentro de um mesmo âmbito o sistema de regras constituintes (o próprio script secular do estado) e, em outro domínio, aquelas regras que seriam materialmente eficazes (incluindo o comportamento baseado no costume, de acordo com um critério que está absolutamente fora de qualquer tipo de controle racional do poder).

Talvez a magia da Constituição formal e da Constituição material seja consequência da dicotomia entre as proposições formais, soberanas e independentes dos fatos, e as proposições factuais ou materiais, dependendo dos fatos aos quais se refiram. Dentro do estatuto racional e empírico que orienta esta tese, a Constituição deve ser um instrumento que alimenta com suas razões o próprio fato de seu nascimento. Uma razão adicional para sentenciar definitivamente ao esquecimento a

---

[84] Konrad Hesse expressou um ponto de vista semelhante, dublando a distinção "supérfluo" e sugerindo que "Constituição" deve ser entendida como "Lei Básica e seu conteúdo". V. HESSEN, Konrad, "Constituição e Lei Constitucional", em AA. VV., *Manual de Derecho constitucional*, Madri, CEPC, 1996, p. 2.

Constituição material e todos aqueles desvios que só geram confusão em uma cidadania ordenada.

Regra de reconhecimento

Esta Constituição, a regra suprema, estabelece a base para a validade de todas as regras do sistema. A Constituição é a fonte de validade de todas as leis de raiz nativa. Ela também opera como fonte para autorizar a validação do direito internacional dos direitos humanos, em condições de hierarquia semelhante ou superior a si mesma, nos casos em que esta determinação é objeto de regulamentação específica.

A complexidade das ordens jurídicas, devido à constelação de fontes, torna impossível saber com precisão matemática quantas regras as compõem. No entanto, a Constituição garante a sua unidade, fornecendo o critério supremo que permite distinguir e validar se uma regra pertence a uma ordem jurídica. A Constituição estabelece a base da ordem jurídica propriamente dita: unidade, porque a validade de todas as suas normas deve ser rastreada até ela.

A própria "constituição positiva"[85], com seu próprio conteúdo, expressamente estatuído, é a base estabelecida pelo poder constituinte que, com seu ato fundador, tornará possível identificar outras normas inferiores como lei. É, portanto, a norma fundamental (para um suplemento à regra do reconhecimento, refiro-me ao Capítulo Oito, que trata da intangibilidade do princípio democrático).

Um dos juristas eminentes do século XX, Hans Kelsen, sugeriu que a "norma fundamental" (*Grundnorm*) deveria ser "uma norma pressuposta como norma suprema". Esta norma imaginada, hipotética ou ficcional seria a que constituiria a unidade de uma multiplicidade de normas, pois representaria o "fundamento da validade de todas as normas pertencentes a esta ordem", incluindo, neste esquema, a própria Constituição. Esta suposta norma fundamental seria uma norma de "pensamento" e forneceria a base da validade, mas não do conteúdo, das normas que são instituídas no sistema. As normas produzidas de acordo com essa norma básica pertencerão à ordem jurídica determinada por essa norma fundadora: "portanto, qualquer conteúdo pode ser Lei"[86].

---

[85] ROSS, Alf, *Teoría de las fuentes del Derecho: Una contribución a la teoría del Derecho positivo sobre la base de investigaciones histórico-dogmáticas*, Madrid, Centro de Estudios Políticos y Constitucionales, 2018, p. 421.

De acordo com a suposição teórica feita neste documento, o Direito deve ser gerado pelo poder político do cidadão, que é o povo. É a esta entidade mundana que o estudo é dedicado. Neste contexto, não vejo a necessidade de recorrer a uma fundação fora do sistema - seja como pensamento ou como mera ficção -, no entendimento de que não deve haver nada além da Constituição. Não deveria haver metafísica legal. A Constituição, com a finitude de sua regulamentação institucionalizada, determina a validade da totalidade das normas que são instituídas na ordem jurídica, em cujo processo de configuração os cidadãos devem participar de diferentes maneiras. A Constituição é um fato social encerrado em um discurso que deve ser racional. Esta linguagem é objetivada em seu sistema de normas. Entre fatos e normas não deve haver soberanias territoriais desconexas, porque o que quer que seja, qualquer que seja a idealidade, deve respeitar a realidade.

A gradação da totalidade das regras da ordem jurídica, dependendo se ela é observada por cima ou por baixo, começa ou culmina com a Constituição. É a regra constituinte, e não deve exigir nenhum pressuposto ou norma fundamental externa para fechar ou fundar a totalidade da ordem jurídica em si. A regra constituinte deve ser, com singularidade afirmada, a própria regra de reconhecimento por antonomásia de toda a ordem jurídica estatal. A constituição estabelece o critério básico e incontroverso para a identificação das regras inferiores da ordem jurídica estadual. Este deve ser um de seus papéis relevantes mais reconhecidos[87]. Não deve haver nenhum elemento ou ficção possível como referência acima da constituição. Deve ter seu próprio fundamento autor referencial, uma criatura do poder político dos cidadãos.

A Constituição, tendo sido instituída como regra de reconhecimento de toda a ordem estatal, deverá ser o instrumento para discernir qualquer controvérsia sobre a filiação a normas inferiores, pois é a última, mais elevada, intangível e suprema das normas. Entretanto, a unidade fundamental estabelecida pela Constituição é decisiva, mas não

---

[86] KELSEN, Hans, *Teoría pura del Derecho*, México, D. F., Porrúa, 1998, pp. 202, 204, 205 212. Além disso, como argumento mais adiante no cap. décimo, não apenas qualquer conteúdo pode ser lei, porque há provas do estado brutal ou policial: a negação da lei.

[87] Para H. L. A. Hart, a combinação das regras primárias de obrigação com as regras secundárias (reconhecimento, mudança e julgamento) está apta a revelar o núcleo de um sistema jurídico estatal, mas não o "todo". A regra de reconhecimento (secundária) ocupa um papel central na teoria jurídica de Hart; é a que serve para "identificar" quais normas fariam ou não parte do sistema jurídico estatal. V. HART, Herbert, *El concepto de Derecho*, Buenos Aires, Abeledo Perrot, 1992, pp. 118, 121, 123, 127, 135 e seguintes.

suficiente para garantir a coerência da ordem jurídica. Graças à unidade da Constituição, as peças da lei têm uma "relação com o todo"[88]. A determinação da relação de coerência entre elas oferece a possibilidade de uma unidade sistemática. Esta totalidade ordenada é obtida por determinações formais e substanciais que, alojadas na Constituição, servirão para distinguir, como já antecipei, os membros ou pertencentes ao sistema legal. A Constituição, através dos "limites e vínculos"[89] de suas regras e princípios, tentará planejar e disciplinar, em certa medida, a coerência da ordem jurídica estatal, sempre posta à prova pela produção e realização da lei inferior.

Em regra, a Constituição é produzida e concretizada pelo poder constituinte (original ou derivado ou constituído). As demais regras jurídicas de âmbito geral são criadas pelos Congressos ou departamentos executivos; excepcionalmente, pelo Judiciário.

As leis fundamentais devem ser desenvolvidas basicamente em Dois âmbitos: o de sua produção e o de sua realização. Uma vez produzida a regra constituinte, com seu desenho apropriado, prévia compreensão racional, deverá sobrevir a sua observância, ou seja, sua realização tanto pelos cidadãos como pelos poderes do Estado, que, em paralelo, devem também cumprir a estrita obediência à nova linguagem constituinte. Contudo, existem diferentes situações em que a realização da lei emanada da Constituição requer uma interpretação que, especificamente, será de responsabilidade da jurisdição e dogmática.

A realização do Direito emanado da Constituição será sempre, portanto, a concretização ou execução da lei criada, como princípio dominante da tarefa de interpretação. Esta é a regra: não há outro sistema de normas constitucionais além daquele previsto pela própria fonte da Lei Fundamental ou por ela autorizado. Em princípio, o poder jurisdicional não é uma fonte criativa ou produtiva da lei constitucional, exceto nos casos muito raros em que a Lei Fundamental autoriza uma competência desta natureza e com seu escopo limitado. Da mesma forma, na arquitetura proposta pela Constituição, como em qualquer norma, é possível distinguir entre validade e eficácia.

Sobre a validade e eficácia da ordem constituinte do Estado

---

[88] BOBBIO, Norberto, *Teoría general del Derecho*, Bogotá, Temis, 1997, p. 177.

[89] FERRAJOLI, Luigi, "Constitucionalismo principialista y constitucionalismo garantista", em AA. VV., *Un debate sobre el constitucionalismo*, Madrid, Marcial Pons, 2012, p. 11.

O termo "validade" designa a "existência específica"[90] em conformidade com o sistema de princípios e regras da ordem constituinte do Estado. O critério de validade significa que com a instituição da referida ordem constituinte do Estado, todos os atos e regras inferiores devem se enquadrar dentro das possibilidades oferecidas, conforme o caso, pela tríade de regulamentos específicos da Lei Fundamental: sua determinação de linhas de ação, seu desenho de competências e suas simples declarações, que unem o conhecimento e a resolução dos dois elementos anteriores e se tornam normativos.

Em 1856, o arquiteto da constitucionalidade argentina, Juan Bautista Alberdi, declarou que a "Constituição geral é a carta náutica"[91] do Estado. O critério de validade constitui a bússola - ou, mais modernamente, um verdadeiro GPS (*sistema de posicionamento global*) - da "máquina da Constituição". Isto porque autoriza a determinação e julgamento da conformidade com a Lei Básica: com o critério de validade será possível posicionar e decidir sobre qualquer pessoa jurídica inferior a Lei Básica.

Pode-se apregoar que um ato ou norma inferior é formalmente inválido se a regularidade com que as regras constituintes ordenam, disciplinam e regulam o processo de sua criação na ordem jurídica estatal não for observada. Qualquer criação (ou mudança) que infrinja ou ponha em questão o estrito cumprimento dos limites formais pode ser atacada por ter esta patologia: a inconstitucionalidade, por ter infringido tais limitações constituintes. Em contraste, uma criação ou mudança que afete um assunto considerado intangível e determinado pela Constituição, que é impossível de modificar, por infringir uma limitação ou conteúdo material, será considerada inválida por razões materiais. Também nestes casos, a invalidade pode ser reconhecida porque é produzida uma regra irreversivelmente irremediável, por exemplo, ao afetar manifestamente o conteúdo de um direito à liberdade, caso em que a inconstitucionalidade deve ser pronunciada por violação do conteúdo substantivo da Lei Fundamental.

---

[90] V. KELSEN, Hans, *Teoría pura del Derecho*, 2ª ed., México, Porrúa, 1998, pp. 23-28.

[91] ALBERDI, Juan Bautista, *Bases y punto de partida para la organización política de la República Argentina: Organización política y económica de la Confederación Argentina*, Besanzón, Imprenta de José Jacquin, 1856, p. 158.

A expressão "eficácia", como aplicada às próprias regras constitucionais, refere-se à sua realização. Pode-se compartilhar a ideia de que a eficácia é uma condição de validade, na medida em que o cumprimento da norma legal deve aparecer para que ela não perca racionalmente as bases de estabilidade que moldam sua própria existência.

Embora não seja tarefa fácil verificar a completa coincidência entre a Lei Básica e a realidade política, não se deve renunciar à possibilidade de que a Normas das normas possa concretizar a sua realização. Em qualquer caso, a normatividade efetiva das normas constitucionais depende da conexão que elas têm com a realidade política que procuram regular através de sua instituição. Quanto maior o grau de ignorância que as normas constitucionais têm sobre a realidade que pretendem ajustar ou regular ou dirigir através de suas disposições, mais intensa será a queda-livre da força normativa de suas declarações.

A Constituição escrita, legal e positiva, é um sistema que gera uma certa tensão entre o mundo do ser e o mundo do dever ser. Atingir o ponto de equilíbrio entre a realidade social efetiva e a forma como ela deve ser, como indicado e ordenado pela trindade de regras e princípios constitucionais, coloca em cena a tarefa mais importante deste instrumento inacabado: a Constituição.

A eficácia das próprias regras fundamentais é uma questão extremamente delicada em todas as Constituições, especialmente na América do Sul[92]. A maioria dos textos sul-americanos contém regras que são complexas ou impossíveis de serem cumpridas. A racionalidade e a experiência deveriam presidir os momentos constituintes de nascimento ou variação. Se a Constituição determinasse que o cidadão poderia, inesperadamente, alcançar o céu por ascensão, com ou sem uma escada, suas possibilidades de cumprimento específico cairiam completamente.

Por outro lado, há também comportamentos que devem ser censurados, e isto ocorre em circunstâncias em que poderes econômicos e financeiros multinacionais tentam exercer um domínio de fato sobre a autoridade constitucional e tentam impedir ou frustrar, parcial ou totalmente, o cumprimento de regras constituintes que determinam direitos de liberdade ou direitos sociais. A ineficácia do sistema de regras

---

[92] Marquardt acredita que, de 1980 até o presente, existe um amplo consenso na América Latina para entender "a Constituição como uma categoria chave da identidade coletiva". V. MARQUARDT, Bernd, "La sexta ola o era del Estado constitucional democrático, social e ambiental en Iberoamérica: Reconstitucionalización y pluralismo tridimensional", *Revista Derechos en Acción*, La Plata, UNLP, 2019-2020, pp. 84-172.

constitucionais que esses poderes factuais são capazes de provocar, deve ser vigorosamente combatida no Estado de tipo constitucional, pois, em alguns casos, é capaz de induzir novas formas de escravidão no século XXI. Nem o céu por ascensão, nem o inferno ou o fundo por sujeição perpétua.

É verdade que não há nenhum instrumento feito pelo homem que seja completo e perfeito: francamente, a tentativa de estabelecer regras de conduta para cobrir toda eventualidade humana parece muito difícil de executar. Assim, tem sido afirmado com sabedoria original que não é possível elaborar um conjunto de regras que se propõe a descrever o que uma pessoa deve fazer em todas as circunstâncias concebíveis ou imagináveis[93]. Talvez no futuro, a inteligência artificial demarque um novo elo na cadeia do conhecimento. Por esta razão, as Constituições também são incompletas, pois seus sistemas deixam domínios, espaciais e temporais, nos quais nenhuma das regras da tríade que a compõe existe. Admitindo, com serenidade e coragem, as lacunas da Constituição nos obrigam a conceber técnicas sensatas, sob os cuidados de um escrutínio rigoroso e democrático, para superar suas exigências. A ideia da plenitude da Constituição é um fetichismo dogmático, que é completamente demolido pela natureza muito imperfeita de todas as tarefas do criador humano, que engloba toda a sua produção.

Primeiro interlúdio: a presença do princípio de supremacia na Argentina, na Colômbia e no Brasil

É justo dizer que a Constituição Federal Argentina[94], desde 1853-60, consagra a supremacia normativa da regra suprema e a hierarquia das regras inferiores a ela, como está estabelecido no artigo 31:

> Esta Constituição, as leis da Nação que podem ser aprovadas pelo Congresso em consequência disso, e os tratados com poderes estrangeiros são a lei suprema da Nação; e as autoridades de cada

---

[93] TURING, Alan, ob. cit., p. 452.

[94] Nota de tradução: o autor em suas diversas obras utiliza Constituição Federal Argentina (CFA) ao invés de Constituição Nacional Argentina, como é habitual na doutrina constitucional argentina em alusão ao que diz a própria constituição. A referência do autor para a nomenclatura está na obra completa de Gérman Bidart Campos, quem se refere a Constituição Argentina como *Constitución Federal de la República Argentina*.

província são obrigadas a conformar-se a ela, não obstante qualquer disposição em contrário contida nas leis ou constituições provinciais, exceto para a província de Buenos Aires, e os tratados ratificados após o Pacto de 11 de novembro de 1859.

Desde 1991, o Estado colombiano tem uma das regras mais importantes sobre o assunto em consideração. Especificamente, estou me referindo ao artigo 4 e à materialização normativa da supremacia constitucional:

> A Constituição é a norma das normas. Em qualquer caso de incompatibilidade entre a Constituição e a lei ou qualquer outra norma legal, aplicam-se as disposições constitucionais. É dever dos nacionais e estrangeiros na Colômbia cumprir a Constituição e as leis, bem como respeitar e obedecer às autoridades.

A originalidade do artigo 4 merece ser destacada em dois aspectos. Embora, por um lado, a noção de supremacia constitucional esteja na ideologia constitucional da América Latina desde o século XIX, a prescrição "A Constituição é a norma das normas" é uma novidade no vocabulário dos poderes constituintes. Por outro lado, o artigo 4 da CPC 1991 também possui suficiente originalidade - pelo menos, no modo de falar das declarações constitucionais -, pois se refere a sua observância ou dever de obediência. Toda constituição, como norma, faz parte do mundo real na medida em que é escrita, publicada e deve ser obedecida.

Segundo interlúdio: Constituição e direito internacional dos direitos humanos

A Constituição institui um sistema de regras e princípios para os cidadãos e os funcionários públicos. Várias ideias se uniram para moldar a Constituição, particularmente desde o século XVIII. As determinações sobre a limitação e o exercício racional do poder têm sido poderosas como impulso original. Deve-se acrescentar que a elaboração do texto da Constituição de um Estado também se tornou necessária quando a comunidade de cidadãos que a habitava desejava manifestar, afirmar e dar a conhecer sua indeclinável vocação política de soberania comunitária sem apego a qualquer outro poder estrangeiro. A Constituição dá origem e deixa um registro político da individualidade única e individualizada de uma determinada comunidade estatal, sem dependência de um poder externo. Ela dá origem ao "eu" ou "individualidade" (cidadãos do povo) para coexistir com os "outros" cidadãos de outros povos de outros estados neste mundo único de seres humanos, do qual ninguém, até agora, foi capaz de cair ou escapar.

A autodeterminação política dos cidadãos que compõem o povo tem sido, é e deve ser, a energia das energias, acima de todas as outras forças, para decidir a configuração da Lei Básica. Esta autodeterminação política, além disso, poderia tornar-se, com absoluta transparência, "a expressão de um estado de desenvolvimento cultural, um meio de autor representação de um povo, um espelho de seu patrimônio cultural e um fundamento de suas novas esperanças"[95]. O exercício da cidadania política deveria possuir, como corolário natural, um modelo de representação comunitária justamente para demonstrar o ponto alcançado para a autor representação como consequência da fundação original ou de sua mudança protocolar.

Durante o século XIX, em cada um dos estados sul-americanos, a independência política, o puro exercício da soberania cidadã, enterraram a sujeição colonial à metrópole, embora ainda existam, no século XXI, outros mecanismos de dominação e exploração. As primeiras manifestações desta linguagem constitucional determinaram, em parte, a relação entre "direito estatal" e "direito internacional".

Nos parágrafos anteriores, neste *Esboço*, argumentei sobre a primazia da Constituição e a validade que ela determina para a ordem jurídica estatal com seus parâmetros formais e substanciais. Assim, o ente Constituição deve fundamentar, com autoridade, a inerente soberania da entidade estatal na comunidade internacional. A Constituição deve ser sempre uma lei criada pelo próprio Estado.

Na América do Sul ainda não houve uma experiência de soberania compartilhada, integração e comunidade, como pode ser vislumbrado no menu de relações políticas, econômicas, sociais e financeiras da União Europeia. Um processo singular que, além de seus sucessos e fracassos, a partir da compreensão da lei constituinte do Estado, pressupõe a criação de regras comunitárias para o funcionamento da União Europeia, com a primazia de suas normas. Talvez a soberania da União Europeia pudesse ser revista ou compreendida como a adição ou soma apropriada das soberanias de sua lei interna que os Estados que a compõem decidiram ceder, transferir, renunciar ou compartilhar.

---

[95] HÄBERLE, Peter, "La Constitución como cultura", *Anuario Iberoamericano de Justicia Constitucional*, Madrid, n.° 6, Madrid, 2002, p. 194.

Na América do Sul, no entanto, houve um impacto dos preconceitos do chamado "constitucionalismo global". Refiro-me a uma nova relação entre a Constituição e o Direito Internacional dos Direitos Humanos, gerada desde 1945 com a criação da Organização das Nações Unidas e, desde 1948, com a criação da Organização dos Estados Americanos, que é objetivada na normatividade produzida em escala global e regional, respectivamente, com características profundas de direito constituinte da mais alta ordem em matéria de direitos humanos.

Para fins descritivos, apresento três modelos que na América do Sul, com características diferentes, implicam uma relação entre o Direito Internacional dos Direitos Humanos e o princípio de constitucionalidade de uma fonte e natureza estatal estrita. Esses três modelos determinam a aplicação de um critério de prevalência do Direito Internacional dos Direitos Humanos, ou de um critério de equivalência do Direito Internacional dos Direitos Humanos ou, finalmente, de um critério no qual o Direito Internacional dos Direitos Humanos poderia ocupar um lugar semelhante a uma emenda da Constituição. A relação é sempre a do Direito Internacional dos Direitos Humanos com a Constituição. Esclareço que a menção a seguir tem propósitos exclusivamente descritivos, pois emergem das fontes constitucionais, razão pela qual não contemplo a doutrina judicial, seja ela ocasional ou não - uma atitude que não desvaloriza seu valor ou deixa de refletir a sua utilidade.

No primeiro modelo, o Direito Internacional dos Direitos Humanos é produzido na esfera de reuniões, debates, eventos, conclaves ou assembleias, sempre em um local internacional, não estatal. Ele muda radicalmente o paradigma do monopólio estatal na criação do Direito, embora o primado constitucional não seja cessado, nem desvalorizado. Uma das principais objeções dialógicas levantadas reside no fato indiscutível de que as pessoas que produzem o Direito Internacional dos Direitos Humanos, na esmagadora e conclusiva maioria dos casos, não são funcionários públicos eleitos diretamente pelo órgão eleitoral do Estado, em cujo território e tempo a "lei" gerada na esfera interestatal, seja a Organização das Nações Unidas (ONU), a Organização dos Estados Americanos (OEA) ou a Organização Internacional do Trabalho (OIT), para dar alguns exemplos, afirmarão estar em vigor. Além disso, uma vez que estas pessoas não são eleitas em eleições verdadeiramente populares, sua conduta não pode estar sujeita a uma maior responsabilização nas urnas.

Embora esta circunstância não comprometa a única fonte de primazia até agora conhecida - a Constituição -, ela propõe uma nova nuança. Uma vez aberta a "porta" pela lei nacional - por meios constitucionais - para a entrada do Direito Internacional dos Direitos Humanos, ela será válida nas condições que sempre são estabelecidas.

A Constituição da Colômbia[96] prevê no seu artigo 93:

> Os tratados e convenções internacionais ratificados pelo Congresso, que reconhecem os direitos humanos e proíbem sua limitação em estados de emergência, *prevalecem* na ordem interna.

> Os direitos e deveres consagrados nesta Carta devem ser interpretados de acordo com os tratados internacionais de direitos humanos ratificados pela Colômbia.[97]

A regra acima mencionada deve, naturalmente, ser combinada com as exigências do artigo 4, acima mencionado, e com a diretiva estabelecida no artigo 9:

> As relações exteriores do Estado baseiam-se na soberania nacional, no respeito à autodeterminação dos povos e no reconhecimento dos princípios do direito internacional aceitos pela Colômbia.

Por sua vez, a Constituição boliviana prescreve o seguinte no artigo 256:

> I. Os tratados e instrumentos internacionais de direitos humanos que tenham sido assinados, ratificados ou aderidos pelo Estado, que declaram direitos mais favoráveis do que aqueles contidos na Constituição, serão aplicados em *preferência* à Constituição.

> II. Os direitos reconhecidos na Constituição devem ser interpretados de acordo com os tratados internacionais de direitos humanos quando estes previrem normas mais favoráveis.

> Tal regra, sem dúvida, deve ser emendada com a outra regra estabelecida no artigo 410:

> I. Todas as pessoas, pessoas físicas e jurídicas, assim como órgãos públicos, funções públicas e instituições, estão sujeitas a esta Constituição.

---

[96] FUENTES-CONTRERAS, Édgar Hernán, *Materialidad de la Constitución*, Bogotá, D. C., Grupo Editorial Ibáñez, 2010, pp. 195-248.

[97] Em *itálico*, destaco os termos ou passagens relevantes de cada texto constitucional que permitem que seu sistema seja enquadrado dentro de cada modelo postulado.

II.   A Constituição é a norma suprema do sistema jurídico boliviano e tem primazia sobre qualquer outra disposição normativa. O bloco de constitucionalidade é composto pelos tratados e convenções internacionais sobre direitos humanos e pelas normas de direito comunitário ratificadas pelo país. A aplicação das normas legais é regida pela seguinte hierarquia, de acordo com as competências das entidades territoriais: 1. Constituição Política do Estado. 2. Os Tratados Internacionais.

A margem de discricionariedade da autoridade estatal, tanto no caso boliviano (por suas próprias razões) quanto no caso colombiano (também por suas próprias razões), é muito estreita para todos os destinatários de suas respectivas leis fundamentais, tanto autoridades como cidadãos.

Em um segundo modelo, a Argentina, desde 1994, adotou o paradigma da equivalência das fontes. No artigo 75, parágrafo 22, ele previa o seguinte:

> Cabe ao Congresso [...]: Aprovar ou rejeitar tratados celebrados com outras nações e com organizações internacionais e acordados com a Santa Sé. Os tratados e acordos têm hierarquia superior às leis. A Declaração Americana dos Direitos e Deveres do Homem; a Declaração Universal dos Direitos Humanos; a Convenção Americana sobre Direitos Humanos; o Pacto Internacional sobre Direitos Econômicos, Sociais e Culturais; o Pacto Internacional sobre Direitos Civis e Políticos e seu Protocolo Opcional; a Convenção sobre a Prevenção e Punição do Crime de Genocídio; a Convenção Internacional sobre a Eliminação de Todas as Formas de Discriminação Racial; a Convenção sobre a Eliminação de Todas as Formas de Discriminação contra a Mulher; a Convenção contra a Tortura e Outros Tratamentos ou Penas Cruéis, Desumanos ou Degradantes; a Convenção sobre os Direitos da Criança; sob as condições de sua validade, *têm hierarquia constitucional*, não derrogam qualquer artigo da primeira parte desta Constituição e devem ser entendidos como complementares aos direitos e garantias nela reconhecidos. Eles só podem ser denunciados, conforme o caso, pelo Poder Executivo Nacional, com a aprovação prévia de dois terços da totalidade dos membros de cada Casa. Outros tratados e convenções sobre direitos humanos, após serem aprovados pelo Congresso, exigirão o voto de dois terços da totalidade dos membros de cada Casa, a *fim de gozar de hierarquia constitucional*.[98]

---

[98] A Lei 24.820 (1997) concedeu hierarquia constitucional à Convenção Interamericana

O Direito Internacional dos Direitos Humanos estabelecido no artigo 75, parágrafo 22, da CFA não faz parte da Constituição; ele tem uma hierarquia equivalente sob as condições detalhadas, razão pela qual deve ser integrado, com um conjunto de regras, em um verdadeiro sistema da Lei Básica. Além disso, o compromisso constitucional estabelecido na norma constitucional transcrita determina a existência de uma margem de apreciação interessante pela autoridade do Estado. Esta possibilidade, tanto para os funcionários públicos quanto para os cidadãos, é estritamente limitada pelos seis princípios reguladores de seu Preâmbulo, assim como pelos direitos, bens e deveres fundamentais.

Por todas estas razões, é impossível a representação de um problema deve se esgotar, sempre e globalmente, dirigindo a compreensão à fonte estrangeira, sem examinar sua natural e persistente complementaridade em relação à fonte estatal e em um desprezo caracterizado de sua própria voz, língua e cultura constitucionais. Defendo, portanto, que a conglobação racional entre a lei constitucional (estatal) e o Direito Internacional dos Direitos Humanos (internacional) com a hierarquia constitucional, tipificada na Argentina em termos de equivalência de fontes (CFA e Direito Internacional dos Direitos Humanos (DDHH), de acordo com a regulamentação contida no artigo 75, parágrafo 22[99]), abre um espaço interessante de comprovada riqueza semântica para a "complementaridade", cuja única exigência está na própria margem de reserva estatal estipulada pelo CFA, desde 1853, no artigo 27:

> O Governo Federal é obrigado a assegurar suas relações de paz e comércio com poderes estrangeiros por meio de tratados em conformidade com os princípios de direito público estabelecidos nesta Constituição.

Tanto a regra do artigo 75, parágrafo 22, quanto a regra do artigo 27 devem ser combinadas com uma regra principal consagrada no artigo

---

sobre Desaparecimento Forçado de Pessoas, aprovada pela XXIV Assembleia Geral da OEA, nos termos do art. 75, sub. 22, CFA. A Lei 25.778 (2003) concedeu hierarquia constitucional à Convenção sobre a Não Aplicabilidade das Limitações Estatutárias aos Crimes de Guerra e aos Crimes Contra a Humanidade, adotada pela Assembleia Geral da ONU em 26/11/1968 e aprovada pela Lei 24.584. A Lei 27.044 (2014) concedeu hierarquia nos termos do art. 75, inc. 22, CF, à Convenção sobre os Direitos das Pessoas Portadoras de Deficiência (ONU).

[99] DOLABJIAN, Diego, "75:22/Modelo para armar", in *Derecho constitucional profundizado*, Buenos Aires, Ediar, 2017, pp. 353-415.

28, que desde 1853 também estabeleceu como única margem intransponível, o princípio da racionalidade: "Os princípios, garantias e direitos reconhecidos nos artigos anteriores não podem ser alterados pelas leis que regulamentam seu exercício".

Em um terceiro modelo, é possível incluir a Constituição da República Federativa do Brasil de 1988[100], que originalmente previa, no Art. 5, LXXVII, § 2°:

> Os direitos e garantias expressos nesta Constituição não excluem outros derivados do regime e princípios adotados por ela, ou de tratados internacionais dos quais a República Federativa do Brasil é parte.

Esta formulação normativa levou algumas orientações doutrinárias a julgar a concretização de um sistema de equivalência ou integração de fontes, no próprio contexto da CF 1988 e pelo imperativo das chaves que podem ser inferidas a partir da regra sob análise. Por outro lado, outras orientações dogmáticas sugeriram a prevalência do direito constitucional de origem estatal sobre o Direito Internacional dos Direitos Humanos.

Posteriormente, em 2004, através da Emenda Constitucional 45/2004, foi introduzido o seguinte texto como Artigo 5, LXXVII, § 3:

> Os tratados e convenções internacionais sobre direitos humanos que são aprovados em cada Câmara do Congresso Nacional, em duas rodadas, por três quintos dos votos dos respectivos membros, serão equivalentes a emendas constitucionais.

Sem dúvida, a regra contida no texto original de 1988 incentiva ou atrai uma interpretação aberta do sistema de fontes. Entretanto, não se pode ignorar o fato de que um ato reformador, 16 anos depois (2004), sugeriu uma nova formulação normativa por meio de uma adição. Por estas razões, parece que o sistema brasileiro se inclinaria para um modelo de equivalência muito limitada, sujeito a uma decisão específica e rigorosa de habilitação do Congresso Federal[101]. Note-se que a norma estabelece

---

[100] MACHADO CYRILLO DA SILVA, Carolina, "La posición jerárquica del Derecho Internacional de los Derechos Humanos en las Constituciones sudamericanas", in *Contextos*, publicação do Seminario sobre Derecho Público de la Defensoría del Pueblo de la Ciudad de Buenos Aires, n.° 5, 2013, pp. 124-135.

[101] Desde 2004, o Congresso Federal do Brasil, no âmbito das disposições do art. 5°, LXXVIII, 3°, aprovou vários "atos internacionais equivalentes a emendas constitucionais". Assim, entraram neste mecanismo de equivalência: *a*) a Convenção das Nações Unidas sobre os Direitos das Pessoas com Deficiência e seu protocolo opcional

que eles devem ser "equivalentes a emendas constitucionais". A Constituição da República Federativa do Brasil 1988 tevem até o momento, 128 emendas[102]; por esta razão, não seria desejável - mas provável - que um dia a doutrina constitucional tivesse que discutir a estatura jurídica entre as emendas e a textura constitucional original. Não deveria haver distinção entre regras originais e emendas; entretanto, ao abrir a porta para este infeliz debate, a regra do artigo 5, LXXVII, § 3º, e os atos internacionais tornados concretos pelo fato de sua normatividade, também estariam imersos nela.

Nos estados sul-americanos, tem havido um notável esforço por parte dos poderes constituintes. Reverenciado, tolerado, sugerido, criticado ou patrocinado, o avanço progressivo e substantivo do Direito Internacional dos Direitos Humanos está dando forma a uma nova organização do sistema de fontes. Esta novidade provoca novas reflexões, pois há um novo modelo: o paradigma constitucional, mais o paradigma do Direito Internacional dos Direitos Humanos.

Certamente, cada sistema constitucional tem seus próprios componentes de identificação, embora muitas vezes a prosa desenvolvida em nível textual não chegue a uma realização coerente. Entretanto, se eu tivesse que escolher neste ponto, preferiria o modelo adotado pela Argentina, com uma hierarquia equivalente e uma enumeração taxonômica das fontes do Direito Internacional dos Direitos Humanos. Esta última propriedade está subjacente à preferência. O cidadão só precisa ler a Lei Básica de forma abrangente para saber quais regras do Direito Internacional dos Direitos Humanos têm hierarquia constituinte e sob quais condições de interpretação para sua implementação legal.

Devo reconhecer que a aceitação de uma margem discricionária para julgamento pela autoridade estatal não é uma tese ortodoxamente internacionalista. Por enquanto, prefiro observar a ordem comum, a república, sem pausas e com firmeza, a fim de dar universalização no espaço, num futuro próximo, a uma lei de direitos humanos para todos os sul-americanos.

(2008); *b)* o Tratado de Marraqueche para Facilitar o Acesso a Obras Publicadas para Pessoas Cegas, Deficientes Visuais ou Deficientes Impressos, celebrado no âmbito da Organização Mundial da Propriedade Intelectual (2015), e *c)* a Convenção Interamericana contra o Racismo, a Discriminação Racial e a Intolerância Correlata (2021).

[102] O número de 128 emendas corresponde a 03 de maio de 2023. Para uma lista completa, que é constantemente atualizada, veja http://www.planalto.gov.br/ccivil_03/constituicao/Emendas/Emc/quadro_emc.htm.

Note-se, entretanto, que é uma perspectiva baseada "na dificuldade insuperável, que existe hoje, de basear a unidade da ordem jurídica na supremacia do direito internacional"[103], que talvez cessaria, total ou parcialmente, no dia em que fosse possível afirmar a existência da globalização completa ou da globalização uniforme do Direito, a existência de uma única ordem jurídica estatal, e dispensar ou desvalorizar o conceito de Estado que é usado atualmente. O comentário é otimista, pois relega a total supremacia do direito internacional à sua entronização no auge da ordem jurídica, que então teria as instituições necessárias para criar e implementar uma ordem jurídica global em todo o mundo.

Enquanto isso, os cidadãos de cada uma das comunidades devem ter a liberdade mais precisa e adequada para discernir se, talvez no futuro, toda a aldeia sul-americana[104] estará reunida pela primazia fundacional de certas peças do Direito Internacional dos Direitos Humanos em um plano, posto ou nível distintivamente superior a toda a lei, incluindo, adequadamente, a própria lei constitucional de fonte doméstica.

Antes de concluir este segundo interlúdio, gostaria de oferecer um parágrafo muito breve sobre a Convenção Americana sobre Direitos Humanos (CADH), um instrumento eminente em nossa região. A CADH, a partir de seu Preâmbulo, justifica a própria proteção internacional que proporciona, cujas regras de "natureza convencional" devem ser consideradas como "complementares àquelas oferecidas pela legislação interna dos Estados americanos". Esta premissa normativa, sem dúvida, gera uma diretriz ao instituir um guia para a construção de uma implementação constitucionalmente e convencionalmente "conforme"[105] o Direito do Estado com a CADH. Justamente no âmbito desta última, a Corte Interamericana de Direitos Humanos (CorteIDH), com seus "julgamentos"[106] em casos contenciosos (incluindo a criação do "controle

---

[103] V. ALÁEZ CORRAL, Benito, "Nacionalidad y ciudadanía ante las exigencias del Estado constitucional", *Revista de Estudios Políticos* (nova época), n.° 127, janeiro-março de 2005, Madri, p. 134.

[104] Em 22 de junho de 1856, Francisco Bilbao propôs a formação de um Congresso Sul-Americano, para o qual cada república enviaria um número igual de representantes. V. BILBAO, Francisco, "Iniciativa de la América". Idéia de um Congresso Federal das Repúblicas. Post-dictum", *Cuadernos de Cultura Latinoamericana*, no. 3, Facultad de Filosofía y Letras, Unión de Universidades de América Latina, UNAM, Cidade do México, 1978 [1856].

[105] Sobre a interpretação em conformidade com a Constituição, ver HESSE, Konrad, *Escritos de Derecho constitucional*, Madrid, CEPC, 1992, p. 50.

da Convencionalidade"[107]) e a elaboração de "Pareceres Consultivos"[108], realiza uma importante tarefa de implementação.

Desde o início do presente capítulo deste *Esboço*, dedicado à hierarquia e validade da Constituição, empreguei palavra por palavra para sustentar e justificar seu papel fundamental na arquitetura do Estado. O paradigma da validade da Constituição como lei fundamental do Estado resta consagrado. A natureza fundamental da Constituição, com o desempenho da tríade de regulamentos, deve gozar de aptidão suficiente para garantir o processo público de sua própria supremacia como regra de reconhecimento "na" e "da" ordem do Estado. Uma tarefa diária e

---

[106] Com relação às decisões CorteIDH, a CADH prevê, entre outras regras, que a decisão será "fundamentada" (art. 66.1), que será "final e não passível de recurso" (art. 67) e que "os Estados Partes da CADH se comprometem a cumprir a decisão do Tribunal em qualquer caso em que sejam partes" (art. 68.1).

[107] O controle do convencionalismo é um julgamento que confronta a CADH com a lei do Estado. Se a incompatibilidade for manifesta, o ato ou regra do direito do Estado é censurado por sua falta de coerência com as regras da CADH. A construção dos critérios do CorteIDH tem sido gradual. A carta de cidadania foi expressa no caso "Almonacid Arellano et al. v. Chile" (julgamento sobre objeções preliminares, méritos, reparações e custos, 26/9/2006). Posteriormente, novas sentenças levaram a modulações e esclarecimentos. Assim, vale mencionar nestes campos, entre outros casos condenados, as doutrinas emergentes do caso "Trabajadores Cesados del Congreso vs. Peru" (julgamento sobre objeções preliminares, mérito, reparações e custas, 24/11/2006); dos casos "Gelman I" e "Gelman II" "vs. Uruguai" (julgamento sobre mérito e reparações, 24/2/2011 e Supervisión de cumplimiento de sentencia, resolução de 20/3/2013, respectivamente) e do caso "Atala Riffo y Niñas vs. Chile" (julgamento sobre mérito, reparações e custas, 24/2/2012). O teste de convencionalidade, de acordo com Corte Interamericana de Direitos Humanos, é uma obrigação de toda autoridade do Estado parte da CADH.

[108] Na minha opinião, os pareceres consultivos não têm efeito jurídico vinculativo para os Estados Membros. Entretanto, eles são uma diretriz valiosa para a implementação da CADH. Em seu último parecer consultivo, número 28, emitido em 7/6/2021, solicitado pela República da Colômbia, os juízes CorteIDH, por maioria, decidiram que "a reeleição presidencial indefinida não constitui um direito autônomo protegido pela CADH ou pelo *corpus iuris* do Direito Internacional dos Direitos Humanos". Eles também determinaram que "a proibição de reeleição indefinida é compatível com a Convenção Americana de Direitos Humanos, a Declaração Americana dos Direitos Humanos e a Carta Democrática Interamericana". Finalmente, eles sustentaram "que permitir a reeleição presidencial indefinida é contrário aos princípios de uma democracia representativa e, portanto, às obrigações estabelecidas na Convenção Americana de Direitos Humanos e na Declaração Americana dos Direitos Humanos ". O CO 28/21 é uma contribuição importante para a luta contra a autocracia presidencial, uma perversidade do sistema de governo que é difundido nos países da América do Sul.

implacável. O processo público da supremacia da Constituição deve ser realizado em todos os espaços e em todos os momentos, para que sua vocação normativa possa ser objeto de culto e consagração pelos cidadãos.

Agora, em meados do século XXI, toda a Constituição é atraída para um novo jogo que tem regras diferentes em relação a sua relação com o Direito Internacional dos Direitos Humanos. Uma fascinante conglobação de direitos constituintes de diferentes fontes (estatal, regional e internacional), cujos resultados, com avanços e retrocessos, podem ser observados em nossas comunidades. Tudo isso compromete e atribui a existência de um diálogo precário e incipiente, vital para a construção e o fortalecimento da cidadania[109].

---

[109] Siddharta Legale dá uma importante e original contribuição sobre essa discussão e sua doutrina é extremamente relevante. LEGALE, Siddharta. *Curso de teoria constitucional interamericana*. 2 ed. Rio de janeiro: NIDH-UFRJ, 2022. LEGALE, Siddharta. La Constitución Interamericana: Los 50 Años de la Convención Americana sobre Derechos Humanos en la Jurisprudencia de la Corte Interamericana de Derechos Humanos. In: OEA. (Org.). *Curso de Direito Internacional XLVI*. 1ed. Rio de Janeiro: OEA, 2019b, v. 1, p. 121

CAPÍTULO 4: BÍBLIA POLÍTICA E PODER CIDADÃO

CONTEÚDO: Escritos seculares. Sobre cidadania. Breve interlúdio: a dimensão da cidadania na Constituição do Equador de 2008. Liberdade política mais liberdade social.

Escrituras seculares

O mundo regulado e relacionado pela Lei Básica justifica e ancora politicamente o Estado. A Constituição é uma "máquina jurídica". É também uma "bíblia política do Estado", uma ideia expressada por Thomas Paine em uma famosa obra de 1792[110]. Pensar na Constituição como uma "bíblia política" implica aceitar que em sua textura (uma obra secular muito importante e única) possa ser encontrado um "modelo ideal" para todas as tarefas do governo e para lidar com os problemas que surgem em uma comunidade[111].

A arte da política tem um dever claro ao qual deve se conformar: a resolução (com ações) dos problemas do passado, para enfrentar os dilemas do presente e favorecer as condições futuras para a existência e o desenvolvimento dos cidadãos de uma comunidade. Na política, o critério humano tem características dominantes. Embora não deva ser um mero exercício da vontade, sua arte deve chegar perto de resolver, aliviar ou eliminar os problemas do povo de uma comunidade e os do próprio Estado. Retornarei a esta conjectura mais tarde ao examinar a missão da Constituição, no décimo capítulo. Basta por enquanto, sem antecipar o fim da história, que a arte da política seja dedicada, primitivamente, a buscar, desenvolver e consolidar a paz social.

Uma vez que a constituição tenha sido moldada no seu momento constituinte, sua cristalização da política não pode ser substituída por nenhum outro ato ou norma. Toda política dentro do Estado - e em suas relações com outros Estados do mundo - deve ser politicamente adequada à Lei Básica. A partir da compreensão da Constituição do

---

[110] PAINE, Thomas, *The Rights of Man*, London, Dent & Sons Limited, 1941, p. 185.

[111] Um dos significados da palavra "bíblia" é: "um trabalho que reúne os conhecimentos e ideias relacionadas a um assunto e que é considerado por seus seguidores como um modelo ideal".

Estado, todas as ações ou omissões dos cidadãos ou servidores públicos são políticas, pois ela é o instrumento político por excelência e, portanto, deveriam ser direcionadas à manutenção e ao desenvolvimento de seus princípios e regras, as chaves normativas por excelência da comunidade.

As leis fundamentais são "constituições políticas". As regras supremas da Colômbia de 1991 e da Bolívia de 2009, respectivamente, contêm a propriedade de "constituições políticas" após o substantivo "Constituição". Um título apropriado; não há nada mais robusto e sério do que chamar as coisas pelos seus nomes. As Constituições da Argentina, Equador e Brasil também são leis políticas fundamentais. No entanto, a ausência da palavra "político" às vezes causa o engano intelectual de algum intérprete ou produtor que suspeita que a textura jurídica não tem essa natureza em seu DNA e, assim que a descobre, ele é naufragado ou sua tarefa é frustrada.

A Constituição é um instrumento político. Ela encarna plenamente a "juridicização da política"[112] e sua realização é uma tarefa eminentemente jurídica, uma atividade que por sua vez é regulada pela própria textura da Lei Fundamental. Assim como não deve haver uma realização predominantemente política da Constituição, também não pode haver uma criação jurídica da lei política. A ligação entre a política e a Constituição é intensa, profunda e perpétua. Uma política sem uma Constituição escrita seria um edifício sem planos; uma Constituição sem uma política que a criasse seria um plano sem um edifício. A Lei Fundamental é a lei básica do Estado, em cuja esfera tudo é eminentemente político.

No momento do nascimento da Constituição, seus constituintes - que devem sempre agir em nome dos cidadãos - criam uma nova unidade política. Esta criação exigirá, sem dúvida, esforços para sua manutenção e desenvolvimento. Sem a manutenção e o desenvolvimento da unidade política, as possibilidades da Constituição decrescem vertiginosamente. Rachaduras, fraturas ou qualquer outra forma de dissociar as individualidades da comunidade podem exibir o potencial de desafiar severamente a unidade política prescrita pela Constituição.

O sistema instalado por uma Constituição, chamado a prover estabilidade no Estado, só pode existir na medida em que cidadãos e funcionários públicos conferem um grau relevante de coesão a seus princípios e regras, e agem com um grau semelhante de responsabilidade

---

[112] ZÚÑIGA URBINA, Francisco, *Control de constitucionalidad y sentencia*, Cuadernos del Tribunal Constitucional, n.° 34, 2006, Santiago do Chile, p. 37.

em seu desenvolvimento e defesa. A Constituição, como toda máquina, requer controles para incentivar seu bom funcionamento. É verdade que existem anomalias que podem ser invocadas; no entanto, a Lei Fundamental, com tríade de seus regulamentos, deixa de existir como a "bíblia política do Estado" quando certos "conspiradores" desejam aboli-la ou revolucioná-la por qualquer mecanismo não autorizado legalmente, mesmo que não seja suscetível de determinação exata.

Sobre cidadania

O poder constituinte de estabelecer uma ordem jurídica soberana, uma "bíblia política", depende em sua gênese de uma cidadania, ou seja, do conjunto de cidadãos que compõem o povo. A entidade estatal e a sua fundação - a "constituição" coletiva do bem[113] - são constituídas por seres humanos que, como cidadãos, devem mais tarde ativá-los, desenvolvê-los e transformá-los.

O cidadão, nesse cosmos instituído pela Constituição, deve ser o sujeito principal, único e exclusivo, porque ele é precisamente a medida de todas as coisas, das que estão na medida em que estão e das que não estão na medida em que não estão[114]. O ser humano possui capacidades racionais e outras capacidades experimentais para regular seu próprio mundo. Uma visão que não implica que esta configuração, limitação e jurisdição mundanas estejam sempre corretas. A história, especialmente com os genocídios, guerras mundiais e exclusões no século 20, é uma ilustração da tragédia na existência da humanidade e que a própria humanidade, com uma irracionalidade incomum, pode provocar. Uma compreensão antropocêntrica do mundo não impede ou inibe a sociedade

---

[113] A natureza da Lei Fundamental como um bem coletivo pode ser lida mais adiante, no capítulo seis, na discussão do tetra de dos bens fundamentais que compõem a Constituição.

[114] PROTAGORAS e GORGIAS, *Fragmentos e Depoimentos*, Hyspámerica, Buenos Aires, 1980, pp. 51-60. Na linha conceitual esboçada por Protagoras e que pode ser lida no corpo principal, também foi inscrita a tese de Giordano Bruno, que apontou, em *A Expulsão da Besta Triunfante* (1584), que o homem é o motor e governador de sua própria vida: "Em cada homem, em cada indivíduo, um mundo, um universo, pode ser observado". BRUNO, Giordano, *La expulsión de la bestia triunfante*, México, D. F., Cien del Mundo, 1991, p. 41 A concepção do ser humano, individualizada em seu próprio microcosmo, seguindo as ideações contribuídas por Protagoras e Bruno, constitui uma tese fundamental deste trabalho. O ser humano requer o outro, mas sem ele não há humanidade ou sociedade possível.

humana ou a comunhão com a natureza. O indivíduo deve ser um zelador do mundo natural, seu único lar, já que ele, como eu afirmo, é o sujeito capaz de oferecer uma regulamentação a seu itinerário que, por enquanto, é decidido exclusivamente sobre a Terra.

O cidadão é uma espécie do gênero *persona*, ser humano ou pessoa física. As ordens constitucionais caracterizam a cidadania principalmente pela atribuição de direitos políticos e deveres correlatos. A cidadania, entendida a partir dessa propriedade, institui uma "igualdade fundamental de pertença"[115] a uma determinada comunidade entre as pessoas que a desfrutam. Desse modo, todos os cidadãos são exatamente iguais em direitos e deveres e nas possibilidades de desfrutar dos bens.

A cidadania revela a "capacidade do indivíduo de participar como membro pleno"[116] do Estado ao qual ele ou ela está submetido, e em cuja construção e apoio da ordem jurídica ele ou ela deva ser incluído. A cidadania prevê a soberania inerente de cada indivíduo que, como cidadão, terá um poder mínimo, mas um poder, no entanto, de opinar, promover e decidir sobre a organização e o desenvolvimento da comunidade na qual ele ou ela existe.

A cidadania é um eixo que liga o indivíduo à sua filiação a um determinado Estado. Deste entendimento, os direitos - e deveres - fundamentais da cidadania contêm um elemento de exclusividade e discriminação: somente aquelas pessoas podem ser cidadãos que uma determinada ordem constituinte coloca em um dado Estado, na condição, é claro, de sua capacidade de agir. Ao mesmo tempo, são excomungadas todas aquelas pessoas físicas que não têm a possibilidade de serem convocadas nos termos prescritos para a relação de cidadania.

A participação deste sujeito, que é chamado de cidadão, nos autoriza a pensar na introdução da Constituição no mundo. Isso traz como implicação que os indivíduos, os únicos constituintes da Lei fundamental, devem ser apenas pessoas físicas, a quem corresponde exclusivamente o poder da configuração original, que está no início de todo o Direito positivo constitucional, pois o fundamento de todo o Direito é realizado por seres humanos.

---

[115] MARSHALL, Thomas H., "Ciudadanía y clase social", *Revista Española de Investigaciones Sociológicas*, n.º 79, Madri, 1997, p. 301.

[116] ALÁEZ CORRAL, Benito, "Nacionalidad, ciudadanía y democracia en la configuración de la nación/pueblo", *Fundamentos. Cuadernos monográficos de Teoría del Estado, Derecho Público e Historia constitucional*, n.º 7, Oviedo, Junta General del Principado de Asturias, 2012, p. 96.

Os seres humanos são os arquitetos da Lei fundamental; não há outro criador ou autor. De fato, como referi no início deste *Esboço*, os seres humanos fazem parte do mundo natural. Foi a necessidade, criatividade, imaginação e concordância dos seres humanos que gerou e produziu a Lei que constituiu o Estado. Um artifício cuja criação corresponde inteira e exclusivamente ao ser humano. Eles se tornam um "pressuposto" da Lei Fundamental, uma vez que são seus fundadores exclusivos. Não existem instituições de um Estado constitucional sem uma Lei Fundamental que regule a instituição de suas relações de poder, cuja semente está no poder gerador da cidadania[117] . O cidadão é o pressuposto da Constituição do Estado, e este - como será visto mais adiante - a Lei Fundamental, deve ser o pressuposto inexorável da democracia (ver Capítulo Oito).

O poder constituinte, formado pelos representantes dos cidadãos que compõem o povo do Estado, elabora e estabelece os princípios e regras constitucionais, cuja etapa final, em alguns casos, também deriva da conformidade do órgão eleitoral. No momento constitutivo da criação jurídica originária ou no momento constitutivo de sua mudança, também são determinados os poderes para produzir regras de nível inferior ao da Lei Fundamental.

O que significa atribuir a "liderança suprema" da gestão estatal aos cidadãos que integram o povo ? Que não há, nem deve haver, nem deveria existir - em nenhum momento – um estatuto acima deles para realizá-la. A cidadania, definida pela atribuição de direitos e deveres políticos, investe cada cidadão com o poder de implementar uma ordem jurídica que molda a realidade de uma comunidade.

O cidadão é o elemento atomístico do Estado. No mundo físico, talvez por uma definição muito antiquada, o átomo foi computado como o menor constituinte da matéria; no mundo do Estado e seu desenho constitucional, o constituinte original é o cidadão. O cidadão possui uma alíquota soberana: a milionésima parte do poder inseparável para fazer a constituição e sua mudança protocolar. No Equador, Bolívia, Brasil, Colômbia e Argentina, são milhões de cidadãos que devem criar e apoiar a mais alta regra sobre a qual seus Estados são fundados. Cada cidadão possui a soberania individualizada em sua pessoa, já que exerce soberania sobre si mesmo. A individualidade, no sentido do programa de existência da cidadania com a vida, não deve ser vítima de qualquer restrição ou

---

[117] FERRAJOLI, Luigi, *Principia iuris: Teoría del derecho y de la democracia*, t. 1, Madrid, Trotta, 2011, p. 346.

limitação pela Lei Fundamental, além do justo apoio da paz social na comunidade.

Aqueles que representam os cidadãos do povo não têm um vínculo imperativo de obediência a eles, porque têm o poder de agir com uma certa liberdade em nome e a conta daqueles que eles representam. Eles têm a confiança daqueles que representam e, geralmente, são capazes de interpretar os interesses do povo com sua própria opinião e discrição (mediados por sufrágio). A representação é indispensável, pois é empiricamente impossível que todos os cidadãos que compõem o povo sejam convocados a todo momento para discutir, por exemplo, as leis necessárias para o governo do Estado.

No Estado constitucional assumido na América do Sul por Colômbia, Argentina, Brasil, Equador e Bolívia, a existência cotidiana da ordem constituinte do Estado se dá através da representação. Todavia, existem circunstâncias extraordinárias, infinitamente menor ao desejável, nas quais mecanismos diretos devem ser apelados para a formação da decisão coletiva dos cidadãos. Todos - nacionais, cidadãos e estrangeiros - devem obedecer e cumprir a mais alta regra do Estado.

Ademais, a cidadania demonstra a "capacidade do indivíduo de participar como membro pleno"[118] do estado ao qual está submetido e, em cuja construção e apoio da ordem jurídica, há de ser e deseja ser incluído. Talvez seja verdade que a cidadania não fará desaparecer as classes sociais. As classes sociais existem desde o início dos tempos, talvez. A desigualdade nasceu no exato momento em que um ser humano estava em um território e considerava, com ou sem razão, que poderia exercer um senhorio ou domínio sobre ele perpetuamente, sem limites e absolutamente, com a possibilidade aberta de dominar os outros. Em qualquer caso, a cidadania, embora não seja um remédio para combater a exclusão dos benefícios comunitários, pode servir para aliviar a intolerável injustiça social que existe na Colômbia, Brasil, Argentina, Equador e Bolívia. Nesses países, uma pequena fração de suas comunidades desfruta de plenos benefícios econômicos e culturais, enquanto que a maioria dos cidadãos se empenha com grande esforço para atingir uma cota mínima de pertencimento na comunidade. Com seus limites precisos, a cidadania pode servir como um elemento para conferir um certo grau de igualização na comunidade, pelo menos com base na compreensão da propriedade e do exercício dos direitos políticos.

---

[118] ALÁEZ CORRAL, Benito, "Nacionalidad, ciudadanía y democracia...", ob. cit., p. 96.

Os cidadãos devem ser os arquitetos da Constituição. Esta, como um artifício, corresponde sempre a uma relação única e inalterável, na qual se assevera a tese que atribui o rol "constituinte", criador, dos sujeitos naturais, que está na origem de todo o Direito constituinte do Estado. Uma vez criada a constituição do Estado, seu próprio protocolo autor referencial determinará as etapas do processo de sua mudança. O fundamento constitucional do Estado ou sua variação deve residir na cidadania, a qual deveria, via de regra, com idoneidade e convicção, atribuir as responsabilidades aos representantes.

Talvez haja ou tenha havido um homem sozinho no mundo, sem nenhuma outra comunidade além de sua conexão com a natureza. A cidadania sobre a qual estou escrevendo aqui não tem contato com tal hipótese. Pois a cidadania sobre a qual eu prego tem uma origem de nascimento e deve se desenvolver na presença de outros seres humanos. A cidadania reside na pessoa humana com sua intocável individualidade e dignidade; para nascer e se desenvolver, necessita do vínculo perpétuo e coordenado com outro ser humano com o qual coexista no espaço. Não há cidadania sem o outro. Nem deve haver um funcionário público sem uma fundamentada representação política e jurídica.

Breve interlúdio: a dimensão de cidadania da Constituição do Equador de 2008

A regulamentação da cidadania na Constituição do Equador de 2008, em uma base francamente igualitária, merece ser destacada. O artigo 6 diz: "Cidadãos. Todos os equatorianos são cidadãos e gozarão dos direitos estabelecidos na Constituição". Os artigos 7 e 8, respectivamente, estabelecem que as pessoas serão equatorianas por nascimento ou naturalização.

A cidadania no Equador é oferecida por sua Constituição com nobre amplitude e genuína igualdade para todos os seres humanos. Este critério é ostensivamente reforçado pela regulamentação dos estrangeiros. O artigo 9, encontrado no Título I da Constituição, "Elementos Constituintes do Estado", estabelece que "Os estrangeiros que se encontram em território equatoriano terão os mesmos direitos e deveres que os equatorianos, de acordo com a Constituição". Acatar e cumprir a Constituição é um dever e uma responsabilidade de todos os equatorianos, conforme prescrito no artigo 83 desta lei fundamental. Sem dúvida, tal regra se aplica a todos os estrangeiros, pois todos eles compartilham a cidadania.

Liberdade política mais liberdade social

No panorama normativo, vale a pena mencionar uma regra existente na Constituição Federal da Argentina, nascida em 1853, especialmente por seu valor heurístico. Seu artigo 20 prevê, eternamente:

> Os estrangeiros gozam no território da Nação de todos os direitos civis dos cidadãos; podem exercer sua indústria, comércio e profissão; possuir, comprar e dispor de bens imóveis; navegar pelos rios e costas; exercer livremente seu culto; fazer testamentos e casar de acordo com as leis. Eles não são obrigados a admitir a cidadania, nem a pagar contribuições forçadas extraordinárias. Eles obtêm a nacionalização residindo por dois anos contínuos na Nação; mas a autoridade pode encurtar este prazo em favor daqueles que o solicitarem, alegando e provando serviços à República.

Uma regra idealizada por Juan Bautista Alberdi em 1852[119], fruto de seu pensamento liberal e com uma certa dose de igualdade para a época. Sua implementação, em grande medida, favoreceu a construção da Argentina, especialmente a imigração.

A associação de cidadãos autoriza uma elevação à enésima potência do poder individual de cada cidadão. Com a cidadania se estabelece um sistema de regras para uma comunidade e a sua mudança regulamentada. Em quase todos os casos, a representação, na qual o representante deve ser escolhido em eleições abertas, livres, genuínas e transparentes, é hoje o processo básico para promover a soma das vontades dos cidadãos.

Contudo, a Constituição como "bíblia política do Estado", com a consagrada liberdade política para os cidadãos, deve estar vinculada à construção de inerente liberdade social, especificamente a ordenação e a distribuição de bens e serviços, dado que uma e outra esfera de liberdade

---

[119] ALBERDI, Juan Bautista, *Bases y puntos de partida para la organización política de la República Arjentina, derivados de la lei que preside al desarrollo de la civilización en América del Sud y del Tratado Litoral de 4 de enero de 1831*, 2ª ed., correjida, aumentada de muchos parágrafos y de un proyecto de Constitución concebido según las bases propuestas por el autor, Valparaíso, Imprenta del Mercurio, Santos Tornero y Cía., 1852, pp. 68-85 e 229-258.

– política e social - instituem o coração do pertencimento comunitário da pessoa natural. Os cidadãos que não têm acesso aos direitos sociais lutarão para atingi-los. Enquanto lhes faltar uma cidadania que lhes permita ter acesso aos direitos e bens fundamentais e usufruí-los plenamente, a ordem das coisas estabelecida pela "bíblia política" não pode ser considerada racional, por causa de sua inegável desigualdade. A arbitrariedade da desigualdade deve ser combatida com todos os meios à disposição do Estado para garantir que o pleno bem-estar dos cidadãos seja mais do que um sonho.

CAPÍTULO 5: REGRA INSTRUMENTAL DIRIGIDA AOS CIDADÃOS E FUNCIONÁRIOS PÚBLICOS, QUE É REGISTRADA EM ESCRITURAS

CONTEÚDO: Sobre a redação. Sobre o círculo de destinatários. Sobre a regra instrumental.

Sobre a redação

Já argumentei que a distinção ou separação entre constituição formal e material não deveria ser de interesse científico (ver Capítulo Três). Com base nesta tese, não deveria haver outra constituição do Estado além de sua lei básica escrita. Assim, todas as regras da ordem jurídica estatal reivindicarão a sua validade na justa medida em que tenham sido elaboradas de acordo com um determinado processo e, além disso, possuam um certo conteúdo prescrito, sempre repousado pacificamente na constituição. A ordem jurídica do Estado deveria ser singularizada destacada, reconduzida e contida na constituição, porque nela deveriam ser encontrados os critérios para a validação de todas as regras, condutas e atos a serem cumpridos no ente estatal.

Não desconheço a existência do costume como fator constituinte, no todo ou em parte, de uma lei fundamental. Também não desconheço a existência de experiências desenvolvidas em outras regiões do mundo nas quais, para "constituir" o Estado, não é necessário recorrer a uma reunião de representantes constituintes que geram uma lei fundamental escrita e de forma permanente. A escolha da regra escrita que faço neste *Esboço* se refere apenas à América do Sul. Estou pensando em seus países, nos quais nunca poderia ser aceita uma regulamentação baseada na individualidade, irracionalidade ou falta de diálogo, como suporiam as os costumes ou as convenções constituintes.

A opção pela Constituição como trabalho escrito também inclui o fato de que ela deve ser elaborada de acordo com as diretrizes da "arte de escrever". Isso também significa que seu registro documental deve ser encontrado em documentos escritos, cuja produção deve estar de acordo com certos protocolos previamente aprovados pelos cidadãos.

Por enquanto, a certeza concedida pela Constituição escrita não resiste a qualquer comparação que possa igualar ou melhorar sua base de convicção racional. Não posso imaginar, em 2022, a substituição da Constituição escrita e documentada - uma das mais altas expressões da racionalidade humana para abrigar a experiência da convivência cidadã - por algoritmos ou qualquer tipo, classe ou conjunto de regras que emanem da inteligência artificial.

Vivemos em um mundo de normas ou regras de Direito, desde o início até o fim da existência mundana. Estas regras são regras sobre a conduta[120] dos seres humanos. Em princípio, toda pessoa nasce em uma comunidade jurídica, cujas regras, dentro do horizonte de sua normatividade, cobrirão toda sua vida até que decida se mudar para outra comunidade jurídica[121]; seria até mesmo inútil buscar uma libertação de qualquer ordem jurídica. Dentro deste perímetro existencial, as regras da lei constituinte do Estado são as mais altas da ordem do Estado. Consequentemente, se se busca uma regulamentação racional da conduta dos seres humanos em uma determinada comunidade, sua redação é a maior garantia de que eles podem ser conhecidos e obedecidos pelos cidadãos.

Os princípios e regras do sistema constitucional são redigidos com diferentes graus de generalidade e abstração. Entretanto, a generalidade e a abstração são sempre ingredientes da regulamentação institucionalizada pela Lei Básica. Da mesma forma, muitas das regras e princípios que são instituídos por uma Constituição, sejam primárias, secundárias ou simplesmente declaradas, não são elaboradas sob um caminho hipotético rigoroso; isto é, dada uma certa situação prévia, deve haver uma certa consequência. Como justifiquei acima, o sistema de normas constitucionais institui a normatividade de toda a ordem jurídica do Estado, e em sua sintaxe, semântica e morfologia existem propriedades únicas e exclusivas no mundo do Direito.

Sobre o círculo de destinatários

A Constituição é a regra acima de todas as outras regras, e suas simples declarações - como será visto abaixo - ganham força jurídica a

---

[120] BOBBIO, Norberto, *Teoría general de Derecho*, Bogotá, Temis, 1997, p. 3.

[121] ENGISCH, Karl, *El ámbito de lo no jurídico*, Córdoba (Espanha), Universidad Nacional de Córdoba, 1960, p. 31.

partir do momento em que são consagradas na normatividade da Lei Básica. Assim, a Constituição, com a totalidade de seus padrões para a conduta humana, deve escolher precisamente o escopo dos destinatários. Naturalmente, nessa escolha, todas as suas normas institucionalizadas devem, em princípio, ser dirigidas a todos os cidadãos do Estado, sendo entendida a noção de "cidadania" como a pessoa que deve obedecer a uma determinada ordem estatal, e a de "servidor público" como um funcionário que desempenha temporariamente determinadas tarefas estatais.

Não há um mundo exclusivo para normas constitucionais. As normas constitucionais, com suas idealidades, devem existir na realidade deste mundo; caso contrário, seriam ignoradas ou desconhecidas pelos cidadãos. Consequentemente, os princípios e regras de uma constituição devem ser dirigidos à conduta de todas as pessoas que compõem a comunidade estatal, no espaço em que sua soberania é exercida e em uma esfera temporal delimitada. As regras da ordem constituinte do Estado, em princípio, com seu altíssimo nível de abstração, devem ser dirigidas a todas as pessoas, pois todas são as destinatárias de todas as suas regras[122].

A Constituição do Estado, com seus padrões de comportamento humano, deve ser dirigida, abstrata e genericamente, dentro de seu escopo de realização jurídica, a todas aquelas pessoas que, integram sua consideração e favorecimento normativos como sujeitos da ordem jurídica, dado que constituem a comunidade e, de alguma forma, devem participar dessa ordem mundana.

Além disso, a suposição teórica de que todas as regras da Constituição são dirigidas a todos os cidadãos como destinatários implica um passo em direção à igualdade perante a Lei da Constituição, um pilar de toda comunidade política. Se todos somos iguais na Lei Fundamental, no que diz respeito à destinação das regras, o tratamento que deveria ser oferecido pela ordem jurídica constituinte do Estado seria o mesmo para todos os seus cidadãos. Nessas condições, o exercício do poder público deve se basear exclusivamente na lei positiva da Constituição. Portanto, a igualdade, em termos dos destinatários da normatividade constituinte, bem formulada na Lei Fundamental, é um padrão valioso no desenvolvimento da isonomia comunitária.

---

[122] KAUFMANN, Arthur, *Teoría de las normas*, Santiago do Chile, Olejnik, 2020, p. 130.

A consagração da ideia de que todas as pessoas em um Estado são, em princípio, os destinatários de todas as normas constitucionais deve ser um objetivo norteador de uma sociedade aberta. Todos os cidadãos e servidores públicos, sob as condições estipuladas pela Constituição, deveriam ter acesso às regras primárias que, por exemplo, estabelecem direitos, bens e deveres fundamentais. As regras secundárias também estão abertas à possibilidade de seu exercício por qualquer cidadão que preencha os requisitos e satisfaça os processos ordenados para ser funcionário público, em particular, a aptidão para o cargo, estipulada pela Constituição. Não deveria ser escrito em nenhuma Constituição que, por exemplo, tal pessoa, pelo fato de seu nome ou riqueza, deve ser ungido legislador, juiz, promotor ou presidente de uma república de cidadãos em busca da paz social.

Semelhante concepção descarta a possibilidade de um funcionário público dispor de tudo o que ele ou ela pensa ou deseja fazer. As regras do sistema constituinte do Estado devem ser iluminantes do caminho da comunidade, e os servidores públicos, com sua experiência e razão, devem desistir de qualquer intenção de moldar ou abolir novos caminhos, que em sua opinião sejam vias inéditas a uma felicidade que só eles conheceriam. As regras secundárias, por exemplo, instrumentais para a regulação do poder do Estado ou para a estruturação da democracia ou para o movimento de certas garantias, deveriam ser elaboradas para o cumprimento e à realização por parte dos servidores públicos, deveriam ser redigidas para o cumprimento e para a realização pelos servidores públicos. Não para que um presidente - do Brasil ou de qualquer outro país sul-americano - decida como se deve evitar uma pandemia, de acordo com sua livre vontade e sem respeitar a Lei Fundamental. Ou que um juiz do Supremo Tribunal de Justiça da Argentina decida, em um caso concreto, a redação manuscrita de uma sentença que admita o controle judicial de uma questão política que é prerrogativa dos departamentos políticos do Estado, em desonra da Constituição em vigor. Apenas dois exemplos de nossa triste história recente.

O sistema da Constituição, em uma sociedade aberta, deveria ser o resultado do trabalho conjunto de todos os cidadãos. Nunca deveria ser o que um presidente ou um juiz suspeite ou intua segundo a sua vontade ou sua intuição. A lei fundamental deve ser a lei do povo. A Constituição, em regra, não estabelece uma "Lei dos funcionários públicos": como eu justifico acima, a Lei constituinte do Estado é fundamentada por uma tríade de regulamentos, uma estipulação que nunca poderia abrigar a ideia de que a Lei fundamental deve ser o que os funcionários públicos desejam que ela seja. A Lei Fundamental, com sua textura aberta, deve ser o trabalho político por excelência do poder constituinte exercido em nome e por conta de cidadãos igualmente livres de uma comunidade que deseja coexistir em democracia.

O cumprimento mais ou menos completo das normas constitucionais depende - apenas parcialmente - das tarefas dos funcionários públicos. A língua constituinte do Estado é uma língua para todos os cidadãos, um gênero que deve incluir os próprios funcionários públicos, mesmo que muitos não possam compreendê-la ou aceitá-la. A Lei Fundamental deve regular o exercício da força sobre o aparelho do poder do Estado, que, por uma questão de princípio, é exercido pelos servidores públicos. Não deve haver força pura sem regulamentação constitucional, assim como não deve haver vontade pura do príncipe republicano ou da princesa republicana sem disciplina devidamente institucionalizada na Lei Básica.

Padrão instrumental

Um instrumento é um meio para um fim ou resultado, prático ou teórico, em qualquer campo da conduta humana. Na segunda metade do século XVII, uma doutrina de prestígio destacou a natureza "instrumental" do Direito[123]. Muito recentemente, tal natureza foi destacada com outros argumentos por valiosa doutrina[124]. Sem dúvidas, a Constituição é um instrumento que, com suas regras primárias, secundárias e declarações simples, realiza processos públicos que visam a uma ordenação comunitária da conduta humana, tudo baseado em um sistema de ideias que expressam a correspondente cosmovisão mundana. O Direito da Constituição institui um instrumento importante em proveito da paz, pois "é potencialmente a base de todos os princípios e processos do Estado constitucional"[125]. Na "declaração teórica" acima, a

---

[123] LEIBNIZ, Gottfried, *Escritos filosóficos*, Buenos Aires, Editorial Charcas, 1982, p. 370.

[124] CASSAGNE, Juan Carlos, *Los grandes principios del Derecho público (constitucional y administrativo)*, Buenos Aires, Rubinzal-Culzoni, 2021, p. 82.

[125] HÄBERLE, Peter, *On the Principle of Peace: The Culture of Peace (Sobre o Princípio da Paz: A Cultura da Paz). El tópico de la teoría constitucional universal*, Buenos Aires e Cidade do

paz já é apontada como uma missão do sistema constitucional, um assunto que será desenvolvido mais adiante (ver Capítulo Dez). Aqui me deterei, singelamente, na ênfase na natureza instrumental do sistema constitucional e nas expectativas que podem exibir e realizar as regras primárias e regras secundárias exibem.

O sistema da Constituição deve disciplinar e conter a tensão inexaurível entre o indivíduo e a autoridade. Tal tarefa deverá ser empreendida com o máximo esforço de racionalidade. Contudo, nunca poderá ser completamente resolvida, pois, como Condorcet observou em 1793, "a perfectibilidade do homem é indefinida"[126]. A Constituição será sempre a obra reunida de uma cidadania, com o selo autorizado de seu desenvolvimento e sua natural imperfeição.

A natureza instrumental é afirmada, na medida em que, como observado acima, a Regra Altíssima da ordem constituinte do Estado molda e sustenta os processos públicos básicos para sua existência (ver Capítulo Um). A partir do entendimento instrumental sugerido, é correto asseverar que o sistema da Constituição autoriza, contém e instrumentaliza diferentes processos, cuja natureza pública deve ser matéria indiscutível, uma vez que a Lei fundamental é puro Direito público e configuradora das bases do Estado. Todos estes processos públicos devem ser implementados à luz do dia, condição necessária, mas não totalmente suficiente. A escuridão nos negócios públicos é o toque de morte do sistema constitucional e o despertar da corrupção.

Quando fundam ou fazem variar as bases do Estado, os poderes constituintes provavelmente pretendem que cada um desses processos implementados siga desenvolvimentos similares. Não creio que os constituintes prefiram um desses processos em detrimento dos outros. Por exemplo, na implementação do "processo público" sobre direitos, bens e deveres fundamentais, as Leis Básicas instituem uma ampla gama de arranjos comportamentais. Em inúmeras ocasiões, processos sobre esses assuntos não podem ser implementados porque sua implementação implicaria, por exemplo, em uma redistribuição mais igualitária da riqueza, episódios de um romance cruel que oferece uma resistência única. Ao

---

México, Ediar e Instituto de Investigaciones Jurídicas de la Universidad Nacional Autónoma de México, 2021, p. 273.

[126] CONDORCET, *Bosquejo de un cuadro histórico de los progresos del espíritu humano*, introd. y trad. rev. por Antonio Torres del Moral, Madrid, CEPC, 2004, p. 181. Além disso, o leitor poderá ver a influência da obra citada nesta dissertação, já que o título deste livro, em grande sentido, é um beneficiário do *Esquisso de* Condorcet.

analisar a implementação do processo de poder, sem entrar na filiação autocrática de muitas de suas regras, pode-se dizer que o processo da Constituição se consolida como um instrumento de governo, seja através de eleições cidadãs ou através de mecanismos de designação previstos na Lei Básica.

Em conclusão, o sistema da Constituição deve implementar muitos tipos diferentes de processos públicos. Certamente, as realizações efetivas de cada um deles seriam bem-vindas. A experiência indica que o processo de governo que ele implementa, e não seus controles, teria maior eficácia ou grau de cumprimento do que os processos para os direitos, bens e deveres fundamentais do Estado. O poeta espanhol diria: "a verdade nunca é triste".

Em cada ordem constituinte no Brasil, Bolívia, Colômbia, Equador e Argentina, existe uma linguagem fundamental única para cada país. Há várias ambições nos poderes constituintes originais: primeiro, alistar direitos, bens e deveres fundamentais; depois, instrumentar um certo processo para o governo do Estado. Em todos os casos, as ambições constituintes são precedidas por um preâmbulo, que tenta sintetizar o programa que está sendo instituído para todos os cidadãos da comunidade. Da mesma forma, cada uma destas ordens constitucionais, com seu próprio estilo e conteúdo, transporta a descrição detalhada para a mudança constituinte. A simples soma dos artigos de natureza "permanente" destes cinco Atos fundamentais, e não as regras que deles emanam, rende mais de 1.600 roteiros de artigos constituintes. Todo este sistema é dirigido ao cidadão e, quando apropriado, ao cidadão que, por mérito ou eleição cidadã, ganha acesso a cargos públicos.

A Constituição do Equador de 2008 criou um novo estatuto: os "direitos da natureza". Assim, no artigo 71, foi inscrito o seguinte:

> A natureza ou Pacha Mama, onde a vida é reproduzida e realizada, tem o direito ao pleno respeito por sua existência e a manutenção e regeneração de seus ciclos vitais, estrutura, funções e processos evolutivos. Qualquer pessoa, comunidade, povo ou nacionalidade pode exigir do poder público o cumprimento dos direitos da natureza. Na aplicação e interpretação desses direitos, os princípios estabelecidos na Constituição devem ser observados, conforme o caso. O Estado incentivará as pessoas físicas e jurídicas e os coletivos a proteger a natureza, e promoverá o respeito a todos os elementos que compõem um ecossistema.

Uma regra muito valiosa e altamente original[127]. No entanto, ela não muda a linha de argumentação deste *Esboço*, já que o destinatário permanece e continuará sendo o ser humano, cidadão ou funcionário público. Sem um cidadão ou servidor público, a natureza não seria capaz de exigir seus "direitos fundamentais".

Em 1637 René Descartes postulou que a razão é a única coisa que nos torna seres humanos, e que, por natureza, é a mesma coisa em todos nós[128]. Suas ideias traçaram um caminho provável para nossos estados constitucionais, nos quais ainda há uma aspiração de que os assuntos de governança sejam dominados pela razão. No entanto, a existência humana é confrontada todos os dias com o princípio da incerteza, devido as suas ilimitadas indefinições. A Constituição, com suas regras ideais, é uma pretensão racional para gerar bases previsíveis para o comportamento humano. Ela, com suas razões consagradas em centenas de regras, pretendenormatizar institucionalmente a existência de todas as pessoas no Estado e aliviar a incerteza intransponível que, com fisionomia eterna, apresenta o futuro para a humanidade. Quiçá, no futuro, a implementação do processo sobre direitos, bens e deveres fundamentais assuma um corpo semelhante ao do processo sobre a governança dos assuntos   públicos.

---

[127] E. Raúl Zaffaroni, em uma contribuição erudita, interpreta que no citado art. 71 da CE 2008 explicitamente, assim como nas artes. 33 e 33 do CE 2008 de forma um pouco mais tácita, a Terra assume a condição de sujeito de direitos. Esta manifestação do conhecimento da cultura ancestral com a natureza merece ser considerada uma contribuição do constitucionalismo latino-americano para o universal. V. ZAFFARONI, E. Raúl, *La Pachamama y el humano*, Buenos Aires, Colihue, 2011, pp. 108-117.

[128] DESCARTES, René, *Discurso sobre o método. Para dirigir bien la razón y buscar la verdad en las ciencias*, Barcelona, Altaya, 1993 [1637], pp. 4-5.

CAPÍTULO 6: COMPOSIÇÃO DA CONSTITUIÇÃO

RESUMO: O universo constituinte e suas partes. Um: afirmações simples. Outras afirmações simples. Duas: direitos, deveres e bens fundamentais. Enquadramento. Direitos fundamentais. Deveres fundamentais. Bens fundamentais. Três: o poder e seu controle racional. Enquadramento. Sobre a autoridade política. Quatro: mudança protocolar. Enquadramento. O processo de reforma.

O universo constituinte e suas partes

A concepção da Constituição como um sistema de princípios e regras significa que ela deve ser computada como um universo complexo. Assim, o sistema constitucional é uma soma ou conjunto de suas partes: composição, mecanismos de garantia, estrutura e ambiente. A Lei Fundamental é um objeto complexo; uma afirmação que implica admitir que não é simples, pois o que é simples é indivisível[129].

As "mônadas"[130] são objetos simples, sem peças. A Lei Fundamental não é uma mônada porque tem peças. A relação entre as partes e o "todo" implica que o "todo" deve ser uma conjunção das partes; uma conjunção, além disso, que não obriga necessariamente a uma ordem pré-determinada das partes constituintes do objeto.

Por sua vez, a identificação das "partes" de uma "composição" dentro de um "sistema de partes da Constituição" constitui uma aposta teórica. Ela permite a decomposição analítica de cada um desses fragmentos e neles, sua composição, que deve constituir uma Lei fundamental, sem recorrer à decisão positiva da Lei assumida por um poder constituinte específico, com uma abstração e redução própria da teoria. Tal decomposição, além disso, permite uma maior profundidade de análise: "peça por peça" e "dentro de cada peça". Naturalmente, a

---

[129] V. RUSSELL, Bertrand, *Análise Filosófica*, Barcelona, Paidós, 1999, p. 65.

[130] LEIBNIZ, Gottfried, "Monadology", em *Discurso sobre Metafísica. Monadología. Escritos*, Madrid, Gredos, 2015, p. 172.

reconfiguração ou redação final da análise beneficia o estudo da própria Constituição.

A distinção das partes que compõem a "composição" (uma das peças) do sistema da Constituição é precipitada, incentivada ou impulsionada pela mudança de paradigma no sistema de fontes. Já ponderei as diferentes cenas na relação entre o Direito Internacional dos Direitos Humanos e a Constituição em alguns países da América do Sul (ver capítulo três). A ideia de "lei fundamental" que foi cunhada e sustentada por quase três séculos tornou-se estreita, e é por isso que é necessário recorrer à noção sempre inacabada desta nova dimensão do sistema de fontes. Tudo isso é uma teia de pensamentos que merece que o conceito ultrapassado de "Constituição" dê lugar ao de "sistema da Constituição", uma vez que o novo modelo poderia abranger os desenvolvimentos legais acima mencionados.

De fato, existem sistemas constitucionais no mundo da lei positiva dos Estados. Eles também existem no conhecimento da dogmática tópica e nos labirintos da teoria que, com diferentes graus de concretude e abstração, estabelecem as Leis Fundamentais como seu objeto de análise, sistematização e avaliação. Entretanto, nem a leitura de um sistema nem uma apresentação dogmática ou teórica da Constituição é tão fácil de entender como o toque da água do mar, a visão de uma montanha ou o desconforto causado por um incêndio florestal.

Os poderes constituintes da Argentina e da Bolívia, ao elaborarem o plano fundamental, decidiram dublar os fragmentos da composição jurídica que criaram como "Partes". Vejamos agora suas menções.

O CFA de 1853, conforme emenda, consiste das seguintes "peças", de acordo com seus redatores:

- Preâmbulo.

- *Primeira parte* (sem título). Capítulo Um: Declarações, direitos e garantias; Capítulo Dois: Novos direitos e garantias.

- *Segunda parte*. Autoridades nacionais.

- Disposições transitórias.

- A Constituição boliviana, também de acordo com seus redatores de 2009, é composta das seguintes "partes":

- Preâmbulo.

- *Primeira parte*. Bases fundamentais do Estado. Direitos, deveres e garantias.

- *Segunda parte*. Estrutura e organização funcional do Estado.

- *Terceira parte*. Estrutura e organização territorial do Estado.

- *Parte Quatro*. Estrutura econômica e organização do Estado.

- *Quinta Parte*. Hierarquia e reforma da Constituição.

- Disposições transitórias. Disposições de revogação. Disposição final.

A Lei Básica da Argentina data do século XIX, enquanto a da Bolívia é do século XXI. Decorreram mais de 150 anos entre a produção e a promulgação de ambas as normas. No entanto, as decisões tomadas pelos respectivos poderes constituintes na distinção das "partes" não promovem a prosperidade do conhecimento, nem a realização sistemática do alcance global de suas correspondentes normatividades.

A tese principal, como eu previ na plataforma teórica (ver "Inicial"), é que o complexo sistema de objetos da Constituição tem até quatro partes em sua composição: simples declarações; direitos, bens e deveres fundamentais; o desenho do poder, seu exercício e seu controle racional; e o processo de reforma. Nos desenvolvimentos a seguir, faço argumentos sobre cada uma dessas partes da composição. Lembro, para começar, que cada uma dessas "partes" pode ser constituída por qualquer uma das regras da trindade reguladora (declarações primárias, secundárias, simples). Além disso, sem qualquer desejo de comparatismos - minhas ambições são teóricas com vocação normativa -, em algumas das quatro seções cito regras específicas na medida em que elas podem evidenciar um paradigma normativo da Constituição Federal Argentina, da Constituição da Bolívia 2009, da Constituição da República Federativa do Brasil de 1988, da Constituição Política da Colômbia e da Constituição do Equador de 2008, conforme o caso.

Em resumo, as intenções teóricas visam apenas melhorar o conhecimento do sistema da Constituição e fortalecer a ideia de que na concepção de seu "universo" cada uma de suas peças é coletada como parte integrante de seu todo. A partir desta contemplação teórica, a Lei Fundamental será entendida como a união de suas "peças", e sua "composição", como a ligação estrita de cada uma de suas "partes".

Um: declarações simples

No conglomerado ou combinação de regras instituídas pelo sistema da Constituição, além das regras primárias e das regras secundárias sobre competências, pode coexistir uma série de declarações não-normativas. São simples declarações, propósitos ou princípios expressos na forma de um preâmbulo que, a rigor, assim que são extraídos do sistema, fica claro que não têm sua própria normatividade. Os textos constitutivos dos Estados são compostos de palavras escritas, porque tornam possível a coexistência de seres humanos. Sem palavras escritas, fiel e fielmente documentadas, a organização fundamental de uma comunidade torna-se não representativa.

O romance é uma das maiores expressões da literatura. Durante nossas vidas, em inúmeras ocasiões decidimos abordar a leitura de uma narrativa, mesmo as curtas chamadas de "romances curtos" ou *nouvelles*. No entanto, além de sua brevidade escriturística, por muitas razões queremos estar sempre imersos na harmonia e no ritmo, e até mesmo na premonição do narrador. Em outras palavras, ninguém gostaria de ler um romance curto e, no prelúdio do texto, encontrar uma espécie de resumo ou síntese. Não aceitamos o final antes do início, embora a literatura também incorpore notáveis exceções a esta regra geral, como pode ser visto em um pequeno romance como *Crônica de uma Morte Predita* (1981) de Gabriel García Márquez.

Os sistemas constituintes dos estados, com sua expressão escrita, são também literatura, embora legal. Provavelmente, no mesmo momento original em que a Constituição escrita foi inventada, pensou-se em escrever algumas cartas diante do corpo principal da obra: o "preâmbulo" ou "prólogo". Algumas palavras muito breves do constituinte que tentam antecipar o conteúdo e o poder prescritivo da lei constituinte do Estado. Uma espécie de poética que tentaria sintetizar a vontade dos representantes da cidadania. [131]

---

[131] A este respeito, Andrés Pérez Velasco discute este interessante "colóquio entre pares heteroclitos": ".... [O "direito *como* literatura" limita-se a analisar textos clássicos normativos, jurisprudenciais e doutrinários legais, tomando-os como se fossem obras literárias. Neste sentido, vale lembrar o preâmbulo da Constituição da República Argentina, não só pelo valor jurídico e político inerente a seu caráter, mas também pela poética que ela incorpora". V. Pérez Velasco, Andrés, *La Constitución tiene quien la escriba: Implicancias de la Literatura en la definición de los límites al ejercicio del poder*, Buenos Aires, Ediar, 2022, p. 54.

Assim, o preâmbulo é a principal classe de afirmações tão simples que podem existir nas Constituições escritas. O preâmbulo é uma declaração não-normativa que compõe, "com sua contribuição como parte", o sistema constitucional. O preâmbulo deve ser considerado como parte do sistema constitucional; ele adquire, assim, força jurídica. A rigor, o preâmbulo não tem normatividade direta, pois sua realização é alcançada, paradoxalmente, iluminando, através de sua leitura, o caminho das regras primárias e das regras secundárias do sistema.

O preâmbulo - o prólogo da literatura constituinte do Estado - deve ser sempre um verdadeiro título no qual a ideação proclamada pela Lei Básica é resumida ou sintetizada. Também pode ter outro propósito: ser a base para argumentos na correta implementação das regras primárias e secundárias. Os preâmbulos, como simples declarações, servem para permitir aos cidadãos e funcionários públicos desenvolver a textura do sistema constitucional estabelecido pelo poder fundador.

Em qualquer comunidade de cidadãos livres, duas identidades devem coexistir: nossa identidade individual na comunidade (se assim o desejarmos) e a própria identidade da comunidade em cada um de nós (desde que estejamos de acordo). Os preâmbulos, com sua redação, devem combinar estas declarações sobre a dignidade humana de cada indivíduo e sobre a dignidade de toda a comunidade humana da qual cada um destes seres deve fazer parte. Assim, o preâmbulo deve ser uma pura declaração de identidade que tenha a substância para descrever as aspirações de uma sociedade aberta.

Além disso, o preâmbulo deve objetivar a totalidade do pensamento do poder constituinte exercido em representação dos cidadãos. Este prólogo da Lei Fundamental deve condensar por escrito, com beleza, clareza e certeza, o mundo natural, a economia, a política e as relações exteriores, a cultura, a ética, a religião[132] , a saúde, o guia de nossas ações e a lei de uma comunidade.

Neste sentido, pode-se ver que a redação do preâmbulo é um dos encargos mais complexos do papel constituinte do Estado; em particular, porque será sempre o último ato do poder normativo (algo semelhante

---

[132] Com relação à presença de Deus nos preâmbulos, vale a pena resumir os casos selecionados. No CFA, "a proteção de Deus, fonte de toda razão e justiça" é invocada. No CFA 2009, Deus é agradecido. A CF88 decreta "sob a proteção de Deus". A Constituição Política da Colômbia de 1991 invoca a "proteção de Deus", enquanto que a Constituição do Equador de 2008 faz tal invocação divina e reconhece "nossas diversas formas de religiosidade e espiritualidade".

acontece com o início dos romances ou *nouvelles*, cuja redação é consolidada no final da tarefa). O preâmbulo, embora deva constituir a cabeça luminosa da literatura fundamental do Estado, terá que ser escrito e acordado antes do último suspiro do nascimento legal da Constituição. Em qualquer momento de origem ou variação constituinte, devem existir forças, movimentos e partidos políticos que tenham diferentes convicções democráticas sobre liberdade, igualdade e solidariedade, idéias que tenham sido discutidas e registradas na configuração plural das regras primárias e das regras secundárias do sistema. O preâmbulo, a partir desta perspectiva constituinte, exigirá o último esforço dos representantes da cidadania para sua confecção jurídica. Com suas letras identidades serão definidas, ilusões serão expressas e, de certa forma, será uma forma de projetar em palavras o que alguns chamam de "alma da Constituição".

Observe que as Constituições, em geral, nunca têm menos de 10.000 palavras (a CFA tem mais de 12.000 com todas as suas regras), nem devem exceder 100.000 (a CF88) tem mais de 60.000, somente com suas regras permanentes). O preâmbulo da CB 2009, o mais longo dos cinco países escolhidos, ultrapassa 300 palavras.

Os preâmbulos devem ser verdadeiras maravilhas realistas da literatura constituinte. Talvez o Preâmbulo da Constituição da Confederação Argentina, sancionado em 1º de maio de 1853 e ainda hoje em vigor, possa ser incluído nesta declaração:

> Nós, os Representantes do Povo da Confederação Argentina, reunidos em Congresso Geral Constituinte pela vontade e eleição das Províncias que a compõem, em cumprimento de pactos pré-existentes, com o objetivo de constituir a união nacional, fortalecer a justiça, consolidar a paz interna, prover a defesa comum, promover o bem-estar geral e assegurar os benefícios da liberdade para nós mesmos, para nossa posteridade e para todos os homens do mundo que desejam habitar o solo argentino: invocando a proteção de Deus, fonte de toda razão e justiça: nós ordenamos, decretamos e estabelecemos esta Constituição para a Confederação Argentina.

Sua leitura dá a presença de seis diretrizes: "união", "justiça", "paz", "defesa comum", "bem-estar geral" e "liberdade". Ideias básicas para a construção e desenvolvimento de qualquer comunidade organizada e aberta de cidadãos.

A Constituição Federal do Brasil de 1988 e a Constituição Política da Colômbia 1991 também têm preâmbulos:

Nós, representantes do povo brasileiro, reunidos em uma Assembleia Nacional Constituinte para instituir um Estado Democrático, visando garantir o exercício dos direitos sociais e individuais, liberdade, segurança, bem-estar, desenvolvimento, igualdade e justiça como valores supremos de uma sociedade fraterna, pluralista e sem preconceitos, fundada na harmonia social e comprometida, na ordem interna e internacional, com a resolução pacífica de disputas, promulgamos sob a proteção de Deus, a seguinte Constituição.

O povo da Colômbia, no exercício de seu poder soberano, representado por seus delegados à Assembleia Nacional Constituinte, invocando a proteção de Deus, e com o objetivo de fortalecer a unidade da Nação e assegurar a vida, convivência, trabalho, justiça, igualdade, conhecimento, liberdade e paz a seus membros, dentro de um marco jurídico, democrático e participativo que garanta uma ordem política, econômica e social justa, e comprometido com a promoção da integração da comunidade latino-americana, decreta, sanciona e promulga o seguinte.

A Constituição da Bolívia de 2009 e a Constituição do Equador de 2008, respectivamente, procederam em seus preâmbulos para reconhecer os "direitos da natureza". O preâmbulo da Constituição de 2008 afirma: "Nós, o povo soberano do Equador [...] Celebrando a natureza, PachaMama, da qual fazemos parte e que é vital para nossa existência...". Por sua vez, o preâmbulo da Constituição de 2009 declara o seguinte: "Nós, mulheres e homens, através da Assembleia Constituinte e com o poder original do povo, expressamos nosso compromisso com a unidade e a integridade do país". Cumprindo o mandato de nossos povos, com a força de nossa Pachamama e graças a Deus, nós refundamos a Bolívia".

A compreensão básica do ato constitutivo do Estado pode ser encontrada no preâmbulo. Portanto, sua regulamentação deve servir, não para ampliar a tarefa dos poderes ou para aumentar as dimensões dos direitos, bens e deveres fundamentais, mas para estabelecer uma interpretação adequada, evolutiva e racional de toda a textura do sistema constitucional. Entretanto, no mundo do direito, embora a criação de regras sobre um determinado assunto no tempo e no espaço deva silenciar concepções concorrentes, às vezes isso não é completamente eliminado. Quase naturalmente, estas disputas também são transferidas para a interpretação ou implementação do sistema constitucional. No Brasil, por exemplo, a jurisprudência[133] nega ao preâmbulo da

Constituição de 1988 qualquer força vinculante ou normativa. Na Argentina, por outro lado, desde 1974, a doutrina judicial tem resolvido para sempre seu valor normativo[134] .

O fato de serem chamados de "prólogos", "declarações simples" ou "declarações" pode não ser propício à hierarquia e à normatividade óbvia e naturalmente adquirida que os preâmbulos devem possuir. Estas simples declarações são o prólogo essencial da literatura fundamental do Estado e devem animar todos os processos públicos que compõem seu sistema constitucional. Sem recorrer a nenhum truque de mão, a magia sincera e a poética robusta dos preâmbulos deve ser admirada.

Outras afirmações simples

As constituições também podem conter fortes declarações políticas sem considerar os efeitos imediatos de sua prescrição. É um tipo de formulação que também deveria aspirar a fazer parte do tipo de "simples declarações constituintes".

Decidi escolher, no imaginário dos idiomas da lei positiva sul-americana, uma formulação elaborada e sancionada pelo poder constituinte que reformou a CFA em 1994, sem dúvida uma das mudanças mais intensas em toda a história política da Argentina. Leia, então, a "Primeira" Provisão Transitória da CFA, que condensa uma reivindicação genuína e soberana:

> A Nação Argentina ratifica sua legítima e imprescindível soberania sobre as Malvinas, a Geórgia do Sul e as Ilhas Sandwich do Sul e as áreas marítimas e insulares correspondentes, uma vez que são parte integrante do território nacional. A recuperação desses territórios e o pleno exercício da soberania, respeitando o modo de vida de seus habitantes, e de acordo com os princípios do direito internacional, constituem um objetivo permanente e inalienável do povo argentino.

Os fundamentos para a reivindicação da Argentina são juridicamente não objetáveis, baseados no direito internacional público. A prática exposta desde o século XIX e mantida no século XXI pelo Reino

---

[133] Esta foi a decisão unânime dos membros do Supremo Tribunal Federal em 15/8/2002, no caso ADI-2076.

[134] V. CSJN, *em re* "Miguel A. Bercaitz", *Acórdãos*, 289:430, assinado por Arturo E. Sampay e outros em 13/9/1974.

Unido da Grã-Bretanha e Irlanda do Norte é uma forma de colonialismo tardio[135] , um modelo que fere mortalmente a soberania dos Estados.

Como este é um trabalho teórico, excluo qualquer comentário sobre a base "emocional" da comunidade, embora eu faça aqui uma exceção. A soberania sobre as Ilhas Malvinas é um dos sentimentos mais profundamente enraizados, hegemônicos e consensuais dos cidadãos argentinos, e certamente permanecerá assim até o dia em que os objetivos estabelecidos no CFA forem realizados e o colonialismo for definitivamente terminado.

DOIS: DIREITOS FUNDAMENTAIS, DEVERES E BENS

Emolduramento

Em diferentes capítulos (especialmente no primeiro e no quinto), argumentei sobre regras primárias e regras secundárias, e declarei diferentes propriedades destas últimas. Aqui vale notar que o critério relacional das regras de direito, quando distinguido em "primário" e "secundário", pode responder ao "tempo", "hierarquia" ou "função"[136] .

As regras primárias e as regras secundárias contidas na Constituição devem ser configuradas no mesmo momento constituinte, razão pela qual a temporalidade não deve e não pode ser o critério distintivo. Da mesma forma, as regras primárias e as regras secundárias têm uma hierarquia semelhante, visto que não deve haver diferenças entre o conteúdo e os postulados normativos de cada uma delas.

Evidentemente, a razão significativa que sustenta a distinção proposta baseia-se em um critério funcional, baseado no papel que regras primárias e regras secundárias devem desempenhar no sistema da Constituição. As regras primárias devem cumprir, entre outras, a função de distinguir o núcleo e o alcance dos direitos, bens e deveres

---

[135] E. Raúl Zaffaroni distingue três estágios do colonialismo em nossa região: *a) o* colonialismo no sentido estrito, praticado pelas potências ibéricas até o século XIX; *b) o* neocolonialismo, exercido pela nova hegemonia mundial após a queda dos impérios ibéricos decadentes, especialmente a Grã-Bretanha; e *c)* o atual, o colonialismo tardio ou estágio superior do colonialismo. V. ZAFFARONI, E. Raúl, "Descolonización y poder punitivo", *Contextos*, n.º 3, Defensoría del Pueblo de la Ciudad de Buenos Aires, 2012, pp. 41-58.

[136] BOBBIO, Norberto, "Normas primarias y normas secundarias", in *Contribución a la teoría del Derecho*, Madrid, Debate, 1990, pp. 307-321.

fundamentais da cidadania. São regras de direito, cuja normatividade nunca deve ser objeto de discussão. Regras secundárias são também regras de direito e têm a mesma normatividade, que, por exemplo, são chamadas a cumprir a função de atribuir poderes limitados às autoridades públicas com a autoridade necessária para a governança da comunidade.

Portanto, a Constituição deve assegurar através das funções atribuídas às regras primárias e secundárias, em harmonia com as simples declarações, a preservação, desenvolvimento e eventual transformação de seu próprio sistema e do Estado. Esta é a razão pela qual os sistemas constitucionais são "sistemas normativos complexos", pois abrigam uma trindade de regras. [137]

As regras primárias de conduta humana contendo, por exemplo, direitos, bens e deveres fundamentais podem ser entendidas tanto de uma dimensão "objetiva" quanto "subjetiva". Em sua dimensão objetiva, os direitos, bens e deveres fundamentais devem estabelecer uma certa e determinada "linha de ação política para o uso da força dentro do Estado de direito" e, ao mesmo tempo, contêm um dos fundamentos que a lei suprema deve prever para o órgão. Esta dimensão corresponde ao "foco externo da constituição"[138] . Este lugar, em harmonia com a "declaração teórica", é destinado à "abordagem interna", no âmbito da qual os direitos, bens e deveres fundamentais são analisados como poderes legais, sempre criados e nunca eternos, que o sistema da Constituição deve conferir aos cidadãos. Assim, esta "abordagem interna" é também subjetiva, visto que os direitos, bens e deveres, sob tal entendimento, são conferidos à pessoa, ou sujeitos por regras do Direito constituinte; por exemplo, os seres humanos teriam direitos subjetivos - isto é, direitos fundamentais - quando estes lhes são atribuídos - explícita ou implicitamente - pela Lei objetivamente constitucionalizada no Direito Fundamental.

Direitos fundamentais, deveres e bens devem ser uma das maiores expressões da autodeterminação soberana de cada indivíduo. Devem corresponder a todos os seres humanos, com as exceções circunstanciais impostas para "cidadania política" em cada Estado, mas a natureza universal de seu julgamento, e sua atribuição como indisponível, nunca poderá ser anulada. Todas as regras que preveem direitos, bens e deveres

---

[137] Ibid., pp. 318-320.

[138] Refiro-me a FERREYRA, Raúl Gustavo, "Manifiesto sobre el Estado constitucional". Reglas fundamentales sobre raigambre y justificación de la comunidad estatal", 2ª parte, ob. cit., pp. 154-173.

fundamentais devem ser regras que basicamente não estão disponíveis, pois devem assegurar o processo público para sua germinação, manutenção e desenvolvimento progressivo por cada um dos indivíduos da comunidade. Sem dúvida, o processo público sobre tais regras constitui um parâmetro óbvio para a verificação do bem-estar de uma comunidade.

Direitos fundamentais

No momento constituinte original (e no momento constituinte definido para a mudança da Lei Suprema), seus fundadores terão que ter uma ideia sobre o estado das coisas no mundo. Há questões que estarão sempre presentes em um debate inesgotável: liberdade, igualdade, participação política, trabalho, desenvolvimento solidário e propriedade e sua função social, meio ambiente, tributação e boa vida. Não menciono a vida; ela é o fundamento de tudo, sem ela não há existência, e é por isso que o direito à vida com dignidade é o primeiro fundamento de tudo o que deve existir.

Estes representantes da cidadania têm ideias diferentes sobre o progresso e a preservação dos dez estados de coisas mundanos descritos no parágrafo anterior. Os direitos fundamentais são uma verdadeira "ponte" que tem, em uma ponta, os cidadãos e, na outra ponta, um estado de coisas mundanas que eles desejam realizar com certa eficácia para si mesmos.

Os direitos fundamentais devem cumprir a função, sempre inacabada e suscetível de melhoria, de estabelecer um vínculo entre a configuração da política constituinte e sua recepção legal. Sem dúvida, os direitos fundamentais são a mais virtuosa elaboração humana para alcançar ambos os lados desta ponte: a decisão política e o bem jurídico constitucionalmente protegido. Apesar desta natureza inegavelmente virtuosa, ainda existem grandes territórios no mundo, verdadeiras potências estatais (devido a seu poder militar, armas nucleares, destruição ambiental, economia, negócios e finanças), nos quais os direitos fundamentais não existem e, se existem, são literalmente objeto da mais abjeta, irracional e inescrupulosa negação.

Os direitos fundamentais devem ser direitos subjetivos, pois eles vinculam o ser humano. O ser humano é um sujeito de direito, não um objeto. Os direitos fundamentais surgem "quando devem ou podem surgir"[139] e, portanto, devem ser sempre considerados como direitos subjetivos. Na doutrina dogmática e judicial, "direitos fundamentais", "direitos constitucionais" e "direitos humanos" são frequentemente utilizados com campos de significado semelhantes para descrever as disposições normativas correspondentes nas leis supremas dos Estados. Eu prefiro "direitos fundamentais", porque eles devem estabelecer, com o peso de suas razões[140] , o concerto de coexistência da cidadania. Não há possibilidade de coexistência cidadã sem direitos fundamentais que são ordenados na comunidade. Talvez, no estado de natureza, houvesse um modelo primitivo de pretensões no qual, na ausência de regras sobre a competência para adaptar o conteúdo e fixar seus limites, tudo era uma ilusão. Por mais desestimulante que seja pensar com argumentos sérios que tal situação tenha realmente acontecido na história humana.

Os "direitos fundamentais" são sempre criados pela ordem constituinte de um Estado. Uma configuração positiva não é suficiente. Além de sua constância normativa, eles devem ser objeto de garantias específicas e confiáveis por instituições permanentes do Estado. Sem uma norma que tenha estabelecido um direito fundamental, a aplicação de seus poderes legais imaginados em abstrato não poderia ser solicitada.

Os direitos fundamentais, no sentido constitucional, distinguem-se dos direitos morais, já que os primeiros são relativos ou pertencem à lei positiva ordenada por uma lei suprema, enquanto os segundos também pertencem a um sistema normativo: o moral. O conteúdo dos direitos morais poderia fornecer ou coincidir com a fundação ou mudança do conteúdo dos direitos fundamentais, mas estes são universos diferentes. Consequentemente, o fato de padrão moral ou coincidência não deve gerar nenhuma dependência ou vínculo com o desenvolvimento jurídico positivo dos direitos fundamentais. Poder-se-ia fazer uma longa lista de direitos fundamentais que deveriam ser atribuídos aos seres humanos. Eles sempre precisarão ser previstos por uma lei fundamental, ou podem ser implicitamente inferidos a partir de um de seus regulamentos; caso contrário, permanecerão direitos morais valiosos sem a possibilidade de efeitos legais benéficos. [141]

---

[139] V. BOBBIO, Norberto, *El tiempo de los derechos*, Madrid, Sistema, 1991, pp. 18-19.

[140] V. LEIBNIZ, Gottfried, *Escritos filosóficos*, Buenos Aires, Editorial Charcas, 1982, p. 370.

[141] Nada é eterno na existência do mundo. Se fossem direitos fundamentais, seria o único elemento gerado pelo ser humano que gozaria daquela substância divina, metafísica, extra-mundista, razão suficiente para rejeitar a possibilidade de seu conhecimento científico.

Um significado adequado dos direitos fundamentais seria determinar que eles devem estabelecer posições ou situações do indivíduo em relação ao Estado e a todos os cidadãos. Os direitos fundamentais contêm a disponibilidade do poder legal. Na linguagem do sistema da Constituição, os direitos fundamentais envolvem ações humanas. Com a mesma noção de ponte usada acima, direi agora que uma gama finita de projetos pode ser estabelecida. Entretanto, conhecendo os perigos de qualquer reducionismo, devo observar que em tais pontes uma das seguintes díades seria viável. Díades que, dependendo da escolha, com permissões e esperanças, com poderes e expectativas, com pretensões e encorajamentos, com liberdades e poderes, ou com abstenções e benefícios, estariam aptos a manifestar a realização dos direitos fundamentais.

Com uma alta dose de otimismo, parece que o par "abstenções e benefícios" é talvez o que melhor descreveria o estado de coisas que o peso das razões dos direitos fundamentais no sistema constitucional significaria. Assim, as abstenções podem ser caracterizadas, por exemplo, pelo fato de que deveria haver um direito do indivíduo de ter sua liberdade interferida por ninguém - nenhuma outra pessoa, nenhum grupo, nenhum estado - e que ele deveria ser capaz de discernir e realizar seu próprio plano existencial e de vida. Por sua vez, os benefícios devem envolver, por exemplo, deveres efetivos que todo Estado é obrigado a cumprir, e que os cidadãos esperam. Em última instância, os direitos fundamentais, em seu desdobramento como regras primárias, sempre implicarão um dever com relação à conduta humana. Assim, se existe um direito de realizar o próprio plano de vida, é porque existe uma proibição total de interferir nele: um dever de não fazer, seja estatal ou privado; e se, por outro lado, existe uma expectativa ou ilusão de um direito que implica um benefício, é porque existe um dever estatal de cumprir a expectativa que foi configurada.

Os direitos fundamentais no século XXI podem ser distinguidos entre aqueles em que suas regras são produzidas exclusivamente pelo poder constituinte do Estado, e aqueles em que suas regras são produzidas em uma fonte estrangeira e pertencem ao Direito Internacional dos Direitos Humanos e estão sujeitos a validação, dependendo se um critério de prevalência, equivalência ou valor similar é adotado como uma emenda à lei fundamental do Estado (ver capítulo três).

Um catálogo incompleto de direitos fundamentais a serem cobertos pela regulamentação da Constituição deve tratar dos seguintes conteúdos:

i) Direito à vida e à dignidade humana.

(ii) Direitos de liberdade.

iii) Direitos políticos.

iv) Igualdade perante a lei, igualdade real de oportunidades e progresso econômico com justiça social.

v) Direitos sociais: trabalho e seguridade social, saúde (física e mental), educação, crianças, jovens, idosos e pessoas com necessidades especiais, comunicação, cultura.

(vi) Direito ao meio ambiente e contrato geracional.

vii) Direitos coletivos e desenvolvimento científico.

(viii) Direitos de propriedade e função social.

ix) Direitos econômicos e tributação.

x) Inteligência artificial controlada pelo homem (IA)[142] .

A inclusão dos "direitos fundamentais não enumerados", uma categoria que tem proporcionado inúmeros benefícios na experiência constitucional argentina, também poderia ser considerada[143] .

Resta um último aspecto dos direitos fundamentais. Como são constituídos pela Lei Suprema, devem ser conferidos aos sujeitos pela Constituição do Estado; consequentemente, é possível prever que eles operam perante aquela entidade e o resto dos habitantes. Tem sido bem assinalado que, devido a esta propriedade, eles são qualificados como bi frontais ou ambivalentes[144] . Assim, um direito fundamental e subjetivo, criado pelo Direito Superior, contém uma diretriz clara: a obrigação correlativa de cada outro cidadão e do Estado - ou de ambos ao mesmo tempo - de respeitar o conteúdo da abstenção ou do benefício em questão (obviamente, isto inclui os recursos para cumprir o benefício que é objeto de regulamentação).

---

[142] Refiro-me ao comentário sobre IA abaixo em "Fim: Segundo".

[143] Desde 1860, o Art. 33 da CFA prevê que "As declarações, direitos e garantias enumeradas na Constituição não devem ser entendidas como negação de outros direitos e garantias não enumeradas, mas que decorrem do princípio da soberania do povo e da forma republicana de governo".

[144] Cfr. BIDART CAMPOS, Germán J., *Tratado elemental de Derecho constitucional*, t. I-A, Buenos Aires, Ediar, 2000, p. 764.

Os direitos fundamentais devem ser uma obra-prima do sistema mestre ordenado pela lei suprema e universalmente concedido a todos os seres humanos da comunidade. Sempre na forma de abstenções ou benefícios, verdadeiros poderes legais são conferidos a indivíduos ou grupos de indivíduos.

É apenas como hipótese que se poderia imaginar a existência de uma comunidade cuja Regra Altíssima regulamenta apenas as regras secundárias sobre as competências dos poderes. Em tal contingência, o regime acima mencionado não teria o peso das razões que foram dominadas na regulamentação dos direitos fundamentais. Sem a cultura dos direitos fundamentais, a progênie do pensamento iluminista, o regime, mais cedo ou mais tarde, teria que entrar em colapso devido à ausência de peso racional para apoiar suas decisões.

Ideias sobre direitos fundamentais, especialmente da Declaração Universal de Direitos Humanos (DUDH), constitucionalismo global sobre Direito Internacional dos Direitos Humanos, teoria jurídica e textos constituintes sobre o assunto, parecem ter se desenvolvido muito positivamente. Entretanto, a realidade também mostra, em paralelo, que a extensão da exclusão da cidadania, em nível global, gera uma expansão incomum de diferentes padrões de pobreza e miséria persistentes. Esta circunstância angustiante nos faz repensar a eficácia das configurações doutrinárias e as do direito positivo. Esta situação é agravada pela vocação pestilenta dos Estados que, através do exercício brutal da força, procuram negar e eliminar o direito à autodeterminação e à soberania inerente à cidadania dos povos do mundo. Estas observações, em todos os casos, devem ratificar, sem hesitação, a ideia de Rudolf Von Ihering anunciada em 1872: a luta é parte integrante da natureza do direito e uma condição inseparável de sua ideia[145] .

Deveres fundamentais

A organização de um Estado sob o sistema de uma Constituição exige a existência de um preceito elementar primário: a observância de seus princípios e regras por todos os cidadãos e funcionários públicos. O dever legal de cumprir com a Constituição "significa estar legalmente

---

[145] IHERING, Rudolf von, *La lucha por el Derecho*, Bogotá, Temis, 2016, p. 4. Também é atribuído a Heraclitus: "o povo deve lutar por sua lei como por seus muros", em JAEGER, Werner, *Paideia: Los ideales de la cultura griega*, México, D. F., 1993, p. 113.

obrigado a certos comportamentos"[146] , razão pela qual uma conduta desleal à determinação normativa será considerada contrária à Lei Fundamental. O dever legal de cumprir, de obedecer a Constituição, inicia o campo da realização da Lei Suprema constitucional, pois após sua produção, sempre será necessário um certo grau de eficácia para sua plena e total validade. As regras primárias que estabelecem "deveres" no sistema da Constituição contêm, inegavelmente, um "deve ser"[147] . Uma declaração de deontológica indesculpável.

O dever de cumprir a Lei Básica implica que, uma vez imposta sua legalidade, esta dimensão normativa deve ser cumprida por todos. O dever de cumprir a Lei Altíssima implica que a via interpretativa de seus princípios e regras, embora possa ser aberta, elástica, ambígua ou de qualquer outra forma que possa levar a uma certa indeterminação de sua diretriz básica, culminará no exato momento em que sua realização negue, parcial ou totalmente, a norma constituinte.

O cumprimento pode surgir por consciência cívica ou por qualquer outro motivo e deve implicar a possibilidade de realização do corpo de lei da Lei Suprema. A negação das normas constitucionais, em sua realização, resultará em sua desobediência e, portanto, em um verdadeiro controle de sua leal observância.

A obediência ao sistema da Constituição pode ser apreciada a partir do entendimento normativo. Como mencionei acima (ver capítulo três), o sistema da Constituição é a norma fundamental e não é necessário especificar a existência de qualquer outra cena além dela. Ele pode ser obedecido porque é uma norma legal que deve ser criada dentro da estrutura de uma sociedade pluralista e dentro da estrutura democrática de produção. Seria viável para um cidadão, por razões práticas, decidir não obedecer à Lei Suprema; nesse caso, a excepcionalidade, em princípio, teria consequências para ele e não para o sistema em vigor. Além disso, eu gostaria de dissipar uma maldição. Não se afirma que "a lei é a lei", que é o canto de uma ideologia que eu não compartilho, porque - como examinarei mais adiante - há instâncias que, ao negar a lei, dão origem à "regra da ilegalidade". Portanto, minha afirmação é apenas teórica: em uma possível arquitetura comunitária, a fim de facilitar o governo

---

[146] V. KELSEN, Hans, *Teoría general del Derecho y del Estado*, Cidade do México, Imprenta Universitaria, 1958, p. 69.

[147] Ibid., p. 70.

democrático e o respeito aos indivíduos, é necessária uma Lei fundamental para ordenar a conduta e as relações intersubjetivas de todos.

A fundação de uma comunidade de cidadãos deve ser colocada na honra de viver a existência. Para que isso seja pelo menos minimamente possível, será necessário que eles se comprometam com o dever indelével de não prejudicar o outro e, com a orientação de seus conhecimentos[148] , encontrar a maneira constante de demonstrar solidariedade sempre que possível. Além disso, a ordem acima mencionada deve prosperar desde que os cidadãos se comprometam com o dever de respeitar os direitos fundamentais do outro, no âmbito de uma sociedade aberta, estruturada pela democracia e orientada para a paz social.

Todos, absolutamente todos os cidadãos e todos os servidores do Estado, devem respeitar e cumprir o sistema da constituição. Ela determina e estabelece um sistema normativo de convivência comunitária, cuja configuração objetiva deve consistir apenas em estados ideais de coisas, ações e omissões, que tenham o status de "logicamente possíveis"[149] , ou seja, que possam ser reais.

A título de exemplo, ofereço uma lista incompleta e não-hierárquica de vários deveres fundamentais:

i) Respeito e cuidado pela vida.

(ii) Cumprir a Constituição.

iii) Não fazer mal e ajudar uns aos outros sempre que possível.

(iv) Participar da construção ou direção do regime político.

(v) Contribuir de forma progressiva para o apoio do Estado.

(vi) Para proteger o meio ambiente e seus elementos.

(vii) Respeitar o direito fundamental de outro sujeito ou sujeitos.

(viii) Para os funcionários públicos sem distinção, para desempenharem suas funções racionalmente, como mandado pela Constituição.

(ix) Para a família e para a comunidade.

(x) Em direção à humanidade.

---

[148] RUSSELL, Bertrand, "Lo que creo", in *Por qué no soy cristiano,* Barcelona, Edhasa, 2004, p. 86.

[149] WRIGHT, George H. von, "Ser y deber ser", em AA. VV., *La normatividad del Derecho,* Barcelona, Gedisa, 1997, p. 98.

Deixei para o final desta seção uma regra importante e significativa contida na CB 2009. Penso que ela resume uma grande parte das intenções que devem ser mantidas em relação aos deveres fundamentais. Assim, o artigo 108, parágrafo 1, afirma magistralmente que é dever dos bolivianos "conhecer, cumprir e fazer cumprir a Constituição e as leis". Aqui, a Lei Básica boliviana sobe na árvore epistemológica e coloca o "conhecimento" de seu texto como um "dever" de cidadania. Com a maturidade, o Estado deve envidar todos os esforços, ao máximo de seus recursos - sempre de forma progressiva e sustentada - para garantir que esse conhecimento possa ser alcançado com solvência. Uma excelente redação porque só pode ser executada na condição de que o ser humano tenha tido a possibilidade de conhecer, e enterra completamente qualquer tentativa de construir uma Constituição material, cujas práticas seriam, sem dúvida, na maioria dos casos, ilegítimas, uma vez que contraditariam o sistema de regras fundamentais escritas.

Bens fundamentais

Em "Inicial", descrevi o mundo natural. Ali também deixei claro que os seres humanos fazem parte da natureza. O entendimento dualista que tenho separa as leis naturais das leis normativas ou leis sociais, mas não - e nunca poderia - separar os seres humanos da natureza, que é seu lar.

No sistema da Constituição, "bom" deve ser entendido como qualquer objeto ou coisa no mundo que seja suscetível de uma relação jurídica. Especificamente, a qualidade relacional entre o ser humano e o objeto dará à entidade seu significado constitucional. Tais coisas no mundo são relevantes para a Lei Básica, na medida em que seria possível dirigir a conduta relativa ao seu gozo ou utilidade social ou econômica para elas.

Em um trabalho acadêmico, Luigi Ferrajoli distingue três grandes classes de bens fundamentais, que agora estão sendo parafraseados:

(i) Os bens mais pessoais: as partes e a integridade do corpo humano.

(ii) Os bens comuns: os elementos naturais, o clima, o meio ambiente e o futuro do planeta.

iii) Bens sociais: água, alimentos necessários para a nutrição básica e os chamados "medicamentos essenciais"[150] .

Assim, a CFA, a Constituição da Bolívia de 2009, a Constituição do Equador de 2008, a Constituição Política da Colômbia 1991 e o Constituição da República Federativa do Brasil de 1988 seriam "bens jurídicos de natureza coletiva"[151] . Todos os cidadãos são chamados para seu desenvolvimento racional e a participar abertamente da experiência de sua realização; a natureza coletiva da Lei Fundamental também pode ser vista na mobilização intransigente que deve ser vista nas tarefas ligadas à sua defesa. Sem a proteção da Constituição, o bem fundamental coletivo compartilhado pelos cidadãos não existirá e o Estado carecerá de uma organização que possa ordenar racionalmente uma orientação democrática.

A tétrade dos bens escolhidos visa demonstrar a fundamentalidade preciosa, inalienável e indisponível que sua existência exige para uma vida digna para os seres humanos. Cada uma das classes acima mencionadas apresenta problemas diferentes, pois envolvem questões ligadas à biologia, ecologia, sociedade e direito. Nesta ponderação, os próprios bens pessoais, bens comuns, bens sociais e bens legais que compõem a categoria "bens fundamentais" exibem o banimento impossível destes objetos para o desenvolvimento da vida do ser humano.

TRÊS: PODER E SEU CONTROLE RACIONAL

Emolduramento

Nos capítulos deste *Esboço* (especialmente o primeiro e o quinto) mencionei regras secundárias. Essas regras, que devem atribuir poderes limitados e quantificados para as ações dos órgãos do Estado, autorizam, por exemplo, a governança, a própria mudança do sistema, a estrutura da democracia ou os mecanismos de garantia. Sem a função efetiva dessas regras, que são dirigidas específica e objetivamente ao servidor público, seria impossível um exercício racional e controlado dos poderes do Estado.

---

[150] A lista está longe de ser exaustiva. FERRAJOLI, Luigi, *Principia iuris: Teoría del derecho y de la democracia*, t. 1, Madrid, Trotta, 2011, pp. 199, 370 e 374.

[151] Bidart Campos criou a categoria no pensamento jurídico, em 2004 para a CFA, como uma demonstração infinita de seu generoso e insuperável magistério. BIDART CAMPOS, Germán, *La Constitución que dura. 1853-2003. 1994-2004*, Buenos Aires, Ediar, 2004, p. 22.

Regras secundárias, ao estipular o escopo e a extensão das competências, são cruciais para o desempenho útil da Constituição, pois sem sua participação regulamentada não seria possível atribuir competências institucionais, nem pensar na possibilidade de alterar a Lei Fundamental, ou a democracia, ou as garantias.

As regras primárias e secundárias servem a diferentes funções. Ambas devem estar sujeitas a uma regulamentação rigorosa e abrangente. Entretanto, deve haver uma grande diferença entre elas. Assim, no caso das regras primárias, o guia no caminho para sua realização deve ser orientado, por exemplo, para a concretização do direito fundamental, bem ou dever, ou para a implantação de uma garantia. Por outro lado, no caso de regras secundárias que se referem apenas ao poder, uma interpretação limitada à realização da competência ou poder atribuído por elas à entidade ou organismo em questão deve, em princípio, ser aplicada. Esta observação não altera a natureza auto executória de ambas.

Nesta seção eu discuto sobre regras secundárias de poder e seu controle. Mais tarde, nos capítulos sete e oito, também retomei algumas observações, porque ambos os processos públicos são habilitados por regras primárias e por regras secundárias. Aqui, em consonância com a "afirmação teórica" feita em "Inicial", adoto a abordagem interna do poder, que tenta destacar a natureza da autoridade e a necessidade imediata de seu controle, sob a descrição das regras que a instituem.

Sobre a autoridade política

As regras secundárias da Lei Fundamental sobre as competências do poder instituem a constitucionalização da autoridade, a estrutura da democracia e diversas garantias objetivas. O poder político foi definido "como a produção dos efeitos desejados"[152] sobre o ser humano. Esta produção está embutida em uma enorme situação: a própria contenção do poder político que o sistema da constituição deve realizar. O poder político deve ser a energia para ordenar a vida comunitária, de acordo com suas competências e sempre dentro da atmosfera de seu respectivo domínio.

A autoridade política que discuto aqui é aquela atribuída e exercida por indivíduos sobre indivíduos na esfera do Estado de direito. Embora a

---

[152] V. RUSSELL, Bertrand, "Las formas del poder", in *El poder en los hombres y en los pueblos*, Buenos Aires, Losada, 1960, pp. 36-37.

construção do Estado seja uma tarefa para toda a cidadania, o exercício concreto da autoridade política do Estado deve ser uma competência atribuída a um número finito e muito discreto de pessoas com vocação para cumprir a constituição.

Em qualquer estado constitucional, alguns cidadãos devem ter autorização suficiente para ordenar as relações da entidade, enquanto outro enorme grupo de cidadãos é obrigado a cumprir as ordens. Sem autoridade política exercendo poderes inerentes, não há lei fundamental do Estado. O poder político e a Constituição são duas faces da mesma moeda. Somente o poder político pode criar a Lei Básica. Também somente a Constituição poderia determinar as funções da autoridade, limitá-la e, eventualmente, realizar o controle de suas tarefas, com a restrição que suas regras devem oferecer.

O poder político deve ser o resultado da soma finita da individualidade soberana de cada cidadão. Ele deve ser politicamente soberano. A agregação dos poderes políticos soberanos individualizados em cada cidadão, reconhecidos em sua própria individualidade e dignidade, sem outros limites além daqueles indispensáveis para garantir a paz no Estado, deve ser o fundamento da autoridade no Estado constitucional e democrático. Baruch Spinoza pode ter escrito, por volta de 1675, uma das mais claras proposições a esse respeito:

> Se duas [pessoas] concordarem e unirem suas forças, elas têm mais poder juntas e, portanto, também mais direito sobre a natureza do que cada uma sozinha. E quanto mais [pessoas] fortalecerem assim seus laços, mais direito terão juntos[153].

Uma excelente explicação para demonstrar a fonte de poder, a cidadania e o resultado da união, a lei constituinte.

O poder político pode ou não ter limites. A teoria que se realiza consiste apenas na construção de propostas coerentes sobre um poder político que é controlado, livre de restrições, não-arbitrário e nunca ilimitado. Não há lugar nestas cartas para despotismo ou qualquer modelo de autocracia; embora alguns estados possam afirmar que são estados constitucionalizados, eles não podem ser julgados como estados constitucionais mesmo pela alegação de que são membros permanentes do Conselho de Segurança da ONU.

---

[153] SPINOZA, Baruch, *Tratado político*, Madri, Alianza, 2013, p. 116.

Para que exista autoridade constitucional, será necessário que uns poucos comandem e muitos outros estejam dispostos a obedecer ou cumprir as ordens. Em 1964, Jean Paul Sartre afirmou que "comandar e obedecer são a mesma coisa"[154] . O contrato original que é para fundar uma comunidade de cidadãos iguais em liberdade deve repousar no fato de que as autoridades terão poderes materiais, espaciais e temporais limitados, e os cidadãos - na pior das hipóteses, por razões práticas - devem cumprir as ordens ligadas à ordem constituinte do Estado. Não há autoridade sem cidadania. Mas o exercício de uma cidadania aberta e responsável será impossível sem o exercício da autoridade. Qualquer governança racionalizada terá que ter governado pessoas que estão determinadas, por qualquer razão, a obedecer. Sinto que dentro desta explicação a semelhança entre comandar e obedecer faz sentido, porque ninguém obedeceria se não houvesse mais ninguém para comandar, e este último exige, para suas ordens, a existência de outra pessoa obediente disposta a obedecer.

A Constituição deve ser uma política incorporada na lei, em uma comunidade de cidadãos que tenham essa igualdade em sua liberdade. A natureza da autoridade existirá pela obediência dos cidadãos. Não há e não deve haver natureza egrégia ou dotada na arte de comandar constitucionalmente, de acordo com uma Lei fundamental. Somente a verdadeira prestação de um serviço à comunidade para a condução de seus assuntos. Nunca uma tarefa para a vida!

A única hegemonia aceitável no Estado constitucional deve vir do poder político do cidadão, cujo exercício, além disso, como será visto abaixo (ver capítulo oito), deve ser regido pelo processo público da democracia e pelas regras que confiam sua elaboração e verdadeiro desenvolvimento. O poder da cidadania deve ser para sempre composto por milhares ou milhões de indivíduos, entre os quais haverá contradições, fricções e lutas pelo domínio e um papel de liderança na arena institucional. Para a manutenção e o desenvolvimento de uma ordem constituinte, será necessária uma luta política com profundas críticas e sem inibições. Entretanto, esta luta política deverá ocorrer dentro da hegemonia jurídica instituída e postulada pela constituição. O poder da cidadania não é a "soma do poder público", mas "a agregação de cada uma das individualidades inconfundíveis de cada cidadão". Tais bases de entendimento e julgamento anulam, desde qualquer início concebível, a concessão da "soma do poder público" a um líder

---

[154] SARTRE, Jean Paul, *Las palabras*, Losada, Buenos Aires, 1964, p. 12.

providencial ou a qualquer grupo que prometa conversão por seu próprio esclarecimento ao paraíso na Terra. O poder político dos cidadãos seria comprometido e completamente esvaziado de legitimação enquanto um líder autoritário, apoiado ou não por um grupo militante, reivindicasse a "supremacia" ou a "submissão" providencial para cumprir sua enteléquia comunitária.

O único governo do Estado constitucional deve ser o dos cidadãos, a ser exercido por representação; uma razão mais do que suficiente para demolir qualquer conspiração antidemocrática que, por meio de concessões ou qualquer outra maquinação, procure instituir poderes num príncipe e naqueles que se apresentem como seus fiéis crentes. Portanto, o consenso dos cidadãos é a fonte de energia da ordem constituinte do Estado democrático, que deve ser exercida pelos funcionários públicos de acordo com as palavras sobre poder político contidas na Lei Básica.

A hegemonia que é estimulada pelo poder político dos cidadãos, vinculada pelas disposições da constituição - um "constitucionalismo cidadão" significativo - também pode ser ameaçada, minada ou de outra forma deturpada por corporações que, com ou sem território, como avalio em minha análise do "ambiente de sociedade aberta" (ver capítulo nove), visam seus fundamentos por uma variedade de razões.

Uma vez estabelecido o sistema da Constituição, como mencionado acima, suas regras secundárias são, em princípio, pura lei e dignas de regulamentos merecedores de aplicação imediata. Essas regras secundárias devem lidar com a regulamentação do poder. Elas cumprem seu papel de várias maneiras elementares: atribuem competências, estruturam a democracia, objetivam garantias e fixam os mecanismos de mudança, respectivamente.

A lei básica do tipo Estado constitucional deve ser decisivamente inclinada para a divisão do poder. Considera-se que a divisão do poder deve impedir ou desvalorizar a concentração absoluta. Assim, a divisão da propriedade e do exercício do poder político parece constituir uma das utopias mais fabulosas: subjugá-la com a alocação de regras que terão o propósito de contê-la e disciplinar seu funcionamento. Além disso, a desconcentração do poder político também insinua o perímetro de um anseio: a existência de um escudo de proteção para a liberdade do cidadão.

O tipo de Estado fundado em um sistema constitucional, como descrito aqui, tem, a rigor, apenas um inimigo: a concentração absoluta do poder político. Não há outro inimigo além da indiscriminada coleção de poderes em poder absoluto, sem controle. Por esta razão, a idéia de dividir o poder não tem rival, mas tem um inimigo: a concentração absoluta.

Embora o poder político constitucionalizado do Estado seja único, ele deve permanecer distribuído, graças à mediação de regras secundárias sobre as competências dos órgãos. A concentração do poder leva à autocracia; diante de tal emergência, ao favorecer o culto de um líder, desaparecerá qualquer possibilidade de cultura de regras. Regras secundárias, por exemplo, ao implementar ou alocar competências, devem visar a divisão do poder. Em qualquer estado, esta alocação de poderes deve ser feita através de duas divisões de poder político: uma vertical e outra horizontal.

A divisão vertical do poder define a orientação legal do estado; assim, quanto maior a descentralização, mais temos um estado federal com entidades autônomas com poderes autônomos muito importantes. Por outro lado, quanto maior a centralização, mais unitário será o estado, cujos departamentos terão uma lista muito leve de poderes. Entretanto, não há nenhum estado federal na experiência mundial que seja o mesmo que outro estado federal. Nem há um estado unitário que seja igual a outro estado unitário. Por exemplo, a Constituição do Equador de 2008, a Constituição da Bolívia de 2009 e a Constituição Política da Colômbia de 1991, todas instituem modelos de estados unitários, e cada um tem seus próprios paradigmas. Nenhum se assemelha ao outro. Por sua vez, Constituição da República Federativa do Brasil 1988 e a Constituição Federal Argentina adotam a orientação federal, embora as diferenças entre os tipos de federalismos adotados entre a Argentina e o Brasil sejam poderosas e consistentes. [155]

Teoricamente, parece que o estado federal, com suas amplas margens na distribuição de competências, deveria favorecer uma "cooperação" predominante entre as diferentes entidades estatais que, com distinta autonomia, compõem a federação. Além disso, a existência de vários "microestados" dentro do próprio estado deveria estar cada vez mais apta a demonstrar um desenvolvimento progressivo do pluralismo cívico e comunitário. Finalmente, em um estado federal baseado na cooperação, as entidades autônomas deveriam encontrar-se em pé de

---

[155] Há outra forma de divisão vertical do poder: o estado regional, um meio termo entre a ampla margem de autonomia do federalismo e a margem estreita disponível para o modelo estadual unitário.

igualdade com singular força perante a lei da Constituição, e não deveriam ter a possibilidade de secessão.

Além disso, existem também regras secundárias que devem cumprir a função de provocar a divisão horizontal do poder. A casa republicana é o supermodelo escolhido para atribuir poderes horizontalmente por meio de regras secundárias. São criados departamentos muito precisos, que devem estar encarregados da produção ou da realização da lei, sob os cânones constituintes. Esta atribuição de competências configura a existência de competências especificamente descritas que não devem e não podem ser invadidas por outro órgão, embora também sejam encenadas áreas de exercício simultâneo de poder.

A casa republicana é construída sobre representação, já que não é possível reunir-se diariamente para o exercício da democracia direta, mas um apelo ocasional a este modelo é justificado. Além disso, a república deve se basear na elegibilidade pelo órgão eleitoral de funcionários públicos que desempenham funções nos departamentos eminentemente políticos. O axioma para a eleição deve ser a aptidão ética e política para o cargo de funcionário público, assim como a responsabilidade do representante, especialmente sua responsabilidade para com o escrutínio mais próximo, deve ser considerada como uma qualidade republicana. Também não deve haver uma república sem regularidade nas funções dos funcionários públicos, enquanto a publicidade do governo republicano é um pilar de sua existência: na república não deve haver atos ou regras secretas.

As democracias constitucionais, mantidas sob a "forma republicana de governo", oferecem dois sistemas de governo: presidencial e parlamentar. As regras secundárias que autorizam a república presidencial prevêem ramos de governo separados: o executivo, o legislativo e o judiciário. Em geral, os poderes presidencial e do Congresso são órgãos cujos membros são sempre resultado de eleições pelos cidadãos que compõem o povo. O Presidente e o Congresso, no âmbito de suas respectivas competências, exercem um poder político eminente. Os juízes podem ser designados por nomeação direta pelos órgãos políticos, que podem ser mediados por exames competitivos nos Conselhos do Poder Judiciário ou órgãos burocráticos similares. Eles têm "estabilidade absoluta", por exemplo, enquanto durar sua boa conduta, ou "estabilidade relativa", até uma certa idade (75 anos, com renovação por mais cinco anos, conforme determinado pela Constituição Federal Argentina). Há também o Ministério Público, cuja composição é semelhante à do judiciário, como previsto Art. 120, da Constituição.

No presidencialismo existem poderes separados, mas sob a "batuta" de um chefe absoluto, que tem enormes poderes executivos, legislativos e até jurisdicionais. Como é instituído em uma única pessoa, isto autoriza a correção da denominação do presidencialismo para "monopresidencialismo". Um instituto constitucional exercido por uma única pessoa, o "monopresidente", com alguma semelhança com um monarca, com um rei[156] que concentrou ou desejou concentrar todo o poder do Estado. A concentração de funções que vem com o presidencialismo torna a institucionalidade precária.

O exercício do poder presidencial, na solidão do detentor do poder executivo, satisfaz as condições para a asfixia do sistema constitucional. É necessário repensar uma "democratização urgente do poder presidencial"[157] . Assim, em teoria, o sistema presidencial de governo deve ser radicalmente atenuado a fim de aliviar a concentração de funções nas competências do poder executivo, com medidas como proibir a reeleição do príncipe republicano, proibindo-o de moldar normas semelhantes às leis, induzindo a co-participação do Congresso na nomeação e demissão de ministros, ou censurando seus poderes jurisdicionais.

Entretanto, a natureza autocrática da instituição presidencial é uma tarefa impossível de se extinguir. Portanto, a solução teórica mais definitiva deveria ser pensar na colegialidade da instituição executivo-presidencial, e dar-lhe um caráter plural, no estilo da Constituição do Uruguai de 1952[158] ; afinal, com tal proposta, "todas" as instituições da república presidencial, e com tal viés todos os seus departamentos, seriam, no final, compostos de uma pluralidade de indivíduos. Até agora, os congressos são plurais. Os mais altos tribunais de justiça são colegiados. Os Ministérios Públicos ou as Procuradorias Públicas também têm mais de um titular. Tudo o que resta é a individualidade de um ser

---

[156] PROUDHON, Pierre-Joseph, "Que la Présidence, c'est la Monarchie", em *Melanges. Articles de Journaux (1848-1852)*, Premier Volume, Paris, Librairie Internationale, 1868 [1848], pp. 160-164.

[157] VALADÉS, Diego, *El gobierno de gabinete*, Buenos Aires, UNAM-Rubinzal-Culzoni, 2008, p. 123.

[158] V. GROS ESPIELL, Héctor, *Las Constituciones del Uruguay*, Madrid, Ediciones Cultura Hispánica, 1956, pp. 109-121 e 371-462. Constituição do Uruguai, 1952: "Art. 149. O Poder Executivo será exercido pelo Consejo Nacional de Gobierno". "Art. 150 . O Conselho Nacional de Governo é composto por nove membros eleitos diretamente pelo povo...".

humano que deve julgar a si mesmo, o presidente, com poderes absolutos e que deve praticar o monólogo presidencial em sua administração.

As regras secundárias de competência, instaladas no sistema da Constituição, devem lidar com a governança como um processo público, como eu tenho avançado no capítulo um. Uma vez criado o sistema da Constituição, as autoridades encarregadas dos diferentes ramos do governo devem, no estrito respeito às regras de julgamento de seus poderes, levar a cabo a "realização" da Regra Altíssima. Nenhuma delas pode ser considerada, considerada ou avaliada como "criadora". A criatura constituinte é o trabalho do poder político no momento original, e as autoridades constituídas em sua conseqüência devem aplicar as diretrizes da Regra Altíssima; uma instância - repito - que nunca poderá ser a produtora da Lei fundamental de uma República de cidadãos iguais em liberdade.

QUATRO: A MUDANÇA PROTOCOLADA

Emolduramento

Nas linhas anteriores, eu me referia ao poder constituinte. No momento constituinte original, por meio dos mais amplos consensos democráticos que os representantes da cidadania podem demonstrar e exercer, trata-se de entender uma idealidade e uma identidade sobre os estados de coisas mundanas para fundar legalmente a comunidade estatal. Este é o poder constituinte original. É um puro exercício do poder político. Sua própria função é moldar e estabelecer, com a devida soberania jurídica, o sistema da Constituição. Não há poder político ou ordem jurídica além disso. Assim, a construção da lei fundamental é contratada de acordo com as diretrizes estabelecidas pelo poder político e constituinte original. O ato pelo qual é instituída a fundação constituinte do Estado, a própria redação, consagração e promulgação da Lei Básica, traz consigo a naturalização jurídica do poder político fundador.

Em cada estado constitucional, cuja Lei Fundamental autoriza um processo para sua mudança com uma protocolização diferente daquela atribuída à configuração normativa ordinária da lei, é apresentada a distinção entre "poder constituinte original" e "poder constituinte derivado". No momento constituinte original, uma energia solvente é desenvolvida para determinar as "bases" jurídicas do Estado. Por outro lado, no momento constituinte derivado, a reforma da Lei Fundamental é exercida, e sua tarefa de mudança deve ser alimentada, também, pelo puro exercício do poder político, embora, nestes casos, sujeita a limites legais que, em princípio, não existem na fundação ou no momento primordial.

O processo de reforma constitucional é realizado por meio de regras secundárias sobre a atribuição de poderes que regulam suas diversas etapas. Essas regras autorizam a adaptação ou o desenvolvimento da Lei Fundamental e, portanto, também apóiam o processo público de mudança formalizada.

O processo de reforma

Lei fundamental e mudança são idéias que devem andar sempre de mãos dadas. A Constituição não deve ser concebida como eterna, razão pela qual a reforma é o processo mais adequado para mudar partes do sistema da Constituição sem alterar sua continuidade e em tutela aberta da totalidade de seus padrões de validade. No repertório mundial das Constituições que foram escritas desde a criação da Constituição dos Estados Unidos em 1787 e seu processo de reforma no artigo V[159] , praticamente não há textos legais que não o façam e que não tenham contemplado sua própria emenda.

Uma teoria de reforma constitucional tem que consistir em propostas que incentivem o processo público de mudança da Lei Básica com todas as suas formalidades e em conformidade com conteúdos substantivos explícitos ou implícitos a fim de não destruir a cadeia de validade dos constituintes.

Todos os objetos encontrados no mundo devem ser suscetíveis à mudança; isto é, uma alteração em suas propriedades e peculiaridades que desencadeia uma variação que os faria ser uma "coisa com mudança". Além disso, neste *Esboço,* eu justifico a crença na ausência da eternidade.

---

[159] A Constituição dos EUA prevê em Art. V: "Sempre que dois terços de ambas as Casas considerarem necessário, o Congresso proporá emendas a esta Constituição, ou, na aplicação de dois terços das legislaturas dos vários Estados, convocará uma convenção com o objetivo de propor emendas, que, em qualquer dos casos, serão tão válidas como se fizessem parte desta Constituição, em todos os aspectos e para todos os fins, quando ratificado pelas legislaturas de três quartos dos Estados separadamente, ou por convenções reunidas em três quartos dos Estados, de acordo com o que o Congresso tenha proposto em qualquer das modalidades de ratificação, e desde que nenhuma emenda seja feita antes do ano XVIII e oitenta e oito de qualquer forma alterando a primeira e quarta cláusulas da nona seção do primeiro artigo, e que nenhum Estado seja privado, sem seu consentimento, de um voto igual no Senado.

A Regra da Soma da ordem constituinte do Estado é um objeto criado pelo fato de que o poder constituinte e seu desenvolvimento se dão neste mundo. Ergo, sua estabilidade e permanência não será eterna, pois dependerá, em grande medida, do consenso cidadão de que na comunidade está disposta e flui para sustentá-la, com tenacidade fundamentada, no tempo e no espaço.

A Constituição deve promover sua própria mudança regulada e não encorajar o repouso conservacionista de suas regras. Neste sentido, como argumentei no capítulo um, a Lei Fundamental poderia ser entendida como um diálogo virtual entre pessoas de uma geração que estão mortas e pessoas de uma geração que estão vivas hoje. Estas pessoas nunca se encontrarão umas com as outras. Aqueles que vivem hoje e podem usufruir dos benefícios de uma Lei Básica feita num passado distante também não terão a possibilidade de encontrar pessoalmente os cidadãos que viverão no ano 2191, uma data que surge da adição do número de anos que se passaram desde o texto principesco da CFA até os nossos dias. Acredito que o diálogo descrito acima seria a característica mais importante para explicar a existência de uma lei fundamental e sua mudança. Sem diálogo, a existência humana e sua evolução seria inviável.

A reforma pode tomar a forma de uma expansão, contração ou revisão do sistema da Constituição. A expansão ocorre quando uma nova regra é adicionada ao texto original; a contração, quando uma regra é eliminada do texto original; e a revisão, quando uma regra é eliminada e depois é adicionada outra regra que é incompatível com a que foi eliminada[160].

Sob uma ou outra das rotas estabelecidas no parágrafo anterior, a variação constituinte, com seu conteúdo, tem que estabelecer um acordo político muito novo dentro do processo público da comunidade. O poder político que se reúne em uma Assembleia, Congresso ou Convenção para fazer mudanças na Constituição, por sua própria definição, estará vinculado - talvez preso - às redes da própria regra secundária que concede na Lei fundamental a autorização para a reforma.

A mudança legal do sistema da Constituição tem uma propriedade que não pode ser eliminada: ao implementar mudanças no objeto "Lei Fundamental", seja por expansão, subtração ou revisão, esta Regra Altíssima tem que ser uma "Constituição reformada". A variação, além

---

[160] ALCHOURRÓN, Carlos, "Conflictos de normas y revisión de sistemas normativos", em ALCHOURRÓN, Carlos e BULYGIN, Eugenio, *Análisis lógico y Derecho*, Madrid, Centro de Estudios Constitucionales, 1991, p. 301.

disso, gerará toda uma nova constelação de regras, dado que qualquer uma das tríades poderia, em princípio, ser objeto de uma mudança protocolar. Uma reforma deve produzir uma mudança no conteúdo do sistema da Constituição, mas nunca levar à sua abolição ou destruição, se a sequência de validade instituída pela lei fundamental original deve ser mantida.

A falta de certeza no futuro, uma regência do princípio da indeterminação (com suas exceções limitadas e contadas), constitui um dos desafios intransponíveis da espécie humana. Talvez para proporcionar um placebo, foram criadas constituições, instrumentos que também contêm a "certeza" de que sua linguagem poderia ser reformada através dos processos legais que são inaugurados em seus textos. A mudança formalizada é autorizada por uma única linguagem, que descreve e vincula o processo e a substância, até certo ponto, de todas as emendas constituintes.

A linguagem constituinte que determina o processo de reforma institui uma regra auto referencial de julgamento. Entretanto, como já anunciei e justifiquei (ver capítulo três), embora as regras sobre mudança devam ter uma base em seu próprio eu constituinte, isto não deve causar um predicado contraditório. Nem toda declaração auto referencial desencadeia contradição, e o fato de que a Lei Básica prescreve em si mesma as diretrizes para sua mudança, significativamente, não deve moldá-la. A linguagem dos institutos reformistas, com suas regras, julgamentos auto referenciais que devem ser feitos incondicionalmente e sob um escrutínio extremamente cauteloso e rigoroso.

Na história das constituições, nunca houve um instrumento que estabelecesse o mesmo processo de reforma que outro instrumento. Mesmo que tenham tido a mesma formulação ou uma formulação semelhante, o contexto cívico e o exercício do poder geram, como regra, uma estrutura que torna suas realizações muito diferentes. A linguagem da própria mudança constituinte é escrita com suficiente originalidade em cada lei fundamental. Entretanto, a maior ou menor dificuldade em proceder com a mudança, seja por causa das maiorias exigidas ou por causa dos ritos a serem cumpridos, mostra a rigidez ou a flexibilidade da Lei Fundamental original. A CFA, desde o momento constitutivo original de 1853, foi reformada seis vezes, enquanto a Constituição da República Federativa do Brasil 1988 tem até hoje 128 emendas (ver capítulo três).

Claramente, existem vários caminhos para provocar e consolidar a mudança, e cada comunidade de cidadãos busca aquele que proporcionaria a maior estabilidade. Entretanto, penso que uma maior dificuldade em proceder com a reforma poderia, pela simples passagem do tempo, aumentar o crescimento da doutrina dos autores e se tornaria uma tentação irresistível para um governo de juízes deformados de procurar atualizá-la por meio de qualquer prática que seja manifestamente inconstitucional. Uma maior permeabilidade ao processo de reforma, embora sem dúvida facilitaria a atualização do texto básico, também tornaria mais difícil para os cidadãos obterem seu conhecimento completo.

Da mesma forma, cada sistema jurídico estatal estabelece as etapas do processo previsto para a reforma da Lei Básica. Elas podem ser reduzidas, em termos muito gerais, a três etapas: iniciativa, deliberação e sanção. Na área da iniciativa, um grupo de cidadãos ou de funcionários públicos elaborou a proposta de reforma, que deve ser desenvolvida dentro das formalidades exigidas pela Lei Básica. Se for bem sucedida, a deliberação sobre o novo programa normativo ocorrerá, seja no próprio Congresso Federal, como é o caso do Brasil[161], seja na convocação especial de uma Convenção Constituinte, como é determinado na Argentina[162] . Finalmente, a configuração jurídica das novas regras

---

[161] CF88. O artigo 59 determina que o processo legislativo inclui, entre outras tarefas, "a elaboração de emendas à Constituição". O art. 60 prescreve que a Constituição Art. 60. A Constituição poderá ser emendada mediante proposta: I - de um terço, no mínimo, dos membros da Câmara dos Deputados ou do Senado Federal; II - do Presidente da República; III - de mais da metade das Assembléias Legislativas das unidades da Federação, manifestando-se, cada uma delas, pela maioria relativa de seus membros.

§ 1º A Constituição não poderá ser emendada na vigência de intervenção federal, de estado de defesa ou de estado de sítio.

§ 2º A proposta será discutida e votada em cada Casa do Congresso Nacional, em dois turnos, considerando-se aprovada se obtiver, em ambos, três quintos dos votos dos respectivos membros.

§ 3º A emenda à Constituição será promulgada pelas Mesas da Câmara dos Deputados e do Senado Federal, com o respectivo número de ordem.

§ 4º Não será objeto de deliberação a proposta de emenda tendente a abolir:

I - a forma federativa do Estado;

II - o voto direto, secreto, universal e periódico;

III - a separação dos Poderes;

IV - os direitos e garantias individuais.

§ 5º A matéria constante de proposta de emenda rejeitada ou havida por prejudicada não pode ser objeto de nova proposta na mesma sessão legislativa.

significará a conclusão do processo de reforma, desde que o "sistema reformado" não tenha que ser submetido ao veredicto dos cidadãos.

Qualquer reforma constitucional terá "limites"[163] . A discussão científica tem uma vasta literatura[164] . Por "limites" entendo os limites dentro dos quais a criação do poder reformador regulado constitucionalmente deve passar[165] . Assim, o poder sobre a mudança constituinte é um poder na determinação justa e exata de seus limites. Além dos limites, o julgamento da regra secundária sobre a reforma desaparecerá e a violação significará que não haverá mais, nem pode ser justificada a existência de competência regulada. Portanto, em tal hipótese, o poder exercido em violação dos limites será pura força e, certamente, tentará abolir o programa constituinte original.

Os "limites formais" determinam a qual órgão a competência é conferida e qual procedimento específico para a criação da reforma constitucional. Eles são canais formais pelos quais uma reforma deve passar. Os "limites materiais" tentam instituir, substantivamente, "regras irreformáveis" reais que nunca podem ser ultrapassadas ou transgredidas. Estes limites materiais podem ser "explícitos" na Constituição, como pode ser visto, por exemplo, no artigo 60 da CF88[166] , ou "implícitos", um exercício realizado pela CFA na interação do artigo 36 (ver capítulo

---

[162] CFA, art. 30: "A Constituição pode ser emendada no todo ou em qualquer parte dela. A necessidade de reforma deve ser declarada pelo Congresso por um voto de pelo menos dois terços de seus membros; mas não deve ser feita a não ser por uma Convenção convocada para esse fim".

[163] Benito Aláez Corral deixou claro que "... para as concepções formais, o poder da reforma constitucional é o único verdadeiro poder constituinte legalmente falando e, portanto, pode fazer mudanças na Constituição, mas também mudar a Constituição, substituindo-a, substituindo-a e até mesmo revogando-a, estando sujeito a limites materiais somente se e nos termos que o próprio texto constitucional positivo previu". ALÁEZ CORRAL, Benito, "Reforma constitucional y concepto de Constitución", em AA. VV., *Reforma constitucional y defensa de la democracia*, Madrid, CEPC, 2020, p. 38.

[164] V. DÍAZ RICCI, Sergio M., *Teoría de la reforma constitucional*, Buenos Aires, Ediar, 2004, pp. 558-713; LOEWENSTEIN, Karl, *Teoría de la Constitución*, Barcelona, Ariel, 1979, pp. 188-205; SCHMITT, Carl, *Teoría de la Constitución*, Madrid, Alianza, 1992, pp. 116-134; VERGOTTINI, Giuseppe de, *Diritto Costituzionale comparato*, 5ª edição, Padova, CEDAM, 1999, pp. 206-224.

[165] ALÁEZ CORRAL, Benito, *Los límites materiales a la reforma de la Constitución española de 1978*, Madrid, CEPC, 2000, p. 167.

[166] Ver § 4º do art. 60 da CF 1988, citado acima.

oito) com a forma de governo republicano intangível prescrita no corpo do artigo 1[167] desde 1853.

A teoria que apresento neste *Esboço* leva ao reconhecimento de dois limites materiais para o processo de reforma, que podem ser explícitos ou simplesmente implícitos. Estes limites são "república" e "democracia". Ambas compõem o "sistema da Constituição" detalhado em "Inicial": a república, como forma de governo que autoriza a possibilidade de viver em liberdade e dentro de uma sociedade aberta; democracia, o método de criar, manter e desenvolver a existência na comunidade sem "derramamento de sangue"[168] .

Talvez a transgressão dos limites formais durante o processo de reforma possa ser razoavelmente reparada com a configuração de algum tipo de controle na própria Lei Fundamental, que hipoteticamente corrigiria, com imparcialidade e independência, o defeito ou defeitos que possam ter surgido no processo de reforma. Por outro lado, a abolição da República ou da democracia de uma Lei Fundamental consagrada em tais peças será irremediável, intransponível e insolúvel, já que produziria a ruptura para sempre de qualquer padrão de validação ordenado pela Constituição que a tivesse levado e, naquele instante, afundaria no fundo do mar, em perpetuidade e sem resgate.

---

[167] CFA, art. 1: "A Nação Argentina adota para seu governo a forma de representação republicana federal, conforme estabelecido por esta Constituição".

[168] POPPER, Karl, *La responsabilidad de vivir: Escritos sobre política, historia y conocimiento*, Barcelona, Paidós, 1995, p. 190.

CAPÍTULO 7: MECANISMOS DE GARANTIA

RESUMO: Antecedentes. Sobre a defesa dos constituintes. Garantias do sistema constitucional. Interino: controle judicial da constitucionalidade. Garantias dos direitos e bens fundamentais.

Emolduramento

A história do pensamento revelou várias intenções de escrever um "livro absoluto como o fim último do universo"[169] . Uma obra que vislumbraria uma descrição global do mundo, uma enciclopédia totalizante. Naturalmente, a frustração acompanhou aqueles que, com muito esforço, iniciaram esta tarefa, que - suspeito - nunca se concretizará. As idéias já expressas sobre o sistema da Constituição são postulados teóricos que não aspiram a se tornar uma ode; a letra da Lei Fundamental não poderia ser a base de um poema sinfônico. Entretanto, com todas estas precauções, a Regra Altíssima, em seu próprio direito, afirmará ser a Bíblia do Estado, com seu texto imperfeito e incompleto.

O sistema da Constituição deve defender, com seus processos e conteúdos, todas as regras e todos os atos que são produzidos e realizados dentro da ordem jurídica do Estado. Em um sentido muito limitado e muito fraco, pode-se especular que a Constituição atuaria como uma espécie de "livro do universo jurídico" do Estado, na medida em que deve garantir, formal e materialmente, todas as peças de direito inferiores em hierarquia. Assim, qualquer criação aberta - por ação ou omissão - contrária ao sistema da Constituição deve ser considerada como contrária a suas normas constituintes.

A lei fundamental deve salvaguardar a constitucionalidade de toda a ordem jurídica do Estado. Como deve ser salvaguardado o sistema constitucional? Sua força normativa depende exclusivamente do planejamento em seu próprio estatuto constituinte de suas próprias "garantias". Em seu desenvolvimento e implementação, o sistema da Constituição do Estado terá que experimentar várias instâncias, muitas

---

[169] CALVINO, Italo, *Seis propuestas para el próximo milenio*, Buenos Aires, Siruela, 2014, p. 115.

delas seriamente patológicas, que poderiam levar à sua violação ou qualquer outra forma de supressão de sua validade integral. Dentro deste quadro, pode ser assinalado que a Lei Fundamental estará vinculada às garantias. O sistema da Constituição, como o livro jurídico da comunidade estatal, vale ou valerá o que suas garantias valem ou valeriam.

O uso da idéia de "garantias" no direito público teria feito sua estréia - "o primeiro caso histórico"[170] em documentos constituintes - com a entrada no artigo 16 da Declaração dos Direitos do Homem e do Cidadão de 1789: "Qualquer sociedade na qual a garantia dos direitos não esteja assegurada, nem a separação de poderes determinada, carece de uma Constituição". Tantos anos depois, a regra de garantia da separação de poderes[171] mantém todo seu esplendor jurídico, a tal ponto que contém a gramática mais elementar para a organização de qualquer comunidade em uma democracia.

As garantias são instituídas no sistema da Constituição por meio de regras que conferem poderes para promover diferentes mecanismos. A aplicação da regra, de acordo com cada caso, autorizará a defesa da Constituição. Ou seja: elas, as garantias, graças à instrumentação de suas regras, poderiam estimular o processo público que cobriria a realização protetora da Constituição. Esta é a esfera em que as garantias se distinguem como parte do sistema da Constituição e devem cobrir o processo público de sua defesa.

Sobre a defesa constituinte

As garantias constituem um mecanismo do sistema da Constituição porque estão integradas, precisamente, com os processos internos que o fazem funcionar. Entretanto, as formas e qualidades de cada uma delas são tão diversas quanto a própria lei fundamental, razão pela qual a regulamentação dependerá da casuística constituinte.

As garantias tentarão defender, guardar, proteger, em suma, manter intocável a lei fundamental. Possíveis lesões à textura constituinte do

---

[170] V. SÁNCHEZ VIAMONTE, Carlos, *Los derechos del hombre en la Revolución francesa*, Cidade do México, UNAM, Dirección General de Publicaciones, 1956, p. 68.

[171] Alberto B. Bianchi pensa, atualmente, que "... em todos os sistemas políticos parece haver um consenso de que a separação de poderes é uma das chaves para um governo limitado e responsável". V. BIANCHI, Alberto B., *La separación de poderes. Un estudio desde el Derecho comparado*, Buenos Aires, Cathedra Jurídica, 2019, p. 397.

Estado podem vir de funcionários públicos e cidadãos. Seria curioso que os servidores públicos, talvez, possam não cumprir as normas constitucionais, já que são convocados, especialmente, para realizar o itinerário constituinte. Quando a ordem estabelecida pela Regra Altíssima for afetada, serão as garantias, com suas regras, que poderão processar a restauração das normas constitucionais.

Os mecanismos de garantia que devem estar embutidos nas regras do sistema constitucional devem garantir o desenvolvimento de dois processos públicos. Assim, devem, por um lado, assegurar as formas jurídicas e políticas do Estado e seu sistema de governo e, por outro, proteger, promover e satisfazer os direitos e bens fundamentais. A partir deste conceito, surgirão as seguintes espécies: *i)* garantias do sistema da Constituição e *ii)* garantias dos direitos e bens fundamentais.

As garantias constitucionais são garantias do sistema da Constituição quando são previstas para defender a ordem jurídica que ela estabelece e organiza. Elas constituem um paradigma em toda a legislação estatal. A Lei Fundamental é a única ordem jurídica que possui este tipo de defesa absolutamente auto-referencial. A Súmula Regra deve se conceder o caminho para que este mecanismo passe, com firmeza, para que possa assegurar sua hierarquia e primazia dentro da ordem jurídica do Estado. Assim, o sistema da Constituição, com este tipo de garantia, projeta, gera e fornece sua própria garantia de autodefesa.

Por outro lado, é apropriado designá-los como garantias de direitos e bens fundamentais quando representam mecanismos especificamente destinados a garantir ou apoiar a validade dos direitos e bens fundamentais. Em termos concretos, devem ser configurados para a reparação ou satisfação dos direitos individuais, grupais ou coletivos e dos bens fundamentais, nas condições em que foram incluídos na lei fundamental positiva do Estado.

Garantias do sistema da Constituição

A invenção da constituição, como é conhecida por fazer um Estado sujeito à lei, data do século XVIII. Um instrumento, inteiramente convencional, que serviria racionalmente ao ser humano para preparar, desenvolver e justificar a coexistência em paz. A lei fundamental é um contrato substancial sobre a política de um cidadão. Neste contexto, as autoridades constituídas, sempre de acordo com a Lei Altíssima, devem executar as cláusulas do contrato político, graças às regras e funções que são possibilitadas por seus detalhados processos públicos escritos.

As "garantias do sistema da Constituição" têm dentro delas uma idéia inalcançável: que todas as decisões políticas são criadas e realizadas dentro dos quatro cantos instituídos pelo Livro Constitucional. Os funcionários públicos, eleitos em eleições ou nomeados por procedimentos constitucionais, não devem violar as regras que sustentam suas tarefas.

As garantias do sistema da Constituição são fontes reais da autoproteção política que a Lei Básica deve prover para si mesma. O significado principal é o seguinte: sugere-se que eles se enquadrem nas regras de julgamento, mas esta "representação" foi exercida pelo poder político constituinte na época original para salvaguardar o desenvolvimento dos processos públicos.

A seguir, forneço um breve repertório, meramente exemplificativo, do sistema de garantias da Constituição. Logo se tornará evidente que devem ser configurações que tentam adjudicar poderes e limitar a margem de ação dos poderes constituídos. No campo destes mecanismos, seus destinatários não são, em princípio, direta e especificamente indivíduos ou grupos de indivíduos, embora devam, naturalmente, invocá-los no concerto da democracia constitucional do Estado.

(i) Acima, dentro do processo de poder, lidei com a divisão horizontal do poder e a forja da casa republicana (ver capítulo seis). Aqui desejo escrever um argumento complementar para a justificação da divisão, escolha, responsabilidade, publicidade e transparência que o republicanismo deve fomentar. De acordo com a tese apresentada neste trabalho, o cidadão é o protagonista do desenvolvimento constitucional. Portanto, a divisão do poder e outras condições necessárias para a formação e gestação contínua de uma república devem garantir a "dignidade humana"[172], pois é precisamente o ser humano que constitui a premissa antropológica do sistema da Constituição. É evidente que a concentração de poderes, em desrespeito à divisão horizontal do poder republicano (funções legislativas, judiciais, executivas), deve ser um escândalo sem remédio para a dignidade humana que todo cidadão tem como base do Estado de direito.

(ii) O processo de reforma do sistema constitucional também é avaliado mais atrás (ver capítulo seis); aqui, porém, devo dizer que as

---

[172] HÄBERLE, Peter, *El Estado constitucional*, Cidade do México, UNAM, IIJ, 2003, p. 193.

regras que regem o processo de mudança constituinte oferecem uma excelente garantia política. Assim, com a fixação de um certo e codificado processo de mudança constituinte, o desenvolvimento do acordo fundamental da cidadania será "politicamente garantido". A variação constituinte, com suas regras, é uma garantia do sistema da Constituição, que tentará proteger a fecundidade de sua inevitável evolução. A propriedade para a mudança do contrato político nunca deve ser extinta, e é por isso que esta garantia está inserida na reforma da Lei Altíssima.

(iii) As partes do sistema da Constituição, como um todo, devem ter como missão consagrar e desenvolver a utopia da paz duradoura. Entretanto, todos os processos que enfrentarão a existência de um "sistema" serão, em algum momento, afetados por uma ou várias emergências. Eles envolverão eventos e colocarão o sistema da Lei Básica em situações que requerem ação para contê-los ou evitá-los devido à sua natureza perigosa ou prejudicial, especialmente por parte das autoridades constitucionais.

O sistema da Constituição deve prever a regulamentação dos momentos ordinários, cotidianos e normais. Também, dentro de sua textura, deve regular, antecipadamente, a cobertura legal dos momentos em que uma excepcionalidade de tal magnitude possa constituir uma emergência extraordinária. Os chamados "estados de exceção", que geram emergências no estado, são bem diferentes: guerra, uma pandemia ou qualquer outra afetação sanitária dos cidadãos, comoção interna, intervenção federal em uma entidade autônoma, a infinita dívida pública irresponsavelmente assumida, a tentativa de quebrar ou romper ou qualquer outro ultraje que coloque em apuros a "força imperativa da Lei Fundamental" (ver capítulo oito).

As emergências criam um controle sobre a normalidade do sistema constitucional. A ordem pública assegurada e protegida por seus processos ordinários não pode ser parcial ou totalmente desenvolvida. Como resultado, surgirão situações muito graves, que serão extremamente complexas e difíceis de serem resolvidas. Todos os estados de exceção que surgirem no desenvolvimento do sistema da Constituição deverão ser adequadamente resolvidos, seguindo cada um dos itinerários elaborados na Lei Altíssima para sua gestão e solução. Não há e não deve haver uma "Lei" que emerge ou vem da periferia do sistema da Constituição e estimula, diante de uma emergência, a remota possibilidade de fugir do cumprimento de suas normas para enfrentá-la e acomodá-la. Não há, nem deve haver, uma lei de emergência que possua um julgamento de poderes que tenha uma matriz que não seja a Lei Fundamental.

Estados de emergência podem afetar algumas partes do sistema da Constituição. Em tal emergência, deve-se recorrer exclusivamente à lei que emana da Regra Altíssima a fim de restabelecer o funcionamento. Normalmente, uma certa concentração ou delegação de certas e específicas funções de poder com um limite de tempo muito apertado, ou uma restrição temporária e razoável de alguns direitos e bens fundamentais será usada para superar a extraordinária anormalidade da emergência.

No estado constitucional não há poderes fora de sua lei fundamental, nem deveria haver. Não deve haver possibilidade de dispensar a Regra Altíssima para superar uma emergência, pois ela, com seus protocolos, deve garantir politicamente sua defesa. Todo o Estado de direito é composto pelas partes de sua Lei Fundamental. Não deve haver outro Estado além daquele que é politicamente fundado e protegido, mesmo em situações de emergência, pelos processos públicos escritos e determinados na Regra Máxima. Qualquer lei estatal produzida fora do sistema da Constituição é uma ogiva nuclear e deve ser desmontada para que não destrua suas missões estelares.

(iv) Quanto ao desenvolvimento progressivo dos direitos fundamentais, caracterizei-os no capítulo seis como uma "ponte". Eles também foram entendidos, em seu aspecto objetivo, como diretrizes infatigáveis e inrenunciáveis para o pleno exercício das tarefas dos poderes do Estado e da cidadania (ver capítulo dois, ao avaliar as regras que sustentam o Estado). Neste ponto, gostaria de salientar a necessidade de criar garantias específicas para sua solvência e eficácia. É precisamente nisto que deve consistir a recriação perpétua do desenvolvimento dos direitos fundamentais e os mecanismos políticos para garanti-los. Mencionarei três passos principais, mas não os únicos.

Os direitos fundamentais, como todos os direitos, têm uma zona central e uma zona periférica. A regulamentação só pode ser exercida na periferia do direito fundamental, e qualquer violação do "conteúdo essencial" deve ser considerada imperfeita e contrária à ordem da Lei Fundamental[173].

Um segundo passo diz respeito ao fato de que os direitos fundamentais, caso a regulamentação de sua periferia seja exigida ou necessária para garantir sua eficácia, devem sempre ser moldados por

---

[173] A tese de doutorado de HÄBERLE, Peter, *La garantía del contenido esencial de los derechos fundamentales en la Ley fundamental de Bonn*, Madrid, Dykinson, 2003, também se tornou literatura "fundamental" para a dogmática e teoria constitucional.

"lei". Uma lei do Congresso ou da Assembléia dos representantes dos cidadãos, elaborada de acordo com todos os procedimentos constitucionais, incluindo, naturalmente, a promulgação e aprovação pelo poder executivo.

O terceiro passo se refere ao próprio significado dos direitos fundamentais. Uma vez configurados na Lei Fundamental, as abstenções ou benefícios que possam requerer em seu desenvolvimento, de acordo com sua natureza, nunca podem implicar um agravamento da circunstância original que lhes deu constância normativa. Este deve ser um compromisso inalterável do Estado. Este "desenvolvimento progressivo", que implica a proibição de retrocesso no que diz respeito ao conteúdo do direito fundamental, também obrigará o Estado a assegurar que, ao máximo de seus esforços e recursos justificados, possa sempre assumir o direito fundamental sobre a "ponte". E que isto deve ser sempre um passo mais robusto e envolver uma melhoria significativa no conteúdo do direito fundamental[174].

(v) Quanto ao padrão de racionalidade, mais atrás, no primeiro capítulo, a tese se baseia em uma proposta de importância significativa: a Lei Fundamental deve ser um produto da "razão" sobre os estados de coisas no mundo que ela deve determinar com suas regras. Foi mérito de E. Raúl Zaffaroni, quando nos anos 70, para o Direito e conhecimento jurídico na América do Sul, fez uma afirmação importante: de acordo com o princípio republicano -art. 1, CFA-, todos os atos do governo devem ser racionais -art. 28 CFA-[175], ou seja, usar os meios apropriados para obter os fins propostos[176]. Agora, em seu desenvolvimento, pode-se insinuar que todas as peças do sistema da Constituição, uma vez estabelecidas, exigirão um exercício racionalmente justificável por parte de todos os poderes do Estado e também dos cidadãos. Com relação aos funcionários públicos, um padrão mínimo de razoabilidade deve ser

---

[174] No sistema interamericano de direitos humanos, o Artigo 26 da CADH contém uma maravilhosa regra de direito: "Os Estados Partes comprometem-se a adotar medidas, tanto internamente como através da cooperação internacional, especialmente econômica e técnica, para alcançar progressivamente a plena realização dos direitos implícitos nos padrões econômicos, sociais, educacionais, científicos e culturais estabelecidos na Carta da Organização dos Estados Americanos emendada pelo Protocolo de Buenos Aires, dentro dos recursos disponíveis, por meios legislativos ou outros meios apropriados".

[175] CFA, art. 28: "Os princípios, garantias e direitos reconhecidos nos artigos acima não podem ser alterados por leis que regulem seu exercício".

[176] ZAFFARONI, E. Raúl, *Manual de Derecho Penal*, Buenos Aires, Ediar, 1979, p. 584.

exigido deles nos atos ou omissões das áreas sob sua responsabilidade no governo republicano.

Detenho algumas diretrizes para penetrar na padronização da racionalidade de todos os atos e normas dos poderes de uma República. Assim, por exemplo, o servidor público deve, durante sua administração republicana, tentar em suas decisões maximizar a exatidão, demonstrar coerência interna, verificar a validade de seu raciocínio, colocar problemas e soluções dentro de um contexto, confiar na ciência e tecnologia, classificar alternativas e basear o critério de preferência na seleção, otimizar a utilidade econômica sem sacrificar a igualdade[177] e, acima de tudo, gerar consenso com suficiente e ampla hegemonia. A tendência à irracionalidade é um impulso que existe dentro do Estado de direito. Acredito que a garantia política de racionalidade fornece regras muito importantes para a constituição segura do mínimo exigido.

(vi) Com relação aos controles políticos e às eleições dos cidadãos, parto de uma premissa suficientemente clara: os seres humanos só são livres quando vivem "de acordo com as regras da razão" com um espírito inquebrantável[178] , no qual tempo e espaço podem revelar uma tendência a se associar com outros ou a se organizar como uma comunidade. Isto implica que, no âmbito de uma associação de cidadãos, exclusivamente, o poder político terá a aptidão de fazer a arquitetura constituinte. O poder é a chama incandescente que pode provocar bem-estar ou desconforto na comunidade. Neste território semântico, a tese de Diego Valadés é notável: "controlar o poder é um ato de poder"[179] .

Claramente, com ou sem astúcia, com ou sem fortuna, na distribuição de poderes que a forma republicana de governo proporciona, seus funcionários públicos, em todos os seus ramos, devem ser controlados, mas nunca se pode dizer que eles queiram que isso aconteça. Por ser uma "república", a eleição cidadã das autoridades que exercerão as funções políticas do Estado está no topo das garantias políticas. O mecanismo eleitoral, que deve ser genuíno, transparente e racional, permite que os cidadãos exerçam o controle político sobre a condução dos negócios do Estado. O veredicto das urnas é a expressão soberana da soberania dos cidadãos. A decisão eleitoral, tomada em condições que

---

[177] BUNGE, Mario, *Diccionario de Filosofía*, México, D. F., Siglo Veintiuno Editores, 2001, p. 178.

[178] SPINOZA, Baruch, *Tratado teológico-político. Tratado político*, Madrid, Tecnos, 1996, p. 62.

[179] VALADÉS, Diego, *El control del poder*, México, UNAM, IIJ, 2000, p. 17.

garantam o pleno gozo dos direitos de liberdade e igualdade, com seus resultados, é uma instância que não pode ser adiada. Não há maior legitimação para a construção do poder político do que a aceitação e recepção do princípio da maioria com pleno respeito às minorias e o cuidado irrestrito com a igual dignidade que todo cidadão merece. A agregação de preferências, que deve ser realizada nas eleições periódicas para escolher os membros dos departamentos executivo e legislativo, institui o controle mais aberto para garantir o desenvolvimento do sistema da Constituição.

Assim, o julgamento feito através de eleições, com as qualidades acima mencionadas, deve significar um ato de poder cidadão que controla o desenvolvimento e os infortúnios dos poderes políticos constituídos. Controlar o poder, portanto, é também governar; uma reflexão que rejeita completamente todas as inspirações que promovem o caráter opcional do sufrágio dos cidadãos.

Como pode ser lido no capítulo seguinte, eleições regulares, sem proscrições e com informações completas, são um mecanismo que, ao universalizar a participação dos cidadãos, significará que suas determinações poderão ser reveladas como a voz entre as vozes e a mais autorizada para a realização do sistema da Constituição. Sem as eleições dos cidadãos, com a "fidelidade"[180] de sua vontade, não haveria o tipo de Estado Constitucional, configurado por uma Regra Altíssima.

A afinidade para as eleições da cidadania, dentro do quadro determinado pela Lei Básica, não exclui a possibilidade de que, por exemplo, a seleção de uma parte das autoridades políticas possa ser realizada por meio de uma loteria entre toda a cidadania. A democracia, como será visto no próximo capítulo, não deve retirar de seu menu nenhum critério de igualdade de liberdade e igualdade em liberdade. Como a instituição do júri existe para o veredicto jurisdicional em determinadas questões penais, nenhuma objeção importante deve ser vista.

---

[180] Hoje, há um imenso e constante avanço em tecnologia, inteligência artificial e seus produtos; imagino o sorriso no rosto de alguém que lê esta nota daqui a cem anos. Entretanto, eu me oponho firmemente e teimosamente a qualquer projeto de intermediação entre a "vontade do cidadão" e sua materialização concreta nas urnas, porque não garante a fidelidade do eleitor. Não deve haver "mediação" entre a escolha voluntária do cidadão do boletim de voto ou da cédula, seu envelope e sua colocação em seu recipiente, sob a supervisão das autoridades eleitorais.

Continuando com os controles políticos, vale a pena especificar aqueles que são exercidos entre os próprios órgãos políticos e sobre cada um deles, em um diálogo que é crucial para a democracia. Após a Constituição, a lei é o instrumento mais relevante para a elaboração de um Estado republicano. A lei é uma pura criação do direito. Com sua generalidade e alto grau de abstração, é uma tarefa a ser atribuída a órgãos específicos chamados "órgãos legislativos"[181] , que devem ser compostos de acordo com a vontade eleitoral dos cidadãos. Entretanto, é comum que os órgãos legislativos recebam a "iniciativa" do departamento executivo. Neste caso muito comum, abre-se um diálogo e um controle recíproco entre os órgãos legislativos e o poder encarregado da administração do Estado.

Em muitos casos, os representantes na legislatura também abrem um diálogo com o executivo a fim de ampliar a perspectiva de uma lei futura. As possibilidades de diálogo e controle entre o legislativo e o executivo no processo de formação de uma lei podem ser muito matizadas e devem expressar uma das maiores riquezas deliberativas do Estado constitucional.

Para concluir esta seção, mencionarei uma série de controles políticos que, com seus mecanismos, tentam garantir a imanência da Lei Básica.

Pelo Congresso ou Assembleia:

- Impeachment de membros dos departamentos judicial e executivo.
- Controle da "legislação" criada excepcionalmente pelo Departamento Executivo, no âmbito de circunstâncias urgentes que a mereçam.
- Aprovação do Orçamento de Gastos e Recursos do Estado.
- Hierarquia constitucional de certos instrumentos do Direito Internacional dos Direitos Humanos (DDHH).
- Declarar a guerra e fazer a paz.
- Lidando com as demissões do presidente e vice-presidente.
- Declaração de estado de emergência.
- Convocação para ministros ou funcionários do departamento executivo.
- Acordos para a nomeação de juízes, militares e diplomatas.
- Insistência legislativa em um projeto de lei vetado pelo departamento executivo.
- Controle externo dos negócios do estado.

---

[181] KELSEN, Hans, *Teoría general del Derecho y del Estado*, Cidade do México, Imprenta Universitaria, 1958, p. 304.

- Liquidação da dívida interna e externa do Estado.
- Responsável pelo Departamento Executivo:
- Comentário sobre a aprovação da legislação do Congresso.
- Relatório anual no plenário do Congresso.

Interino: revisão judicial da constitucionalidade

O controle da constitucionalidade, no sentido pleno, deve ser deixado a todos os funcionários públicos e aos cidadãos de uma sociedade aberta. Este controle é um mecanismo para manter a coerência da lei fundamental, cuja propriedade é negativa: para evitar a consumação da inconstitucionalidade ou a irradiação de seus efeitos. Em um sentido mais estrito, as Constituições definem um sujeito legitimado, um assunto objetivado dentro de um processo, um corpo e certas consequências e extensão para discernir uma palavra final sobre a conformidade com a Lei Fundamental e a natureza do que é resolvido na sede[182]. Nos desenvolvimentos seguintes, refiro-me ao controle da constitucionalidade no sentido estrito.

Ao examinar o controle legal no sentido restrito, a distinção entre isto e "conflitos políticos no sentido restrito" também deve ser levada em conta. No primeiro, as partes devem fazer seu pedido e exercer suas reivindicações, e há uma expectativa de resolução dentro do campo objetivamente regulada por uma atribuição específica de competência na Lei Básica. Na segunda, sempre ligada à construção e resolução de problemas comunitários, uma tolerância de abuso na demanda jurisdicional visando o controle dos atos políticos no "sentido estrito" revelaria um fato maldito que provocaria uma politização da jurisdição e poderia levar a uma "política sob a forma de justiça"[183].

Uma sociedade aberta notável, na qual a república deveria ser fundada, com cada cidadão tomando suas próprias decisões existenciais, leva a esta conclusão: ou todos seguem o sistema da Constituição, ou a Lei Fundamental é uma forma de dominação perpetrada por uma aristocracia. Um poder aristocrático que, de acordo com suas crenças,

---

[182] CALAMANDREI, Piero, *Instituciones de Derecho Procesal Civil*, vol. III, Buenos Aires, El Foro, 1996, pp. 29-37.

[183] ENGISCH, Karl, *El ámbito de lo no jurídico*, Córdoba (Espanha), Universidad Nacional de Córdoba, 1960, p. 16.

deteria um certo "conhecimento auto referencial", não eleito diretamente pelos cidadãos que compõem o povo, cujas opiniões nunca podem ser postas à prova em última instância, nem ser submetidas a um sério debate crítico. A referência alude à regra dos juízes, um contraexemplo em desacordo com o Estado constitucional e democrático. É evidente que o controle legal da constitucionalidade, no sentido estrito, só deve prosperar no âmbito dos conflitos de direito, o único compatível com o princípio republicano baseado, colegialmente, na deliberação racional, no princípio da maioria, no respeito à minoria, na proibição da autocracia e na concentração do poder.

Assim, estritamente falando, a revisão da constitucionalidade de todos os atos e regulamentos é o mecanismo para garantir que o sistema da Lei Básica mantenha sua primazia na ordem estatal. Através dela, o Estado pode assegurar a estrutura hierárquica de toda a sua ordem jurídica. Esta garantia merece ser incluída tanto no nível de "garantias da Constituição" quanto no de "garantias constitucionais para a defesa dos direitos fundamentais"; em particular, porque deve ser sempre objetivada em uma esfera jurisdicional, dentro de um processo altamente regulamentado, e a decisão final será tomada por um juiz ou tribunal.

Garantir a constitucionalidade significa instituir "mecanismos" adequados para assegurar que a lei suprema permaneça o mais alto fundamento da ordem estatal, apoiando sua estrutura hierárquica e consagrando toda a subordinação do Estado à lei da constituição. Inconstitucionalidade significa não-conformidade; "inconstitucionalidade" é semelhante a "não-conformidade" com as prescrições da Lei Básica. A inconstitucionalidade consiste, portanto, na não-conformidade do regulamento criado em sua comparação, concreta ou abstrata, com a Constituição.

A conformidade com o sistema da Constituição, ou seja, a constitucionalidade de qualquer produto jurídico de uma hierarquia inferior, resulta quando a "forma" e o "conteúdo" promovidos pela própria Lei Básica são respeitados. A conformidade, portanto, nada mais é do que correspondência: que as condições de uma relação jurídica sejam satisfeitas. É uma conformidade que a Lei Básica estipula.

A inconstitucionalidade é uma falha ou defeito que normalmente tem sido circunscrito ao confronto ou colisão entre disposições inferiores e a Lei Básica e que entram em conflito com ela. Um ato ou lei inconstitucional é uma das mais sérias expressões de ordem estatal. Uma patologia legal. O julgamento da constitucionalidade visa estabelecer e manter a coerência da ordem jurídica. Se os estados de coisas estão em conformidade, diz-se que são "compatíveis", porque respondem ao mesmo "padrão"[184] : constitucionalidade. A manutenção da coerência "de" e "na" ordem estatal é a tarefa fundamental que o sistema da Constituição deve realizar, subordinando a produção e realização jurídica, através da garantia do controle da constitucionalidade, a um determinado modelo de coerência, cuja finalidade é o controle objetivo e preciso da conformidade normativa.

Os modelos sobre o controle legal da constitucionalidade podem ser realizados por todos os juízes (controle difuso) ou por um órgão especial da ordem jurídica (controle concentrado). Alguns estados adotam um modelo, excluindo o outro. Há outros Estados que estão tendendo agora para modelos mistos. Em ambos os casos - controle difuso e concentrado - é necessário definir os sujeitos que podem ajuizar a ação, o objeto e o escopo do julgamento. Além disso, o controle da constitucionalidade - especialmente dentro dos modelos concentrados - pode ser exercido preventivamente e não apenas em sua faceta corretiva, que é a mais difundida no direito positivo.

Toda ordem jurídica é exposta à inconstitucionalidade. Sempre haverá juízes que pronunciam sentenças inconstitucionais, legisladores que produzem leis inconstitucionais, e presidentes que emitem regulamentos que estão viciados por nulidade. A base da constitucionalidade está orientada, dependendo do modelo adotado (concentrada, difusa ou mista), a dois efeitos: por um lado, eliminar ou incentivar a expulsão de normas ou atos inconsistentes em seu confronto com a Lei Fundamental e com um escopo geral (controle com efeito concentrado); e, por outro lado, determinar a inaplicabilidade das normas ou atos, no caso específico de afetarem a primazia legal da Regra Altíssima no controle difuso.

Esta distinção deve ser cuidadosamente considerada: uma tarefa é determinar o significado de uma regra constitucional, eliminando-a (controle concentrado) ou não aplicando a regra inferior em conflito com ela (controle difuso), e outra é gerar a própria regra constitucional, ou seja, produzi-la. Tal afirmação teórica implica que, no sistema da Constituição, como indiquei acima (ver capítulo três), existem órgãos de criação da Regra Altíssima (poder constituinte, mesmo que seja um poder constituinte constituído) e órgãos de realização (autoridades criadas pela Lei Fundamental). Certamente, inconstitucionalidade, mesmo que

---

[184] Ver FERRATER MORA, José, *Diccionario de Filosofía*, t. A-D, Barcelona, Ariel, 2009, pp. 387-388.

declarada como mera não aplicação do ato ou regra em questão a um caso específico (na esfera do controle difuso), significa uma resposta "negativa"[185] sobre a criação da lei. Entretanto, tal tarefa deve ser extremamente excepcional e realizada sob uma avaliação muito rigorosa, que incluirá a natureza abertamente manifesta do produto inferior defeituoso e cuja inconstitucionalidade está sendo contestada por meio de ação ou exceção, dependendo do modelo.

Manter as regras do jogo do sistema constitucional é uma função de suma importância, mas "criar" lei não faz parte da tarefa jurisdicional, exceto pela função "negativa" que, com seus limites, restrições e limitações, é determinada aqui.

O controle da constitucionalidade, embora embalado no direito constitucional, implicará sempre uma determinação política, mas nunca "política no sentido estrito", mas política no sentido de manter e preservar uma certa ordem jurídica[186] . Com base na Lei Básica, as políticas devem ser geradas através de um diálogo entre os poderes constituídos. Note que a principal artéria para a discussão e construção de políticas públicas deve ser encontrada nas agendas do Congresso e do departamento executivo. As razões são abundantes: eleição popular, representação cidadã, elaboração de produtos normativos e teatralização da discussão pública apoiam o argumento. Uma hipótese radical: que o poder jurisdicional, por meio de controle, atribui-se a si mesmo o poder de projetar, positiva ou negativamente, o corpo ou figura de uma política pública ordenada na Regra Altíssima só pode gerar objeções contundentes e irrecorríveis.

---

[185] Hans Kelsen, ao estudar, em particular, o controle concentrado, sustentou que "... anular uma lei é o mesmo que criar uma regra geral, já que a anulação de uma lei tem o mesmo caráter de generalidade que sua elaboração. Sendo, por assim dizer, não mais que uma confecção com um sinal negativo, a anulação de uma lei é, portanto, uma função legislativa e o tribunal que tem o poder de anular leis é, portanto, um órgão do Poder Legislativo". KELSEN, Hans, 'La garantía jurisdiccional de la Constitución (la justicia constitucional)', *Anuario Iberoamericano de Justicia Constitucional*, CEPC, n.º 15, Madrid, 2011, p. 275.

[186] Miguel Revenga, ao avaliar o impacto e desenvolvimento da jurisdição constitucional, considera que "... este tipo de "Constituição dos controladores" [...] pode ser visto de perspectivas opostas: ou como uma regressão antidemocrática, no sentido de que esconde a politização radical das decisões coletivas básicas [...], ou como o aperfeiçoamento e culminação da aspiração de garantia/limitação que sempre deu origem ao constitucionalismo". REVENGA, Miguel, "Sobre el Derecho constitucional y sus fundamentos (III). El constitucionalismo de los derechos e interpretación de la Constitución", *Revista Derechos en Acción*, n.º 14, La Plata, UNLP, verão 2019-2020, p. 60.

O controle legal da constitucionalidade, estritamente falando, não deve ser o árbitro das "disputas políticas rigorosas", muito menos quando a atividade dos próprios atores políticos não pode resolvê-las através de deliberação e negociação, princípios cardeais na construção de uma comunidade. Em conclusão, a revisão da constitucionalidade deve ser um mecanismo para garantir os processos públicos autorizados na Lei Básica, e deve ser exercida com sólidos conhecimentos e soberba prudência, de modo a não invadir a esfera privada da comunidade e seus poderes inerentemente políticos.

Garantias de direitos fundamentais e de propriedade

Em várias seções do *Esboço* eu expus uma fundamentação para os direitos fundamentais e bens fundamentais, e as preocupações relativas ao seu desenvolvimento efetivo. Deve ser feita uma distinção clara entre a esfera da abstenção ou da provisão, que deve sempre envolver o conteúdo de um direito ou bem fundamental, e o conceito e o conteúdo de suas respectivas garantias. O termo "garantia dos direitos e bens fundamentais" é entendido como os mecanismos adequados para torná-los efetivos.

A natureza das garantias dos direitos fundamentais e da propriedade será sempre reativa ou defensiva. Elas devem operar em caso de violação ou ameaça de violação de um direito fundamental ou de propriedade. O sistema da Constituição deve inexoravelmente oferecer, com sua gama de regras, poderes significativos para proteger os direitos fundamentais. São estas as garantias: poderes para reagir, poderes de defesa, ações para estimular e promover a provisão de um direito fundamental.

Eu os enumero em uma lista não exaustiva:

i) A garantia de acesso à jurisdição em defesa dos direitos fundamentais e da propriedade, que deve incluir a possibilidade de apresentar petições, oferecer provas e obter um julgamento fundamentado de acordo com a ordem jurídica vigente.

(ii) Todos os tipos de ações para amparo ou proteção judicial efetiva.

iii) Amicus curiae.

(iv) Inviolabilidade da casa, correspondência física e eletrônica e documentos particulares.

(v) juízes naturais; proibição de comissões especiais; proibição de confissão coerciva,

vi) Exceções de inconstitucionalidade na esfera do controle difuso (uma alegação que pode ser feita em qualquer tipo de processo, indicando a colisão de uma disposição com a Constituição ou a interpretação de uma regra da Constituição).

vii) Ações diretas de inconstitucionalidade no campo do controle concentrado.

viii) Salvaguardas específicas dentro do processo criminal.[187]

No capítulo anterior, defendi um constitucionalismo cidadão, um processo que implica um cultivo abnegado da Lei Básica e ilumina a participação decisiva e inclusiva de todo ser humano na busca e afirmação da cidadania plena em uma comunidade pacífica. Nenhum instrumento legal foi ou será uma panaceia. Nenhuma garantia transformará o direito fundamental ou o bem que ele procura defender ou promover em metal precioso. Entretanto, acredito que a regulamentação, decisiva e positiva, no sistema da Constituição das garantias dos direitos e bens fundamentais revelará um momento decisivo do ato constituinte, pois a dimensão das garantias proporcionará as possibilidades de sua realização. Quanto maior for a garantia, maior será a cobertura e o trânsito do direito ou bem fundamental; por outro lado, uma garantia pobre ou austera não poderá auxiliar um desenvolvimento importante.

Durante a segunda metade do século XX, foram feitos postulados teóricos sobre a inclusão do Ombudsman no Alto Direito. Por exemplo, na Constituição do Reino da Espanha, em 1978, a instituição foi incluída no artigo 54. Anos mais tarde, em 1994, a *Defesnsoría del Pueblo* (Ombudsman) foi regulamentada na CFA[188] . Este funcionário público,

---

[187] Estes incluem o seguinte: *a)* princípios de legalidade e tributação máxima em matéria penal, não retroatividade do direito penal, retroatividade do direito penal mais benigno, informações sobre o ato imputado; *b)* presunção de inocência; *c)* condições para a validade da confissão do réu, imunidade da declaração do réu; *d)* liberdade provisória: *(e)* defesa técnica: comunicação entre o acusado e seu advogado de defesa; *f)* detenção de pessoas, princípio geral: prisão somente por ordem escrita do tribunal; *g)* publicidade dos procedimentos criminais; *h)* peculiaridades do direito de defesa e do devido processo: *i)* compensação por privação indevida de liberdade; *j) non bis in idem* ou garantia contra dupla incriminação; *k)* direito do acusado de obter uma decisão que ponha fim o mais rápido possível à situação de incerteza e restrição inegável da liberdade que o processo penal possa implicar; *l)* garantias constitucionais para a execução das sentenças: prisões saudáveis e limpas; proibição da pena de morte; proibição de tortura, flagelação e tratamento ou punição cruel, desumana ou degradante.

[188] CFA, art. 86: "A *Defensoría del pueblo* é um órgão independente estabelecido dentro do

sob as condições da regulamentação sempre constituinte, pode ser reconhecido como uma "garantia orgânica" para a defesa institucional dos direitos e bens fundamentais contra determinados sujeitos. A rigor, é um mecanismo orgânico para garantir também, por outros motivos institucionais, os direitos fundamentais e os bens. A proteção destes deve ser desenvolvida progressivamente[189].

Os instrumentos internacionais sobre direitos humanos organizam novas "arenas globais" para garantir os direitos fundamentais. Por exemplo, o artigo 44 da CADH prevê que "Qualquer pessoa ou grupo de pessoas ou entidade não governamental legalmente reconhecida em um ou mais Estados Membros da Organização pode apresentar petições à Comissão contendo denúncias ou reclamações de violações desta Convenção por um Estado Parte". Uma leitura do texto da CADH não deixa dúvidas: suas regras são uma garantia para a defesa dos direitos fundamentais, permitindo a abertura e o desenvolvimento de jurisdição, também de natureza supre estatal. Tal hipótese não é usual nem ordinária e só procede, além disso, uma vez cumpridos uma série de requisitos rigorosos, entre os quais o primeiro grau é ocupado pelo arquivamento e exaustão dos recursos previstos a este respeito pela esfera jurisdicional estatal, de acordo com os princípios geralmente reconhecidos do direito internacional.

Uma vez apresentada a queixa internacional, e se não for alcançado um acordo amigável, somente a Comissão Interamericana de Direitos Humanos (CIDH) tem o direito de submeter o caso à Corte Interamericana de Direitos Humanos (Corte IDH). Acredito que, no futuro, seria formidável expandir a posição para processar[190]. Uma vez na Corte IDH, sua jurisdição

---

Congresso da Nação, que deve agir com plena autonomia funcional, sem receber instruções de qualquer autoridade. Sua missão é a defesa e proteção dos direitos humanos e outros direitos, garantias e interesses protegidos nesta Constituição e nas leis, diante de fatos, atos ou omissões da Administração; e o controle do exercício das funções administrativas públicas. O Ombudsman tem legitimidade jurídica. Ele é nomeado e removido pelo Congresso com o voto de dois terços dos membros presentes em cada uma das Casas. Ele/ela goza das imunidades e privilégios dos legisladores. Ele ou ela exercerá o cargo por cinco anos, podendo ser renomeado apenas uma vez. A organização e o funcionamento desta instituição serão regulamentados por uma lei especial.

[189] Nota de tradução: a função de *Defensoría del Pueblo* ou Ombudsman é atribuída originalmente no Brasil ao Ministério Público, na forma do art. 127 da CF88.

[190] A solução proporcionada pela Convenção Européia para a Proteção dos Direitos Humanos e Liberdades Fundamentais é louvável. O Protocolo No. 11 introduziu uma mudança radical no texto do artigo 34 atualmente em vigor: Aplicações individuais. "O [Tribunal Europeu dos Direitos Humanos] pode ouvir um pedido apresentado por

é subsidiária, interveniente e complementar, razão pela qual não desempenha e não deve desempenhar as funções de um tribunal de quarta instância e sua decisão será final e irrecorrível.

Encerro este capítulo com estas palavras que fornecem um resumo: "Diga-me a profundidade das garantias, os controles, o grau determinado para a inclusão participativa dos cidadãos, e eu lhe direi, com pessimismo ou otimismo, com náusea ou verve, a eficácia de sua Lei Fundamental".

---

qualquer pessoa física, organização não governamental ou grupo de indivíduos que se considerem vítimas de uma violação por uma das Altas Partes Contratantes dos direitos reconhecidos na Convenção ou em seus Protocolos. As Altas Partes Contratantes comprometem-se a não colocar qualquer obstáculo no caminho do exercício efetivo deste direito. A reforma da CADH que estou impulsionando no texto principal acolheria com satisfação uma configuração semelhante para o sistema interamericano de proteção dos direitos humanos.

CAPÍTULO 8: ESTRUTURA DEMOCRÁTICA

RESUMO: Enquadramento. Apenas um método. Quid sobre a intolerância. A intangibilidade da democracia.

Emolduramento

Em diferentes capítulos do *Esboço*, menciono "democracia". Um breve inventário. Assim, na "Declaração Teórica", a democracia, concebida como uma "terra prometida", destina-se a cumprir os domínios e desenhos de uma Lei Fundamental. Então, na apresentação do "sistema" (Capítulo 1), a democracia é descrita como um de seus "blocos de construção", pois é obrigada a "estruturar" uma certa "orientação política do Estado". Além disso, o sistema, com suas regras, é implementar todos os "processos públicos" que acontecem na esfera da legalidade promovida e estabelecida pela Lei Fundamental. No quarto capítulo estou inclinado ao reconhecimento do poder atomístico de cada cidadão, em seu papel de orçamento do sistema da Constituição e este, por sua vez, como o responsável pelo orçamento da "democracia". Em seguida, ao contemplar "a composição do sistema da Constituição" (capítulo seis), renovo a reflexão sobre o jogo de regras na estruturação do processo democrático e estabeleço, como slogan chave da teoria, a "intangibilidade" irrenunciável, indisponível e imaculada da democracia diante da mudança constituinte.

Lembre-se, também, que as regras primárias e secundárias são distinguidas nesta tese apenas "pela função que cumprem". As regras sobre "democracia" dentro do sistema da constituição devem ser chamadas a estruturar as relações entre todas as partes, incluindo a sociedade aberta que é esperada em seu ambiente. Portanto, as regras sobre democracia, em princípio, atribuirão poderes para aprovar competências limitadas, mas, também, regras primárias sobre ela podem ser notadas, por exemplo, no direito fundamental de todos os cidadãos de manter a natureza imperativa da Regra Altíssima.

Devo admitir que a ideia de democracia como uma "terra prometida"[191] contém estruturalmente reminiscências religiosas. Aqui,

---

[191] "13] E eis que o Senhor estava em pé acima dela, e disse: Eu sou o Senhor, o Deus de

sem religiosidade, apelo para a força da aspiração. A democracia é uma promessa secular sobre um certo processo público de constitucionalismo.

A democracia pode ou não entrar em um sistema constitucional. Há uma regra de redação intemporal e sem autor: frases importantes devem ser escritas no início do texto. Talvez, sob sua inspiração, a "democracia" seja ordenada, como forma de orientação política, "sempre" no artigo 1 das Constituições da Bolívia, Brasil, Equador e Colômbia, respectivamente[192].

Ao procurar as palavras para acompanhar o desenvolvimento da "terra prometida" na próxima seção, gostaria de compartilhar uma tese de Paul Valéry sobre democracia. Foi escrita em 1912 e tem o grande mérito da semente da antecipação, porque a democracia constitucional, como experiência mundial, levaria anos para se desenvolver... e estamos sempre em uma fase muito inicial. Assim, disse o filósofo e escritor francês:

> Em democracia - o regime da palavra ou os efeitos da palavra - tudo se torna "político". E "político" em democracia significa mais ou menos "dramático". Tudo está relacionado com as impressões de um público. As leis do teatro se aplicam. Simplificação, ilusão perpétua sobre a dor do riso e da morte. Tudo para o efeito. Tudo no momento. Papéis bem marcados. O que é difícil de entender, proibido. O que é difícil de expressar, não existe. O que requer longas preparações, cuidados prolongados, memória exata, indiferença ao tempo e iluminação, torna-se impossível. Uma palavra que escapa mata um homem de primeira classe.[193]

Abraão, teu pai, e o Deus de Isaque; a terra em que mentes, a ti a darei, e à tua descendência. [14] Tua descendência será como o pó da terra, e te estenderás para o ocidente, para o oriente, para o norte, e para o sul; e todas as famílias da terra serão abençoadas em ti, e em tua descendência. [15] Eis que estou contigo, e te guardarei para onde quer que fores, e te levarei de novo a esta terra; pois não te deixarei, até que tenha feito o que te disse. *Bíblia Sagrada*, "Gênesis 28", Versão do Rei James, Grupo Nelson, Nashville, 2006.

[192] O resultado ideal da pena do constituinte, suas palavras, buscam a realização da ordem do Estado. Muitas vezes suas prescrições podem derrotar qualquer mistério ou ambiguidade. Leia, então, a realidade que cada um destes escritos, nos "primeiros artigos" das Leis Fundamentais invocadas no corpo principal, tentam gerar: "A Bolívia é constituída como um Estado Social Unitário de Direito Comunitário Plurinacional [...] democrático"; "A Colômbia é um Estado Social de Direito, organizado sob a forma de uma República unitária [...] democrática"; "O Equador é um Estado constitucional de direitos e justiça, social, democrático"; e "A República Federativa do Brasil, formada pela união indissolúvel de Estados e Municípios e o Distrito Federal, constitui um Estado de Direito democrático".

Apenas um método

A democracia deve ser um processo politicamente orientado no qual todos os esforços para assegurar que os cidadãos que compõem o povo sejam sempre os detentores indiscutíveis da autodeterminação comunitária e sua soberania política inerente devem ser realizados de forma genuína e transparente. Um método que conduza a uma "terra prometida" esquiva da democracia.

A natureza precede o homem. O ser humano precede a Lei Básica, e a Lei Básica deve fornecer uma base apropriada para o Estado. O método democrático, cuja canalização mais eficiente e robusta é canalizada através de uma lei fundamental, pode assegurar uma constituição democrática. Assim, o método democrático deve estar sempre a serviço dos cidadãos que compõem o povo do Estado. Não os cidadãos a serviço do Estado, já que a entidade e seus funcionários devem existir para facilitar e prosperar a coexistência de todos.

A democracia é apenas um dos métodos possíveis para a criação e recriação de uma ordem constituinte, sob um predicado insuperável: o "governo dos cidadãos"[194] que compõe o povo do Estado. A existência de um "governo dos cidadãos", naturalmente entendido por meio de representação, institui uma credencial antropológica. O governo, em uma democracia, seria baseado na soma das decisões dos cidadãos, todas fundamentadas na premissa antropológica de que o ser humano e sua dignidade inerente sustentam todas as suas criaturas e descobertas. A democracia, portanto, não é um objetivo em si mesma; é talvez um caminho, um caminho no qual estamos provavelmente no início. Embora tentada pela primeira vez há muitos séculos, a democracia é constantemente tentada e interrompida[195].

Consequentemente, a mera configuração das regras constituintes não é suficiente para que exista democracia como orientação política do governo estatal. O sistema constitucional é um canal legal que proporcionará diferentes processos públicos que, no tempo e no espaço, a democracia deve nutrir e desenvolver. A democracia, como orientação de

---

[193] VALÉRY, Paul, *Cuadernos (1894-1945)*, Colonia (Uruguai), Del Sacramento, 2021, p. 476.

[194] HÄBERLE, Peter, *El Estado constitucional*, UNAM-IIJ, Cidade do México, 2003, p. 201.

[195] BOBBIO, Norberto, *Teoría General de la Política*, Madrid, Trotta, 2003, p. 459.

um sistema constitucional, é apresentada como um espaço político no qual o poder de autodeterminação da comunidade deriva, sem fissuras, da conjugação e soma das soberanias de cada um dos cidadãos que compõem o povo. Um cidadão, um poder político; milhares de cidadãos, com suas maiorias e minorias, a probabilidade de moldar e sustentar o poder democrático e a estrutura do sistema constituinte. Esta seria a passagem da soberania do cidadão, átomo da comunidade, para a ideia de soberania do povo de uma comunidade.

A democracia como método é um processo público qualificado, no qual a ordem jurídica do Estado é criada de uma única forma: a participação das pessoas que nela predeterminam e decidem ser submetidas a ela[196] em liberdade, mesmo que apenas em muito pequena medida, independentemente dos motivos. Entre todos os modelos conhecidos, o modelo democrático é sem dúvida o menos implausível. Ao ter como aspiração um governo dos cidadãos do povo, a democracia tem que autorizar a tentativa de liberdade política igual para todos os cidadãos que gozam desse status.

A cidadania seria um pressuposto do sistema da Constituição, desde que cada cidadão seja convocado e autorizado a participar e exercer todas as suas manifestações políticas com o objetivo de manter o governo do Estado. A democracia tem um valor epistêmico, justamente no cumprimento tenaz e detalhado do próprio método, sujeito aos requisitos que poderão demonstrar sua existência ou sua completa inexistência.

Os seres humanos têm um enorme número de instrumentos à sua disposição para testar e verificar situações e relacionamentos no mundo da natureza. A democracia, por outro lado, é uma invenção inteiramente convencional. Não existe nenhum instrumento para citar o grau e a dimensão da democracia, como existe no mundo natural, por exemplo, para calcular a distância ou a temperatura ambiente. Vai variar de sistema constitucional para sistema constitucional, mas deve haver elementos onipresentes: a dignidade sem mácula do ser humano e a configuração de cidadania política baseada num ser humano, um cidadão.

A democracia repousa no princípio da regra da maioria. Entretanto, esta residência não é o único requisito do método democrático. A condução do processo público de democracia deve respeitar, com integridade e sem preconceitos, os direitos das minorias. O jogo aberto e respeitoso de uma maioria e uma minoria, que variará constantemente no

---

[196] KELSEN, Hans, *Teoría general del Derecho y del Estado*, Cidade do México, UNAM, 1958, p. 337.

desenvolvimento do método, eleva e enrosca suas possibilidades. Entretanto, não acredito que a democracia possa ser valorizada apenas com base no número de membros que têm que participar. Se a esses membros não forem concedidos direitos políticos básicos, o método não funcionará. O princípio da maioria é a base da democracia. Nenhuma maioria - não importa quão grande seja seu número ou quais sejam seus objetivos - deve negar os direitos da minoria, especialmente seus direitos fundamentais de liberdade, direitos políticos, sociais e civis não-proprietários. Nem deveria uma maioria, só por ser maioria, ter o direito de esmagar o método democrático. O método democrático, canalizado no sistema da Constituição, deve sempre governar, e nenhuma maioria, independentemente do poder plebiscitário que poderia ser demonstrado nas praças e teatros públicos, teria o direito de derrotá-lo, muito menos de negá-lo.

O critério de prevalência da maioria, simples ou absoluta, não implica necessariamente um critério de verdade, pois é apenas um método de governo por consenso que seria alcançado pela agregação das preferências dos cidadãos. A sério, o fato de se alcançar a maioria não prova ou verifica a verdade. Mas deve-se pensar que, além da imperfeição genuína do método, ele constitui um critério de construção comunitária. A configuração democrática depende do princípio de maioria e minoria, embora este caminho não abra a porta para uma verdade relativa assegurada, como qualquer conjectura que os seres humanos possam elaborar.

Observo acima a natureza instrumental do sistema da constituição (ver capítulo cinco). Especificamente, tal sistema canalizará, embalará, conterá e limitará a democracia. Não é fácil representar a democracia sem o canal proporcionado pelo governo instrumental constituinte do Estado. A democracia, que se constitui na autodeterminação do cidadão e na colocação de limites e vínculos com os poderes do Estado a fim de evitar seu abuso e seu exercício orientado para o bem-estar da comunidade, estaria implícita pela necessidade de sua regulamentação positiva na Lei Básica.

A democracia, seja qual for a sua instituição, deve sempre exibir elementos-chave. Um modelo legal, o desdobramento das liberdades, o princípio da maioria e da minoria, tudo combinado com uma distribuição racional do governo em departamentos, o único modelo para evitar ou aliviar o abuso de poder. Outro antropológico: baseado no fundamento inalterável da soberania do indivíduo como cidadão do Estado.

A ideia democrática que é defendida abertamente inclui o pluralismo cidadão como elemento constitutivo e integrador em sua agenda. A democracia não pode ser explicada ou definida sem a configuração do pluralismo. Por "pluralismo" quero dizer um modelo composto de infinitos grupos e indivíduos sem grupos, que têm opiniões e deliberações mesmo em conflito uns com os outros, mas que esperam que com respeito e desenvolvimento da diversidade, a concentração do poder e as tendências para o impulso da autocracia sejam evitadas ou atenuadas. O pluralismo não deve deixar a porta aberta para qualquer projeto hegemônico que, enraizado na suposta e sempre inexistente vocação de um líder, procuraria conduzir os assuntos do governo por capricho. Esta cruzada seria a crucificação do pluralismo e também de qualquer possibilidade de democracia rumo a uma "terra prometida", pois suas próprias exigências existenciais seriam enterradas sem uma sepultura. A democracia deve ser um governo de cidadãos, não da solidão de um único cidadão. Sem pluralismo, exercido com convicção e sem nenhum outro limite que o respeito às instituições e uns aos outros no diálogo, não há método democrático.

Eu sinto que o método democrático é muito inclusivo para a produção da ordem jurídica do Estado. Conjenturalmente, certamente deveria ser aceito que "a democracia não é o único modo de vida para os seres humanos"[197] , embora eu não possa dar nenhuma contribuição quanto às virtudes ou fraquezas de qualquer outro método que possa competir com ela com razão. Os pontos fortes do método democrático, em comparação com qualquer outro método que se compare com ele, autorizam sua manifestação triunfante. O método é o único conhecido pelos homens que permite o diálogo, edificando a construção e o respeito pela dignidade de cada um deles, com a inclusão do fato de que hoje um (o vencedor) governará e amanhã poderá ser aquele que hoje fez parte da minoria (o perdedor). Note-se que a observação seria consistente para modelos majoritários, já que, a rigor, o método democrático exige a presença tanto da maioria quanto das minorias, pois uma única vontade hegemônica não é o significado de democracia.

O método democrático deve proteger a vida dos seres humanos, impedindo a luta exterminadora de um contra o outro, desde que as regras constituintes que formalizam e postulam suas possibilidades existenciais no Estado estejam em vigor. A democracia também servirá para constituir uma ordem jurídica estatal. Uma vez que o sistema

---

[197] HÄBERLE, Peter, *O Estado Constitucional,* p. 199.

constituinte do Estado tenha sido criado, quando a democracia for dada forma legal, ela deverá alimentar todos os processos públicos do Estado. Nisso reside a estruturação democrática do sistema constitucional. A Lei Fundamental impulsiona a democracia, e nisto reside o método único e indispensável para o funcionamento do sistema da Constituição. [198]

O método democrático, entre suas virtudes, pode mostrar o fato de garantir, em certa medida, uma certa participação pluralista dos cidadãos, o que afirmaria a possibilidade de um governo autônomo da comunidade. O cidadão, como titular, tem uma parte do poder comunitário, embora sua concretude e eficácia dependerá de dezenas de questões que podem distorcê-lo ou subvertê-lo. Entre seus defeitos mais apreciáveis está o estatuto e o roteiro dos pendulares; aqueles que são derrotados em uma genuína disputa eleitoral devem aguardar um novo turno eleitoral, independentemente da certeza ou ubiqüidade de seus programas para o bem-estar da comunidade.

A ordem instituída pelo sistema constituinte do Estado, guiada e estruturada pelo método democrático, deve ser baseada na representação. A democracia, como regra, deve ser representativa, com eleições regulares e periódicas realizadas no máximo a cada dois anos para os cargos do Congresso. Outros mecanismos democráticos também podem ser previstos, mas a democracia por representantes livremente escolhidos será o método constitucionalmente aceito por excelência para dar forma política a uma dada criação da ordem do Estado.

O ser humano é o fundamento da Lei Altíssima, e esta última constitui um paradigma para a canalização da democracia. O método democrático, discutível e falível por natureza, deve ser sempre alimentado pela ancoragem eficaz e pelo respeito escrupuloso e intransigente a um grande número de direitos políticos que, em suma, sempre autorizam cada cidadão a expressar autenticamente suas ideias para o governo do Estado e, se necessário, a participar de sua gestão. A deliberação e a manifestação pública de ideias torna-se um aríete para a construção, passo a passo, do método democrático que deve ser embutido na Lei Básica. Assim delineado, a democracia exige que a Lei Básica determine cada uma de suas etapas.

Em qualquer democracia deve haver poder eleitoral: "um cidadão, um voto". A violação deste princípio violaria a própria ideia de associação

---

[198] Autocracia, com sua concentração abusiva, despótica e impiedosa, significa tudo o que é contrário ao método democrático. Não há nada na autocracia do qual a democracia possa se valer. A autocracia é a negação da democracia.

comunitária que o método democrático propõe. Nas comunidades políticas, deve haver apenas cidadãos sem distinção. Alguns deles devem assumir as tarefas como funcionários públicos, sempre com um limite de tempo definido para sua tarefa constitucional, que deve ser realizada com a devida racionalidade. Não deve haver manipulação que prejudique o princípio de que cada cidadão tem direito e é responsável por seu voto.

A democracia deve instituir o significado de um governo de cidadãos. Entretanto, ela pode ser mais ou menos "governo de cidadãos" na medida em que os cidadãos são excluídos (ou incluídos) nos atos de deliberação e tomada de decisão pública do Estado. Também pode ser mais ou menos "governo"[199] dos cidadãos, na medida em que eles, como membros da comunidade, podem tornar suas opiniões efetivas.

O método democrático é um processo público cuja implementação adequada deve observar a dignidade do cidadão e apelar para o princípio da maioria com respeito irrestrito ao princípio da minoria. O poder da maioria não consagra - muito menos prova por si só - a existência de uma verdade. O método democrático servirá para a construção, manutenção e mudança das existências constituintes dentro de um Estado, que pode apelar para os recursos científicos, mas não é uma ciência, nem poderia ser. O reconhecimento do princípio da maioria é inerente à própria existência da democracia, com respeito a um quadro irrenunciável de direitos para a minoria, cuja destruição devastaria a própria noção de democracia que está sendo apresentada.

A democracia é um governo político maravilhoso e divertido que autorizaria o conhecimento sobre como o poder político deve ser fundado, exercido e mudado no âmbito de uma comunidade estatal composta de cidadãos iguais em liberdade. A liberdade política de cada cidadão deve ser exatamente igual à de todos os outros cidadãos que coexistem na comunidade.

Não há democracia sem eleições garantidas, abertas, transparentes, genuínas e universais. O poder eleitoral em democracia se baseia na decisão irrevogável e individual de cada cidadão de escolher uma proposta governamental para um representante; este é o caso da democracia representativa. Uma variante deste poder pode estar na apresentação de uma proposta ou várias propostas, nas quais os cidadãos, sem eleger representantes, escolhem uma das propostas (em elaboração); este é o caso da democracia participativa ou direta.

---

[199] ROSS, Alf, *Why Democracy?*, Madrid, Centro de Estudios Políticos y Constitucionales, 1989, pp. 95-96.

Na esfera da democracia representativa, será comum que as propostas governamentais sejam apresentadas por partidos políticos; em alguns países, como a Argentina, por exemplo, sua CFA prevê irracionalmente que tais entidades gozem de "competência" (monopolista) para a nomeação de candidatos a cargos públicos eletivos (art. 38, CFA). Sem contestar a notória falta de razão suficiente para este monopólio, surge a questão de se a deliberação pública seria benéfica se os responsáveis pelo Estado de Direito fossem escolhidos por sorteio dos cadernos eleitorais. Sem a abolição das eleições e de forma complementar, os cidadãos poderiam ser escolhidos aleatoriamente, por sorteio, sendo a base decisiva o empoderamento dos cidadãos para a governança e o bem-estar da comunidade.

Outro modelo para incentivar a participação poderia ser que os cidadãos enviem suas iniciativas a Congressos, Convenções ou Assembleias, e estas têm uma certa garantia aberta de tratamento sério, robusto e solvente. A eleição das autoridades constituintes do Estado deve utilizar o método democrático e este deve ser implantado de acordo com formulários representativos. Entretanto, além de uma democracia que elege suas autoridades com base em eleições gerais, genuínas e transparentes, deve haver outros processos públicos para complementar a evidente inadequação do quadro único de representatividade.

O avanço da nanotecnologia não pode ser ignorado no futuro dos processos democráticos. Não se sabe o que aconteceria com a instalação de diferentes dispositivos que poderiam monitorar os movimentos humanos, detectar as preferências dos cidadãos e induzir políticas comunitárias. Tem sido argumentado sensatamente que o sufrágio universal não conduz necessariamente à democracia, e pode até levar a uma "autocracia eletiva"[200] . Diante deste conjunto de evidências, a manutenção do princípio de "um cidadão, um voto" deve ser protegida ao máximo pelos esforços do Estado e qualquer modelo que vitime a escolha do cidadão, através da introdução de dispositivos que signifiquem ou estabeleçam qualquer forma de mediação entre a vontade do cidadão eleitor e a expressão inabalável de seu julgamento, deve ser impedida. Em todos os casos, o democrático persiste - e persistirá - como o "melhor método de seleção de líderes"[201] .

---

[200] V. BOVERO, Michelangelo, "Autocrazia elettiva", in *Costituzionalismo.it*, Fascicolo 2, 2015.

[201] RADBRUCH, Gustav, *El hombre en el Derecho*, Buenos Aires, Depalma, 1980, p. 26.

Em conclusão, a democracia deve ser o método político para moldar o sistema da constituição. Uma vez construída, com seus desenvolvimentos, ela determinará basicamente quem deve exercer a "autoridade pública", sob que prescrições e, sobretudo, a duração das funções, cuja idoneidade é postulada. Assim, a democracia como "terra prometida" terá que estruturar o sistema constituinte do Estado, consagrando que o poder político pertence aos cidadãos que compõem o povo, que, soberanos em sua individualidade, ao uni-los, são capazes de dar origem à soberania popular ou cidadã, e nunca poderão pertencer a um grupo específico ou limitado de pessoas.

O ponto crucial da intolerância

O sistema da Constituição, ao estruturar todos os seus processos públicos através do princípio democrático, também pode ser chamado de sistema da organização e ordenação da tolerância. A tolerância é uma qualidade elementar para facilitar e promover a coexistência pacífica (ver capítulo dez). Ela deve consistir em um respeito completo, puntilíneo, leal e total pelas ideias, crenças e qualquer manifestação, explícita ou implícita, de outro ou outros cidadãos, mesmo aqueles que sejam contrários ou repulsivos aos seus próprios. A Lei Fundamental, portanto, é uma regra que ordena e tenta harmonizar a tolerância na comunidade.

Em 1945, Karl Popper argumentou o seguinte:

> Se estendermos a tolerância ilimitada mesmo àqueles que são intolerantes; se não estivermos preparados para defender uma sociedade tolerante contra os ultrajes dos intolerantes, o resultado será a destruição dos tolerantes e, com eles, da tolerância. [202]

À luz de uma Lei Básica baseada no princípio democrático, uma "tolerância limitada do intolerante" coloca grandes problemas. O primeiro deles reside claramente na identificação de "intolerantes ilimitados". Em comunidades desfavorecidas e sem justiça social, como as da América do Sul, onde a distribuição e o gozo dos bens é desigual, aqueles que exigem melhorias em sua condição existencial poderiam ser tratados como

---

[202] POPPER, Karl R., *The Open Society*, op. cit., p. 512. Por sua vez, Ernesto Garzón Valdés salientou que atos que prejudicam os direitos da minoria não podem ser tolerados, incluindo o que ele chamou de "preservação da minoria". Ver GARZÓN VALDÉS, Ernesto, *Derecho, ética y política*, Madrid, Centro de Estudios Políticos y Constitucionales, 1993, p. 407.

"fanáticos ilimitados" por aqueles que se acreditam "tolerantes" e depois perseguidos com uma crueldade enérgica. Além disso, a construção da "intolerância ilimitada" estaria sempre ligada ao exercício do poder e não ao pleno exercício da democracia, razão pela qual será muito difícil discernir quem são aqueles que realmente minam os muros da institucionalidade determinada pela democracia constituída pela Lei Fundamental.

Nem a solução para estes problemas seria encontrada apelando para construções rudes como a democracia militante ou sentimentos constitucionais, ensaios que apenas tentam promover e justificar uma certa perseguição e criação irracional de um inimigo, fundada, além do mais, em emoções e não em razões, como exige a lei constituinte do Estado.

Diante destes perigos, a regra deve ser a tolerância, mesmo para com os intolerantes, mesmo que eles certamente tentem pôr em risco a liberdade, a igualdade e a solidariedade da comunidade. Se, no caso fatal, imprudente, remoto e insustentável de que o intolerante, em seus esforços ilimitados, absolutos e irracionais, tente enfraquecer ou quebrar o sistema de regras da Lei Fundamental com seu comportamento, a própria existência do princípio democrático teria que administrar a resposta e proporcionar uma solução imediata através da aplicação da ordem jurídica existente. Uma Regra Altíssima fundamentada na democracia deveria prever a defesa da ordem instituída e pôr fim à intolerância, tão ilimitada quanto irresistível e absoluta, a fim de garantir a coexistência pacífica dos tolerantes e intolerantes que não estão inclinados a sua ruptura manifesta e violenta.

A intangibilidade da democracia

Em 1852, Juan B. Alberdi, em seu Projeto de Constituição para a Confederação Argentina, postulou no Artigo 2: "O governo da República é democrático". Mais tarde, no artigo 27, ele também declarou: "Toda autoridade usurpada é ineficaz; seus atos são nulo". Qualquer decisão tomada por requisição direta ou indireta de um exército a uma reunião do povo é nula e ineficaz"[203] .

---

[203] ALBERDI, Juan Bautista, *Bases y puntos de partida para la organización política de la República Arjentina, derivados de la lei que preside al desarrollo de la civilización en América del Sud y del Tratado Litoral de 4 de enero de 1831*, 2ª ed., correjida, aumentada de muchos parágrafos y de un proyecto de Constitución concebido según las bases propuestas por el autor,

É possível manter um diálogo com as ideias sugeridas e suas críticas. Sem dúvida, a discussão sobre a natureza da democracia, participação e mecanismos em que Alberdi pensou não é a mesma no século XXI. No entanto, ele imaginou, com firmeza e fidelidade conceitual, que o programa jurídico que apresentava um sistema constituinte para a Argentina poderia ser quebrado e as autoridades constitucionais desconsideradas. Nesse caso, ele tinha um antídoto: a nulidade de todos os atos praticados por aqueles que usurparam a propriedade e o exercício do governo democrático da República.

Em 1917, a Constituição Política dos Estados Unidos Mexicanos deu à comunidade mundial uma das regras mais destacadas do constitucionalismo. Em seu artigo 136, ela foi sacralizada de uma vez por todas e para sempre:

Sobre a Inviolabilidade da Constituição

> Esta Constituição não deve perder sua força e efeito, mesmo que por qualquer rebelião sua observância deva ser interrompida. Caso, por qualquer desordem pública, seja estabelecido um governo contrário aos princípios que sanciona, assim que o povo recupere sua liberdade, sua observância será restabelecida, e aqueles que estiveram no governo resultante da rebelião, bem como aqueles que cooperaram com ele, serão julgados de acordo com ele e com as leis que tenham sido feitas em virtude dele.

A contribuição da regra mexicana para o pensamento tem sido e continua a ser enorme. Evidentemente, a pessoa ou pessoas que a discutiram e escreveram teve a representação e a premonição do "além", a tentativa de desconsiderar a Lei Fundamental. Não há soro que possa remediar a quebra da Regra Altíssima, mas a idéia mexicana é virtuosa.

Na dogmática constitucional, a regra produzida pelo poder reformador argentino, que em 1994 introduziu como novo artigo 36 da CFA, também adquire relevância na dogmática constitucional:

> Esta Constituição permanecerá em vigor mesmo que sua observância seja interrompida por atos de força contra a ordem institucional e o sistema democrático. Tais atos serão irrevogavelmente nulos e sem efeito.
>
> Os perpetradores serão passíveis da pena prevista no artigo 29, desqualificados perpetuamente do exercício de cargos públicos e excluídos dos benefícios de perdão e comutação de sentenças.

Valparaíso, Imprenta del Mercurio, Santos Tornero y Cía., 1852, pp. 231 y 238.

> As mesmas penas serão aplicadas àqueles que, em consequência desses atos, usurparem funções previstas para as autoridades desta Constituição ou para as das províncias, as quais serão civil e criminalmente responsáveis por seus atos. Os respectivos atos serão imprescritíveis.
>
> Todo cidadão tem o direito de resistência contra aqueles que praticam os atos de força estabelecidos neste artigo.

Esta regra do sistema da Constituição Federal da Argentina, ao retomar a doutrina dos autores e os antecedentes normativos, institucionalizou uma enorme propriedade: ela prevê a proibição de acabar com a democracia por meios legais e pacíficos. Não se trata de uma *meta-norma*. É um complemento ao conceito da Lei Fundamental como regra positiva de reconhecimento que, na ordem do Estado, ela atribui a si mesma (como anunciado no capítulo três). Além de possuir uma atribuição de poderes para resolver a maldita ruptura da ordem constituinte, ela também estabelece o cidadão como uma pessoa legitimada para assumir a defesa da Lei Básica.

No artigo 36 acima mencionado, o princípio democrático está constitucionalizado para o final dos tempos. As forças do diabo antidemocrático poderiam alterar e conspirar contra a validade do método democrático da CFA, mas não poderão interromper sua "legalidade", que permanecerá ultra ativa apesar dos desenhos dos franco-atiradores e seus execráveis aliados, juntamente com a incombustível firmeza das diretrizes da Lei Fundamental, incluindo o próprio princípio democrático casado em sua textura.

As regras constitucionais devem levar adiante uma administração da força estatal; ergo, agora, uma ou qualquer força não regulamentada, a própria força não pode ser objeto de veneração constituinte. É, portanto, uma regra legal pura, inteira e robusta que se refere especificamente a "atos de força [...] contra o sistema democrático". A tarefa básica do artigo 36 é servir como regra de defesa do princípio democrático dentro da própria CFA.

O artigo 36 define claramente o significado da CFA: um instrumento para tentar racionalizar o exercício da força do Estado e para realizar um possível governo da cidadania. Este artigo cobre com graça o presente e o futuro dos argentinos. Para um instrumento antidemocrático nunca poderia encontrar uma base na mais alta regra da Argentina. Ele estabelece o próprio processo de emanação legal, e ao se conceder, conjenturalmente, o poder absoluto, o próprio fundamento da democracia - a liberdade soberana do cidadão de decidir - seria renunciado. A democracia constitucional poderia ser substituída, mas o novo sistema antidemocrático, destruindo o antigo, operaria fora do paradigma de validade. Tudo é uma questão de limites e a barbárie antidemocrática deve saber disso.

Todos os esforços aqui computados são a infinita elevação da racionalidade para conter a incivilizada, antidemocrática e sua maldita incultura. Devo admitir que, diante da trágica consumação da quebra da estrutura democrática, não haverá nenhum remédio a ser aplicado ao sistema. Entretanto, a validade ultra *ativa* do princípio democrático e a normatividade da Lei Fundamental devem sempre gerar a vocação e a ilusão da "terra prometida", pois os golpistas devem saber que tudo o que fizerem será nulo e nulo em lei. Em resumo: a democracia é a estrutura da existência do cidadão, uma orientação política do Estado, "um modo de vida"[204]. Isso é tudo que existe!

---

[204] Discurso del Constituyente Convencional Juan Carlos Maqueda, *Obra de la Convención Nacional Constituyente de 1994*, Buenos Aires, Ministerio de Justicia, t. V, p. 4495.

CAPÍTULO 9: Sobre o ambiente do sistema

CONTEÚDO: Enquadramento. Uma sociedade aberta.

Emolduramento

Nos últimos três capítulos descrevi e avaliei as partes do sistema da Constituição de acordo com a "Declaração Teórica" escrita em "Inicial". Além disso, a partir da proposta teórica, afirmei que o sistema jurídico, o de uma Lei Fundamental, com as partes descritas, deveria funcionar dentro do escopo de uma "sociedade aberta". Assim, a "sociedade aberta" se comporta como o "ambiente", a periferia do sistema de constituição democrática do tipo de Estado moldado por uma Lei Básica que proporcionaria uma certa paz relativa na comunidade de cidadãos. Uma "sociedade aberta", como organizei em "Inicial", desempenharia um papel no sistema da constituição, embora, a rigor, não se possa dizer que seja uma de suas partes, mas sua coleção de estados de coisas funcionará significativamente sobre ela, e sobre o meio ambiente[205] .

Além disso, em todo o *Esboço* a menção de uma "sociedade aberta" tem sido uma referência obrigatória, na medida em que a Lei Fundamental concebida com seus ideais é para este mundo, de uma cidadania em liberdade com um desejo de igualdade, e não uma enteléquia ingrata para um futuro exageradamente utópico. Ao escrever sobre a teoria constitucional, não sei o que acontecerá em outros ramos da erudição jurídica; sinto que deve haver uma congregação de ideações tendenciosas para o futuro, que sempre empurram para o desenvolvimento igualitário e pacífico de uma comunidade. Entretanto, a contenção deve ser segura e oportuna, como procuro fazer ao longo deste documento. Por essa razão, embora este seja um "estudo da Constituição" positivo, escrito e formalizado, referências inevitáveis à "sociedade aberta" podem ser encontradas em várias afirmações desprovidas de qualquer concepção filosófica ou sociológica.

No meio das ideias deste estudo, por exemplo, o pensamento de uma "sociedade aberta" é elementar para a concepção de uma concepção dualista do mundo (ver "Inicial"). A partir de uma decolagem tão racional,

---

[205] BUNGE, Mario, *Diccionario de Filosofía*, México, D. F., Siglo Veintiuno, 2001, p. 196.

ao detalhar as peças do sistema no capítulo um, eu avancei expressamente que a sociedade aberta deve ser uma comunidade, cuja propriedade é instituída pela intangibilidade das decisões pessoais a serem tomadas por cada cidadão, uma afirmação que fulmina o absurdo. Mais tarde, no capítulo cinco, ao avaliar os destinatários das regras constituintes de um Estado e decidir sobre o fato incontestável de que eles devem ser todos cidadãos, fica demonstrado que o raciocínio só será viável em uma sociedade aberta, ou seja, uma comunidade que deve ser guiada sem tabus ou líderes previdentes. Esta afirmação também é desenvolvida no capítulo seis, pois afirmo a necessidade imperativa de uma comunidade aberta de apoiadores e realizadores do sistema da Constituição, uma odisséia que deve incluir todos os cidadãos.

Também no sexto capítulo, ao examinar as peças do sistema da Constituição, em uma das "partes" de sua "composição" - o desenvolvimento dos direitos, bens e deveres fundamentais - eu postulo uma sociedade aberta como o clima propício para que os diferentes episódios de tais magníficos eventos ocorram. Imediatamente, dentro do mesmo fragmento da dissertação sobre as partes que compõem a "composição do sistema da Constituição", aponto para a existência de poderes corporativos, no século XXI, que exerceriam seus poderes fora do sistema da Constituição e colocariam seus fundamentos, pelo menos, em falhas muito graves em seus fundamentos.

Finalmente, no oitavo capítulo, ao discutir a estrutura democrática, observo que tal método é quase exclusivamente possível apenas no âmbito de uma sociedade aberta a todos os cidadãos para que possam participar ativamente na criação e manutenção da ordem jurídica. Neste capítulo, gostaria de discutir outras considerações sobre a sociedade aberta, em particular uma definição da mesma e a conexão entre o grau de justiça social e a construção de uma paz duradoura e estável.

Uma sociedade aberta

Modelos contemporâneos de "estado" são apresentados e desenvolvidos com uma comunidade humana que é ordenada através de certos padrões de associação política. O Estado implica um aparelho de controle e dominação, centralização do poder e gestão discricionária da economia, finanças, meio ambiente, saúde, cultura, educação e cultura. Uma entidade que, em uma concepção estritamente jurídica, tem uma cidadania que habita e vive dentro de um território delimitado no qual o poder soberano é exercido, tudo baseado em uma Regra Altíssima. Este modelo de sociedade política e jurídica, que deve ser enfiado numa comunidade de cidadãos igualmente livres, deve, por meio de sua lei fundamental que constitui sua constituição, favorecer um controle responsável de uma paz duradoura e relativa. Como sistema de congregação da cidadania, o Estado é a entidade mais numerosa inventada pelo homem.

A sociedade política e jurídica chamada "Estado" tem que coexistir com uma sociedade aberta da qual sua origem e a justificativa para seu desenvolvimento surgiria. Toda sociedade é o ambiente de um Estado e sua lei fundamental. A sociedade civil não deve ser dissolvida ou anulada.

Há ideações que são imbatíveis, particularmente quando a sobriedade e o rigor científico são completados em uma única frase. Uma dessas ideias, a oratória sobre uma "sociedade aberta", foi concebida por Karl Popper:

> Se quisermos permanecer humanos, então só há um caminho a seguir, o da sociedade aberta. Devemos prosseguir no desconhecido, no incerto e no instável, usando qualquer razão que possamos reunir para nos proporcionar a segurança e a liberdade às quais aspiramos.[206]

A "sociedade aberta" é uma congregação mais ou menos estável de cidadãos, uma comunidade civil na qual cada um deles deve ter e estar garantido o poder de pensar, planejar e realizar todo o seu itinerário pessoal e existencial, sem nenhuma outra influência que não seja a de sua própria deliberação, elaborada com razões para agir. Uma sociedade aberta, naturalmente, é absolutamente o oposto de uma sociedade fechada, na qual, sob qualquer mecanismo irracional, despótico ou totalitário, a individualidade do cidadão seria anulada e um projeto com traços autoritários ou decididamente absolutistas seria perseguido.

O Estado e uma sociedade civil aberta são dois conceitos diferentes que devem ser integrados, embora isso muitas vezes não seja exatamente o que acontece na realidade. O Estado deve ser alimentado pela sociedade, mas nunca deve fazê-la desaparecer ou aspirar à sua absorção[207]

---

[206] V. POPPER, Karl, *La sociedad abierta y sus enemigos*, Madrid, Paidós, p. 195.

[207] Juan Carlos Cassagne nos lembra a necessidade do princípio que defende a sobrevivência do dualismo "sociedade-Estado": "... a tentativa de diluir a sociedade no Estado contém uma boa dose de totalitarismo, na medida em que elimina a espontaneidade, que é a base indispensável para o desenvolvimento da iniciativa privada,

. A sociedade civil deve ser nutrida e plenamente beneficiada pelo sistema de regras do Estado que induziriam e garantiriam a coexistência pacífica.

Uma comunidade civil aberta é um modelo além dos modelos. Ela deve se encaixar no ambiente do sistema da Constituição, sendo composta por cidadãos que devem exercer, em liberdade e igualdade, suas razões para a cidadania e a construção da sociedade política. Tal sociedade aberta é o ambiente emblemático de um Estado do tipo constituído por uma lei fundamental que promove a paz. Ao mesmo tempo, seriam as Regras Altíssimas da entidade que deveriam dar um caminho rentável às determinações pessoais livres de cada cidadão. O caminho entre os caminhos!

Do ponto de vista exposto no parágrafo anterior, parece que, uma vez constituído o Estado, centralizado e seu aparato de poder regulado, o próprio monopólio de força que seria produzido poderia talvez gerar uma atmosfera de liberdade. Certamente, no quadro acima mencionado, o cidadão é livre e exerceria sua liberdade, em todas as suas fases, em sua franca relação com o Estado. O cidadão é livre em sua relação com o Estado; desde que a cada cidadão seja atribuído o mesmo fragmento de liberdade igual, pode-se afirmar que a liberdade é estabelecida legalmente com boas razões. Em outras palavras: os cidadãos devem ser politicamente livres, pois, em sua relação com outros cidadãos e com o próprio Estado, em todos os níveis, a liberdade seria distribuída igualmente por toda a sociedade política.

No entanto, este clima de características igualitárias de liberdade política do cidadão em seu assentamento na sociedade política (o Estado) pode ser severamente alterado e também prejudicado se o mesmo cidadão, na sociedade civil, não for reconhecido como tendo características similares de igualitarismo. Um cidadão que, para sobreviver, deve ser submetido ou escravizado às regras dos poderes econômicos e financeiros é um cidadão politicamente livre, mas não é, de forma alguma, socialmente livre[208].

A liberdade política e jurídica do cidadão diz respeito à construção do Estado. A organização da sociedade civil também envolve todos os seres humanos, pois todos eles, como seres sociais, devem assumir racionalmente a organização e um certo grau de comunhão. A redução do

---

deixando exclusivamente ao Estado a tarefa de moldar a ordem social, invertendo o princípio da subsidiariedade". CASSAGNE, Juan Carlos, *Derecho administrativo y Derecho público geral. Estudios y semblanzas*, Montevidéu - Buenos Aires, BdeF, 2020, pp. 4-5.

[208] BOBBIO, Norberto, *Igualdad y liberad*, Buenos Aires, Paidós, 1993, p. 143.

homem pelo homem, a subjugação na esfera da sociedade civil, que com seu aparato produtivo delineia ou entrega padrões e resultados completamente distorcidos de uma ideia mínima de justiça social, não deve ser o ambiente de um sistema constitucional.

A falta de liberdade social, fomentada e sustentada por critérios arbitrários e discriminatórios de acumulação econômica e financeira, não deve ser o ambiente de uma sociedade aberta, pois seria inundada pela injustiça na distribuição de bens comunitários. Nada deve crescer, porque nada pode crescer sem a semente da justiça social. A desigualdade escandalosa, arrepiante, perversa e desumana que afeta a esmagadora maioria das sociedades civis sul-americanas, no que diz respeito à riqueza e aos bens (mentirosos e criados), que privilegia injustamente uma minoria notável, reduzida e escolhida, instala uma diversidade que mais cedo ou mais tarde, sempre, acaba explodindo em detrimento da paz alcançada, aqui, com a injustiça social.

O desenvolvimento da paz, como discuto no próximo capítulo, só pode ser melhorado por programas robustos, sustentáveis e duradouros que eliminem ou reduzam a cruel injustiça social que exclui os cidadãos de desfrutar de sua plena cidadania. O verdadeiro mal-estar na América do Sul é o indisfarçável mal-estar de seus cidadãos no e com o Estado. Sem justiça social, o desenvolvimento racional e hegemônico de uma paz relativa e duradoura na comunidade será muito complexo.

Portanto, observe a influência significativa do ambiente do sistema da constituição. Os limites de uma Lei Fundamental que assegura a paz, mas dentro de uma sociedade política cuja sociedade civil não fortalece a inclusão social e o desenvolvimento humano, significaria que algumas de suas possibilidades regulatórias da Regra Altíssima poderiam desaparecer. A unidade política do Estado, fundada pela Constituição, pacificada por ela e monopolizando o uso da força, também exige um senso de solidariedade comprometida na sociedade aberta de seus cidadãos. A ausência de solidariedade na comunidade cívica leva à manifesta desigualdade e à exclusão de um fragmento muito importante da cidadania do gozo de serviços e bens vitais que jazem ou que serão criados.

O quadro de injustiça é ainda exacerbado pela presença ativa e voraz de centros de poder corporativos financeiros, econômicos e de mídia: "poderes/potências selvagens"[209] . São poderes sem regulamentação legal,

---

[209] FERRAJOLI, Luigi, *Poderes salvajes: La crisis de la democracia constitucional*, Madrid, Trotta, 2011, pp. 45-46.

que afirmariam uma regressão ao estado da natureza e implicariam a negação da lei e, em seu lugar, o poder dos mais fortes, uma "liberdade selvagem e sem lei"[210] . Entidades muito poderosas, que não possuem um território soberano, mas exercem seus poderes não regulamentados acima e abaixo do poder regulamentado do Estado. Estes poderes têm uma constituição: a maximização de sua riqueza e o aumento da exclusão. Nós, sul-americanos, certamente não estamos sozinhos no mundo. Também somos confrontados por poderes hegemônicos, selvagens e planetários, portadores de idéias neocoloniais perturbadoras[211] que visam apenas mais dominação e mais injustiça.

Um sistema da Constituição, a fim de valorizar e promover a paz na comunidade política, como lemos abaixo, é obrigado a contemplar que em seu "ambiente" a injustiça na sociedade civil deve ser enfrentada, superada e resolvida. Em uma sociedade civil desigual, o ambiente de um sistema de sua Constituição, uma garantia da "igualdade jurídica inerente ao respeito pela dignidade da pessoa" deve ser imaginada[212] .

A justiça social pode procurar reduzir a mortificação que muitos cidadãos sofrem e sofrerão. Pensar em justiça social significa tentar transformar uma realidade da sociedade civil. A justiça social é uma ideia reguladora em mudança; o sol é e sempre será o sol, mas não aquece o mesmo nos pólos que aquece nos desertos. Cada comunidade de indivíduos deve buscar, desenvolver e manter sua própria comunidade, com um assento indisponível na liberdade de cada um deles para decidir e determinar seu presente e seu futuro. Esta igualdade social em liberdade é, por sua vez, baseada na dignidade individual de cada ser humano. O Estado constitucional, que em seu ambiente tem uma sociedade aberta, deve assegurar que cada indivíduo possa desenvolver livremente seu plano de vida escolhido sem interferência de qualquer tipo, pois é justamente aqui que a entidade é legitimada, em sua mais estrita natureza jurídica. A crescente desigualdade social é um obstáculo que impede o próprio plano escolhido, uma vez que pode comprometer a paz relativa e duradoura.

---

[210] KANT, Immanuel, *La metafísica de las costumbres*, Madrid, Tecnos, 2008, p. 146.

[211] V. ZAFFARONI, E. Raúl, *El derecho latinoamericano en la fase superior del colonialismo*, Buenos Aires, Madres de Plaza de Mayo, 2015, pp. 24-25.

[212] ZAFFARONI, E. Raúl, "Derecho, derecho penal humano y poder financiero" (Conferencias de Guatemala), inédito, gentilmente cedido pelo autor, agosto de 2016, p. 49.

Nossas comunidades sul-americanas enfrentam uma desigualdade social arrepiante. Seus cidadãos podem ser politicamente livres, mas nem todos são tão livres socialmente, porque uma grande parte não desfruta de cidadania plena, dada a exclusão social que os condena. Reduzir a condenação da desigualdade é uma questão de reunir todos os esforços de "solidariedade", na máxima extensão de habilidades e recursos, para que a inclusão na sociedade seja um ensaio bem-sucedido e não uma frágil peregrinação discursiva.

Dentro de uma sociedade aberta, as decisões que visam a igualização fundamental da cidadania devem ser chamadas a promover a inclusão mais robusta. O bem-estar geral de todo e qualquer cidadão de uma sociedade aberta sem dúvida fortalecerá a paz de uma comunidade. A igualdade social é uma dívida pendente que martiriza o presente e molda um futuro cheio de desvantagens para a maioria dos cidadãos em nossas sociedades civis. Dois modelos de comunidade estão se confrontando, e na maioria das vezes lutam entre si: uma comunidade inclusiva, com cidadãos cuja pretensão geral é um certo grau de igualdade; e uma exclusiva, com uma cidadania de baixa ou nenhuma intensidade para os despossuídos e de alta intensidade para aqueles que desfrutam de todas as vantagens[213] . Em suma, a pobreza e a vulnerabilidade social no ambiente do sistema constitucional não estimulam uma sociedade de cidadania aberta.

A redação do sistema de Constituição é linguagem e coerção. Sem palavras escritas, não há um discurso dominante. Sem normatividade, a Lei Fundamental não impõe nem a unidade da ordem jurídica nem sua gradação ou gradação, e sua escrita permanece em adiamento, transitória ou eterna. Ora, nenhum ato constitucional, por si só, determina a expansão ou contração de fatos políticos, sociais, culturais e econômicos, nem estabelece a igualdade fundamental entre seus habitantes. O verdadeiro e significativo predicado de uma sociedade aberta, no ambiente do sistema da Constituição, deve ser uma comunidade que, com um grau razoável de inclusão, suficiente e com um grau de justiça social, estimule a plenitude da cidadania e autorize a sustentação da paz, cuja missão fundamental é discutida no próximo capítulo.

---

[213] V. ZAFFARONI, E. Raúl, *El derecho latinoamericano en la fase superior del colonialismo*, op. cit.

CAPÍTULO 10: A PAZ COMO UMA MISSÃO

RESUMO: Enquadramento. Paz relativa.

Emolduramento

As considerações sobre a paz podem ser encontradas em várias passagens deste *Esboço*. Recordar, por exemplo, em "Inicial", quando olho para a paz como uma "invenção social". Na "Declaração Teórica" eu identifico a paz como uma "missão", uma pregação poderosa que deve ser cumprida através do sistema da Constituição. Então, no capítulo cinco, observo que a paz deve ser o fundamento de todos os "processos públicos" prefigurados no capítulo um. Ao examinar os mecanismos de garantia, no capítulo seis eu postulo, nos termos mais completos possíveis, que as peças do sistema de Regras Altíssimas devem ser dobradas para a determinação e a realização da paz.

Há fortes razões para lidar com a paz, antes das observações finais. A paz poderia encontrar regulamentação em algumas das regras específicas do sistema da Lei Básica. De fato, uma grande expectativa política e jurídica seria que tal episódio normativo ocorresse no corpo da lei constitucional. Entretanto, deve-se notar que a tese defendida aqui é que todas as regras do sistema da Constituição, como um todo e com abstração de uma determinação normativa, devem ser consideradas como a regulamentação da paz, a diretriz de um bem sobre os bens[214]. Além disso, essas regras constitutivas do Estado, que devem orientar e proteger todos os processos públicos regulamentados pela Lei Fundamental, mostrarão que elas também devem necessariamente levar ao cumprimento da paz.

Paz relativa

---

[214] Por outro lado, Arturo Sampay propôs que o fim natural da Constituição deveria ser o de fazer "justiça". SAMPAY, Arturo, *Constitución y pueblo*, Buenos Aires, Cuenca, 1974, p. 64. O debate será interminável, mas, a meu ver, a paz promove, provê e assegura a existência viva de todas as pessoas.

No mundo da natureza, a existência tem sido e continuará a ser imposta e ordenada, enquanto as condições de vida na Terra forem mantidas. Os animais do mundo são provavelmente "felizes enquanto estiverem saudáveis e tiverem o suficiente para comer"[215]. Em contraste, os seres humanos buscam compreensão mundial e observação segura: com a orientação de sua razão sempre perfeita e o apoio de sua experiência sempre-verificável, eles tentarão exercer e desenvolver um certo tipo de domínio sobre o mundo, para torná-lo, talvez, mais acolhedor e sujeito à transformação.

A vida de um ser humano é um bem maravilhoso, esplêndido e inalienável. Esta vida deve ter sempre um lugar e um tempo para se desenvolver e se desenvolver: com os outros e por um período específico. Existir e viver a vida significa coexistir e viver junto com outros seres humanos. Uma das condições para a coexistência humana é o banimento da "força bruta"[216] e a eliminação, redução ou contenção da esfera daqueles que são julgados mais fortes ou que possuem ou possuem qualquer forma de brutalidade. Sob tais premissas, uma coexistência humana seria possível quando os membros de uma cidadania, como um todo, unissem seus poderes individuais, cada um com igual contribuição e dessem à luz um artifício, a Regra Máxima para a ordenação da entidade comunitária.

A harmonia e o equilíbrio comunitário só podem ser alcançados em paz, ausência de guerra e regulamentação da violência por meio, basicamente, da lei básica do Estado. Toda a ideia deste *Esboço* compreende a linguagem da lei constituinte do Estado como um instrumento legal para a paz. A linguagem do sistema constitucional contém um texto fundamental para a existência pacífica dos cidadãos e servidores públicos.

As comunidades de seres humanos podem ser ordenadas em liberdade ou sem ela. No primeiro, deve-se ter em mente o respeito total pelo outro; que ninguém é prejudicado, ou que todos podem ter certeza de que não serão prejudicados pelo outro; este assunto de alteridade pode ser chamado de "cidadão" ou "poder do Estado". O dano ao cidadão pode ser cometido pela invasão de sua esfera soberana de liberdades, ou porque as autoridades criadas para a governança da comunidade excedem ou abusam de seus poderes rigorosamente regulamentados. É por isso

---

[215] RUSSELL, Bertrand, *La conquista de la felicidad*, Barcelona, De Bolsillo, 2003, p. 21.

[216] FREUD, Sigmund, *El malestar en la cultura*, Madrid, Alianza, 2010, pp. 65, 86-87.

que a prioridade e a missão mínima que uma lei fundamental deve ter, seu significado crucial, é determinar, concordar e manter a paz. Ela não deve ser justiça ou bem-estar. Estes fins podem ser posteriores, é claro, mas o objetivo primário da Lei Constituinte do Estado é a realização da paz, pois sem paz é absolutamente impossível alcançar qualquer das situações ideais nas quais os seres humanos procuram existir com dignidade[217].

A paz é o fim mínimo da ordem jurídica determinada por uma lei fundamental[218]. A paz é a condição necessária e indisponível para qualquer outro fim: liberdade, igualdade ou fraternidade: "O fruto da justiça é semeado em paz para aqueles que fazem a paz"[219]. A Lei Fundamental deve instituir uma ordenação da paz relativa de uma comunidade. Entretanto, a regulamentação consistente ou perpétua da paz deve ser impossível ou muito complexa em uma sociedade com índices e níveis marcados de vulnerabilidade, exclusão, subjugação e pobreza.

O Estado constitucional é o único instrumento que pode utilizar a razão pública e a experiência humana (através de seus funcionários públicos e cidadãos) para obter uma certa pacificação relativa em sua comunidade de cidadãos. Uma paz "relativa" a uma determinada comunidade, uma expressão de sua soberania política e autodeterminação cidadã. Também é "relativo" porque a força não desaparece no Estado de direito. Precisamente, espera-se que a lei fundamental institua sua primazia e regra inalterável de reconhecimento, a fim de legitimar a administração racional da força que ela deve se concentrar e monopolizar no Estado.

A paz, no contexto descrito acima, é a situação em que, por convicção e determinação, num Estado constituído por uma Lei Básica, a violência não é utilizada sem uma regulamentação centralizada e

---

[217] BOBBIO, Norberto, *El problema de la guerra y las vías de la paz*, Barcelona, Gedisa, 2008, pp. 96-97.

[218] Em 1872, R. von Ihering o estabeleceu de forma decisiva: "[P]eace é o fim da lei, a luta é o meio para alcançá-la". IHERING, Rudolf von, *La lucha por el Derecho*, Madri, Librería General de Victoriano Suárez, 1921, p. 2. E. Raúl Zaffaroni disse: "[L]aw é sempre uma luta e é política e, embora a paz não seja conquistada com guerras, não é menos verdade que é conquistada com lutas, que não precisam ser violentas, mas também legais, como a denúncia, já que nossa ferramenta é o discurso, que todas as ditaduras temem e, portanto, o reprimem". ZAFFARONI, E. Raúl, "El totalitarismo plutocrático corporativo", *Página 12*, 12/8/2017, p. 40.

[219] Epístola de Tiago, 3.18, *Bíblia Sagrada*, ob. cit., p. 1407.

monopolizada. É uma questão de força legitimada na determinação reguladora da Lei Básica, cujo uso será por meio de autoridades que exercerão seu serviço de acordo com os cânones da lei ou designações instituídas, também, na e pela Regra Altíssima.

Com o sistema da constituição e seus processos públicos, uma paz relativa, não absoluta, pode ser alcançada, já que o indivíduo ou grupo de indivíduos é privado do uso de violência não regulamentada. Para este fim, os órgãos são concebidos e dotados de competências específicas e delineadas para a organização da vida na comunidade estatal. Uma paz que pode ser definida como a "inexistência" de uma relação de conflito caracterizada pelo exercício de uma violência duradoura e organizada[220] . No campo semântico desta linguagem, a paz é a ausência de conflito armado. No entanto, sem minimizá-la, prefiro a reflexão sobre "paz" na medida em que "evita o maior dos males, a morte violenta", e o bem ao qual aspira é o "bem da vida"[221] , o maior dos bens. Talvez seja por isso que é tão considerado nos estudos dogmáticos da ciência jurídica apontar outros tipos de bens: justiça, bem-estar... Na realidade, a condição mínima é evitar este mal; deve-se buscar sua eliminação ou pelo menos a ilusão de que o conflito armado, que traz consigo a morte violenta e todo tipo de outros males e castigos predatórios ou degradantes à própria essência da vida humana, poderia ser reduzido a sua expressão máxima.

Como eu já sugeri, a paz obtida pela Lei Fundamental no topo da ordem jurídica do Estado não é a ausência de força. O monopólio da força na entidade é instituído pelo acordo de uma comunidade de cidadãos. Esta será a legitimação constituinte para a administração e o exercício da força do Estado. De acordo com este entendimento, deve ser entendido que o uso da força será sempre vinculado e regulado por regras legais constituintes. A ausência de regras sobre a força significa a proibição de seu exercício. A lei constituinte do Estado, assim como regula o princípio da democracia, também estabelece o princípio da paz: a força sem regulação é a negação da Lei Fundamental[222] . Portanto, neste nível, a paz é a expectativa de um uso sempre regulado da força, e a desregulamentação no exercício da força nunca deve ser aceita. A proposta do Estado Constitucional será estabelecer leis válidas e eficazes

---

[220] BOBBIO, Norberto, *El problema de la guerra...*, ob. cit., p. 164.

[221] Ibid., p. 174.

[222] FERRAJOLI, Luigi, *Principia iuris: Teoría del derecho y de la democracia*, t. I, Madrid, Trotta, 2011, p. 445.

que ponham fim ao conflito, regulem a força e, assim, tragam e mantenham a paz. Em resumo, a paz não é a ausência de força; ela se constitui no monopólio regulado da força estatal, em favor da comunidade de cidadãos que a compõem para favorecer sua coexistência.

O princípio da paz, que estabelece uma expectativa do uso não regulamentado da força, inaugura solidamente o critério de demarcação entre o estado constitucional de direito e o estado brutal de não-direito. Este último, estado policial e beligerante, caracteriza-se pela existência de um uso não regulamentado da força e pela inexistência de limites para enquadrar o uso da força de forma racional e normativa.

O sistema da Constituição, ao estabelecer seus processos públicos, cumpriria a função mais responsável das formas de direito: incentivar e desenvolver a paz - a garantia de existência com vida para todos os cidadãos! Assim, a convivência em paz é um requisito elementar para a criação e manutenção de uma comunidade política e a condição necessária para o desenvolvimento da liberdade e da igualdade. A ordem do Estado constitucional, que deve garantir a paz relativa na comunidade, em igualdade para todos os seres humanos, estabelece uma mutualidade que abre a abençoada possibilidade de "viver em harmonia"[223] .

O modelo proposto, a paz através da regra ininterrupta de uma lei fundamental, embora definindo até certo ponto a unidade soberana do Estado, não discerne por si só as condições para uma vida digna, nem determina as oportunidades de participação na vida pública para os cidadãos que compõem o povo do Estado. A prosa do sistema da Constituição, sua expressão objetiva colocada no mundo (que muitos apelidam de "positiva"), visa determinar marcos para colaborar com ilusões sobre a esperança de uma coexistência pacífica na qual todos os cidadãos desfrutem ou possam desfrutar do quase inatingível "bem-estar geral"[224] , numa sociedade de cidadãos iguais e não apenas em liberdade.

A fonte de legitimação legal do Estado deve ser sua Regra Máxima. Portanto, para que todos os seres humanos possam coexistir na vida em conjunto, eles devem se comprometer com uma carta aberta de tolerância consistente e respeito auto sacrificial, geralmente instituída em uma Lei Fundamental. Tais cartas assim instituídas serão o melhor mecanismo

---

[223] SPINOZA, Baruch, *Tratado político*, Madri, Alianza, 2013, p. 149.

[224] CASSAGNE, Juan Carlos, "Bien común e interés público, fines del Estado", *La Nación*, 17/1/2022, p. 27.

para a paz, pois implicam a proibição estrita de causar ou provocar dano ao outro e o encorajamento categórico para ajudá-lo sempre que possível.

As regras de uma Lei Fundamental não são capazes de conter ou interromper uma guerra ou um conflito com tal nome. Uma rebelião diária e ecumênica contra a guerra deve ser exercida: a rebelião humana é expressa por "um homem dizendo não"[225] ; neste caso, "*não* à guerra". Deve ser detida. Sempre! Recusar a guerra, repudiá-la energética e inabalávelmente, significa abrir a existência da paz em todos os espaços e em todos os momentos do mundo. Onde as bombas caem, os ataques acontecem, não há palavras e o discurso está terminado; a possibilidade de orientar a existência com base na razão é cancelada.

Quando um Estado invade outro Estado soberano e desencadeia o mal, a guerra é inaugurada; a quebra da paz e a infringência da morte são atos criminosos. Qualquer um que prepara, participa, oculta ou de qualquer outra forma planeja ou patrocina a morte, promove a invasão ou ocupação militar de países, com bombardeios, torturas, danos, ferimentos e assassinatos de outros, deve ser tratado como um criminoso de guerra com todo o peso do princípio universal imprescindível para o processo e julgamento com base no direito internacional público e no direito penal, sem fronteiras estaduais.

A linguagem da Lei Fundamental deve ser um código para a paz. Entretanto, deve-se admitir que existem Estados que proclamam a paz, mas declaram guerra e invadem novos países a cada ano. Eles procuram fortalecer seu próprio poder imperial e maximizar a concentração da riqueza, mesmo que afirmem o contrário e queiram fazer as pessoas acreditarem que estão na posse da razão absoluta, quando na realidade, com suas idéias e suas máquinas, estão desenvolvendo uma ideologia bélica e assassina.

Um dos maiores pensadores da história, Erasmo de Roterdã, acreditava que a paz era encontrada na natureza. Assustado com o flagelo da guerra, ele escreveu provavelmente há 500 anos um *encomium* citando *Silius Italicus*: "Paz, o melhor de todas as coisas que a natureza deu ao homem"[226] . Lamento que a concordância não se encontre na natureza ou na condição natural do homem, como propôs Erasmo, já que a natureza da paz é artefatual, um objeto de criação inteiramente humana. Mas estou

---

[225] V. CAMUS, Albert, *L'Homme révolté,* Paris, Œuvres, Gallimard, 2013, p. 854.

[226] V. ERASMUS DE ROTTERDAM, "Querella de la paz. De cualesquiera pueblos echada y derrotada", em *Obras escogidas*, Buenos Aires, Aguilar, 1964, p. 972.

convencido de que é o melhor de todos os estados de coisas em que a existência vital do ser humano pode se desenvolver. Além disso, foi dito, com um talento magistral para o drama: "amaldiçoado é aquele que inventou a guerra"[227]. Sem postular qualquer moralidade objetiva, aqueles que conseguem sua ausência ou seu término devem ser "abençoados".

O Homo sapiens, como espécie animal, tem muitos milhares de anos na Terra, embora os fundamentos de seu progresso nos últimos quinhentos anos tenham sido indiscutivelmente muito superiores a todo o seu passado. O desenvolvimento, refinamento e difusão da escrita tem sido fenomenal para depositar e transmitir conhecimento. No entanto, o problema intransigente e assustador permanece: ou os seres humanos eliminam a guerra (externa ou interna), ou a guerra que não cessar irá cancelar a vida humana na Terra[228]. A continuidade da vida humana poderia encorajar uma melhoria nas condições de sua frágil existência, pois seu oposto - conflito armado - por mais conhecido que seja, não deixa de conter nossa rebelião em direção a seus chocantes resultados: cadáveres, estupro, tortura, deslocamento, pobreza e exclusão.

Gostaria de lembrar, mais uma vez, de Erasmo, nosso humanista: "Somente ao animal humano é dado o discurso, o principal conciliador de amizades"[229]. No corpo deste texto eu devo sentir uma afinidade com propósitos tão nobres. Minhas palavras estão ordenadas para a paz. A paz de uma República com seus cidadãos dedicados à benevolência mútua e à concórdia que emerge de um compromisso inalterável de tolerância

---

[227] MARLOWE, Christopher, *Tamburlaine the Great*, Part. I, Act II, Cena IV, "Accurs'd be he that first invented war", disponível em http://www.gutenberg.org/files/1094/1094-h/1094-h.htm#link2H_4_0010, acessado em 21/3/2022.

[228] NASCIDO, Max; BRIDGMAN, Percy W.; EINSTEIN, Albert; INFELD, Leopold; JOLIOT-CURIE, Frédéric; MULLER, Hermann J.; PAULING, Linus; POWELL, Cecil F.ROTBLAT, Joseph; RUSSELL, Bertrand e YUKAWA, Hideki, *Russell-Einstein Manifesto: Uma Declaração sobre Armas Nucleares divulgada à imprensa no Caxton Hall*, Londres, 9 de julho de 1955: "Convidamos este Congresso, e através dele os cientistas do mundo e o público em geral, a subscreverem a seguinte resolução: Tendo em vista o fato de que em qualquer futura guerra mundial as armas nucleares seriam certamente utilizadas e que tais armas ameaçam a continuidade da humanidade, instamos os governos do mundo a compreenderem e reconhecerem publicamente que seus propósitos não podem ser alcançados pela guerra mundial, e os instamos, portanto, a encontrarem meios pacíficos para resolverem todas as questões de disputa entre si", disponível em http://www.filosofia.org/cod/c1955rus.htm, acessado em 21/3/2022

[229] ERASMO DE ROTERDÃ, "A disputa da paz". De qualquer povo expulso e derrotado", ob. cit., p. 968.

recíproca. Demonstro minha intransigência, revolta total, completa insubordinação, absoluta desobediência e rebelião contra a guerra ou qualquer conflito armado ou similar, interno ou externo, que anula a vida humana, como o fez e faz o encontro violento, a beligerância armada entre os seres humanos.

Observamos frequentemente que quase todos os objetos inventados pelo ser humano têm um "manual do usuário". O sistema da Constituição do Estado é também, em grande medida, um objeto tecnológico que, no entanto, não contém um manual do usuário, porque ele mesmo é o "manual do cidadão" para o desenvolvimento e manutenção de um constitucionalismo pacificador. O nascimento, desenvolvimento e preservação da vida humana é a ideia principal destes escritos. Para isso, a eliminação radical da guerra é "nosso problema supremo"[230] . Nenhuma outra ideia tem maior supremacia do que esta. Nenhuma solução está concentrada aqui. São, no entanto, judiciosamente, diretrizes básicas para a construção da vida comunitária em um quadro de paz relativa e estável, sem poupar rebeliões contra todos aqueles que no século 21 persistem na maldição da guerra.

Uma das melhores maneiras de ancorar o presente e lançar luz sobre o futuro deveria residir em ter lucidez suficiente para agir energicamente e reunir, definitivamente, a ideia dos cidadãos de que as Constituições, em princípio, são "manuais para uma busca comunitária de paz relativa". Com dramática certeza, a vida política de qualquer comunidade de cidadãos sempre se desdobrará em um imaginário de conflitos, cuja totalidade nunca será completamente resolvida; pior ainda, muitos nunca serão sequer abordados seriamente. Sem ambições excessivas, um "constitucionalismo cidadão" que simplesmente busca a paz relativa permitiria a ilusão de processos públicos para evitar que os conflitos prossigam sem uma regulamentação normativa. Nada disso é baseado na fé.

Não há explosão mais temerosa e sem sentido do que a ausência de paz. Não há experiência mais atroz e prejudicial do que a guerra. A negação da paz desumaniza o ser humano e o torna impróprio para uma existência digna. Sem paz, a terra se torna um lugar desprovido de hospitalidade. O mal que a guerra causa, o conflito bélico duradouro e sem coração, é incurável e imperdoável. Ela sempre nos coloca em um caminho sem fim.

---

[230] Ver KELSEN, Hans, *La paz por medio del Derecho*, Buenos Aires, Losada, 1946, p. 47.

Não acredito em nenhuma divindade metafísica providencial de paz que cure o homem do mal da guerra. A experiência deste último o transforma em um ser incivilizado, doente, murcho, nulo e efêmero. Portanto, sinto que somente a paz pode valorizar a verificação e consagração da hipótese ou afirmação capital: a possibilidade concreta de realizar um plano de existência de uma vida digna com suficiente conhecimento, neste tempo e espaço de nosso mundo.

O sistema da Constituição, apesar de ser nossa única narrativa imperfeita, é o único artefato que, com seus processos públicos orientados para a paz, pode fornecer uma resposta para evitar a guerra. A única providência racional é a Lei Fundamental e seus processos, cuja religiosidade - "exatidão em fazer ou cumprir algo" - aproxima o ser humano e a comunidade da paz, que cada um deles, com individualidade soberana, deve determinar e merece ser incluído sem qualquer discriminação arbitrária.

A paz, uma convenção feita por seres humanos, deve ser a missão fundamental de uma Regra Altíssima que tentará fundar, proteger e promover as existências vivas de todos os cidadãos de uma comunidade estatal. Uma Lei fundamental para a fundamentalidade de uma paz comunitária relativa e duradoura!

FINAL

Isto nos leva ao fim. Recordemos, mais uma vez, o *incipit: existe uma ideia de Constituição?* Justifiquei suficientemente a posição dualista. Assim, existe um mundo natural, um todo animado pela vida. Os seres humanos fazem parte do elenco da natureza e, com suas razões e experiências, eles geram artefatos e continuarão com sua invenção. Não existe um abismo entre o mundo da natureza e as convenções dos seres humanos, mas também não se deve julgar que é apenas uma ilusão que os separa. É por isso que a distinção entre o mundo do ser e o mundo do dever é uma categoria nodal deste estudo, que incentiva, a todo momento, o estabelecimento de laços entre eles, em vez de detectar ou fingir separações terminais.

Em 1795, Pierre Simon de Laplace celebrou um ideal de "determinismo". Ele pensava que "... uma inteligência que num determinado momento conhecia todas as forças que animam a natureza", incluindo "a situação de todos os seres" nela, e que também poderia submeter tais dados à análise, "poderia abraçar numa única fórmula os movimentos dos maiores corpos do universo e os do átomo mais leve". Nesses casos, "nada seria incerto para ele, e tanto o futuro quanto o passado estariam presentes diante de seus olhos"[231] . No que diz respeito à organização da vida dentro do Estado, a ideação que estou apresentando aqui, como uma declaração teórica sobre o sistema da constituição do Estado, visa fortalecer, com sua originalidade e fundamento, a discussão científica no conhecimento constitucionalista. A única possível - e "muito fraca" - "determinação" é elaborar uma Constituição, um artifício que tentará governar a inevitável e inextinguível indeterminação que rege basicamente a existência humana.

Primeiro. O *Esboço* contém os contornos básicos de uma teoria: um conjunto coerente de conjecturas sobre o mesmo estado de coisas, cujas deduções e induções são cumpridas adequadamente no âmbito de um campo homogêneo. Assim, o objeto "Constituição" é isolado a fim de facilitar a abordagem e, em princípio, tenta-se uma teoria com alto grau de abstração, sem referência a uma ordem jurídica estatal específica.

---

[231] LAPLACE, Pierre-Simon, *Ensayo filosófico sobre las probabilidades*, Barcelona, Altaya, 1995, p. 25.

No caminho da teorização, o primeiro passo é reconhecer a complexidade do objeto em estudo. Assim, com sua complexidade inerente, ele é concebido como um sistema. O "sistema da Constituição" tem quatro partes: uma composição (simples declarações; direitos, bens e deveres fundamentais; poder e mudança), uma estrutura democrática, um ambiente ("sociedade aberta") e mecanismos de garantia. Todas as partes do sistema, exceto seu ambiente, são estabelecidas pela "combinação" de uma trindade de regulamentos que devem ser distinguidos apenas pela função que são chamados a cumprir: regras primárias de conduta, regras secundárias sobre competências e declarações simples.

Esta trindade combinada de regulamentos do sistema da Constituição deve orientar, incentivar e promover diferentes processos públicos voltados para o progresso e desenvolvimento da Lei Fundamental. Entre esses processos públicos estão: o primado do sistema e seu papel como regra de reconhecimento da ordem jurídica; o nascimento e desdobramento dos direitos, bens e deveres fundamentais; a governança do Estado incluindo a mudança do sistema; as garantias do sistema e a redação do princípio democrático.

O conhecimento da Lei Fundamental pode ser desenvolvido a partir de uma abordagem interna ou de uma abordagem externa; escolhi a primeira, com o consequente isolamento metódico e a elaboração de raciocínios sobre os estados de coisas que estão sendo estudados.

Segundo. O sistema da Constituição está inserido no mundo real e eficaz no qual os seres humanos transacionam suas individualidades e aspirações coletivas, que existe independentemente de sua vontade, e nunca saberá da existência de um "melhor de todos os mundos possíveis", terreno e agradável.

A Lei Fundamental é um instrumento totalmente convencional, o resultado da invenção humana. Um artifício que, com seu conjunto de regulamentos, assemelhar-se-ia a uma máquina de tempo e espaço, pois autorizaria, através dos órgãos que constituem sua lei, um valioso diálogo entre cidadãos que nunca se encontraram e nunca se reunirão pessoalmente.

É provável que no futuro sejam inventadas *máquinas novas, completamente artificiais*, que possuam arquiteturas de pensamento semelhantes ou superiores às do ser humano natural. Talvez estas máquinas sejam capazes de imitar ou superar o pensamento racional e propor critérios para a ação na comunidade. A inteligência artificial (IA), embora não haja consenso sobre sua definição unívoca, já está em nosso mundo. Entretanto, quando eu postulo o sistema da Constituição como uma máquina artificial de tempo e espaço, sem descartar a bondade e a maldade da IA, não estou pensando nisso. Estou pensando em um artifício cujo corpo jurídico escrito deve ser produzido e realizado, em sua totalidade, pela inteligência dos seres humanos sem apelo à fonte da IA, que não se sabe como será governada, mas se sente que estará sob o comando de corporações sem território. A máquina de pensar e governar tem sido, é e deve continuar sendo o ser humano, a única autoridade. Pelo menos essa é a tese que proponho neste *Esboço*, dado que a governabilidade das habilitações que a IA promoveria são indiscerníveis, inseguras e, sobretudo, injustas, sem mergulhar nos interesses daqueles que as projetam e constroem.

Terceiro. O sistema da Constituição é a "Lei Fundamental" do Estado porque, como seu quarto "elemento primordial" (a ser unido à população, ao território e ao poder), ele enraíza e justifica toda a existência e o devir da entidade. Com esta base, a Regra Altíssima autorizará e conterá todos os processos públicos. É por isso que é possível dizer que a lei estatal pode ser vista como uma "árvore"[232] . Suas raízes e tronco, suporte de toda a ordem jurídica estatal, devem ser a Constituição (e as fontes externas, DDHH, quando observam a mesma hierarquia); seus ramos seriam toda a ordem jurídica estatal que valida sua existência e conteúdo na própria Lei Fundamental.

A Regra Máxima da ordem estatal institui sua supremacia, que decide sobre uma gradação hierárquica e ranking hierárquico da totalidade da produção legal do Estado. Todos os atos e todas as normas estarão sempre abaixo da hierarquia constituinte, com exceção do DDHH, sob as condições a serem determinadas. Com este critério supremo de cumprimento obrigatório e indisponível, que estabelece as formas e conteúdos (até certo ponto) de toda a produção legal do Estado, será prevista a validade desta última. Assim, a Lei Fundamental assegura o processo público de supremacia dos constituintes e é investida como

---

[232] O trabalho *Les Principes de la Philoshophie. Première partie* de René Descartes foi publicada originalmente em latim, em 1644. Foi então traduzida para o francês em 1647. Descartes escreveu uma "Carta do autor àquele que traduziu o livro [para o francês] (que pode, neste caso, servir de Prefácio)", na qual ele argumentava que toda filosofia é como uma árvore, cujas raízes são metafísicas, cujo tronco é físico, e os ramos que brotam desse tronco são todas as outras ciências, que são reduzidas a três principais: medicina, mecânica e moral. V. DESCARTES, René, *Les Principes de la Philoshophie. Première partie*, Paris, Delalain Frères, 1885 [1647], p. 8.

regra de reconhecimento para decidir manifestamente a filiação - ou não - de todo ato ou norma da ordem jurídica do Estado.

Quarto. A concepção do cidadão como uma unidade atomística da comunidade é um argumento-chave da tese apresentada. Sem cidadania, não há lei fundamental. A cidadania é uma regularidade: igualdade na pertença e nas possibilidades de participação política e inclusão em uma comunidade. São os cidadãos, através da união de suas vontades soberanas individuais, que realizarão, por meio da representação, o momento constituinte original ou o momento de variação protocolar.

Ser cidadão implica um nível muito alto de compromisso comunitário. Entre seus direitos e obrigações, é claro, a participação ativa é elevada e adquire uma importância radical que é impossível de ignorar. Toda a participação do cidadão é e será política, porque ele ou ela está comprometido com a construção de sua comunidade. Assim, nascerá o texto escrito fundamental, uma significativa "bíblia política do Estado", pois terá que conter um modelo ideal para harmonizar e assegurar a coexistência de todos os cidadãos presentes e futuros. A lei fundamental, a "bíblia política", é a lei pura da mais alta expressão da fecundidade da pura política constituinte de um Estado.

Quinto. A linguagem do sistema da Constituição nunca será perfeita. Por esta razão, deve sempre adotar seu registro escrito. Uma eleição pelos atos constitutivos, corretamente redigidos e publicados, não tem rivalidade. A linguagem escrita dos constituintes do Estado pode ser conhecida por todos os cidadãos, e a igualdade perante a lei é assegurada[233].

Além disso, as regras contidas nessa língua constituinte são dirigidas a todos os cidadãos; talvez, a título de exceção, se entenda que existem regras dirigidas aos funcionários públicos, cuja função será sempre temporária em uma república de cidadãos iguais em liberdade. Através do sistema da Constituição, um Estado terá à sua disposição um instrumento notável, único em suas qualidades, que o autorizará a realizar todos os

---

[233] A este respeito, somos lembrados de um magnífico texto de Eurípedes: "Nada é mais inimigo de um Estado do que o tirano. Pois, para começar, não há leis da comunidade, e apenas um domina quem tem a lei à sua vontade". E isto não é igualitário. Quando as leis são escritas, tanto os pobres quanto os ricos têm igual justiça. O fraco pode responder ao poderoso com as mesmas palavras se o insulta; o inferior derrota o superior se ele tem justiça do seu lado" (EURÍPEDES, *Tragédias*, II, Suplicantes, Madri, Gredos, 2008, p. 41).

processos públicos, tendo a paz como sua missão acima de todas as missões.

Sexto. Eu nunca saberei se o universo é realmente e objetivamente o "sistema de todos os existentes"[234] . Gostaria de suspeitar ou intuir que o mundo seria o "sistema" de todos os sistemas, no qual cada sistema individual propõe e projeta relações com o resto, ou com alguns ou com alguns dos sistemas e, além disso, sujeito a condicionamentos por parte deles. O agnosticismo, em tais questões, também armadilha e não serei capaz de alcançar o "otimismo sistemista" de Mario Bunge[235] , um dos pensadores argentinos mais instruídos em ciência e filosofia. Entretanto, dentro dos limites precisos da subjetividade, proponho um sistema da Constituição composto por um conjunto de peças: "composição", "mecanismos", "estrutura" e "meio ambiente". Estudando sua "composição", são estabelecidas as quatro partes que a instituem.

Sua primeira parte é composta pelas *simples declarações* constitutivas, um dos fragmentos que compõem a composição, e isto, a integração do sistema de uma lei fundamental. Estes preâmbulos devem, com sua exclusividade e energia, cruzar o caminho das palavras constituintes. Em sua textura, eles devem reunir e combinar o pensamento objetivado do constituinte. Embora estritamente falando não sejam regras, eles adquirem positividade normativa ao coexistir com as regras primárias e secundárias do sistema, e com seus postulados devem iluminar todos os processos públicos que todo o sistema da Constituição estabelece, sempre em benefício de seus cidadãos.

A segunda parte é composta de *direitos, bens e deveres fundamentais*. Em todos os casos, eles serão instituídos por regras primárias de conduta, que darão curso aos diferentes processos públicos que autorizarão a institucionalidade de sua implantação jurídica mais ampla ou mais estreita, com a diretiva inalienável sobre seu desenvolvimento progressivo. Eles devem estar escritos na Lei Básica, razão pela qual a regulamentação positiva será indesculpável, ou pelo menos deve haver certeza indiscutível de que sua inferência pode ser feita a partir de um conteúdo implícito do sistema. Além da fonte interna sobre direitos, bens e deveres fundamentais, deve ser acrescentado o repertório do DDHH, sob as condições de conexão e segurança jurídica determinadas pela Lei Básica.

---

[234] BUNGE, Mario, *Diccionario de Filosofía*, Cidade do México, Siglo Veintiuno Editores, 2001, p. 213.

[235] BUNGE, Mario, *Filosofía política. Solidaridad, cooperación y democracia integral*, Barcelona, Gedisa, 2009, pp. 104-110.

A propriedade iluminadora, nas três categorias, será a universalidade na instituição deste precioso fragmento da Regra Altíssima, com as exceções que forem racionalmente estabelecidas.

Os direitos fundamentais, com o peso de suas razões, são poderes significativos do sujeito para exigir uma abstenção ou um benefício. Através deles, são estabelecidas plataformas reais de decolagem, trânsito e chegada, que mostrarão as possibilidades de cada direito fundamental durante sua existência, pois não são eternas.

A "Constituição é a lei das leis"[236] é um botijão de imensa hierarquia: significa que todos os cidadãos de uma comunidade, sem distinção, devem cumprir a ordem que ela estabelece. Sem o *dever fundamental* de obediência ao Direito das Leis, sua normatividade seria dissolvida e a possibilidade de estabelecer um sistema de regras para a ordenação das relações na comunidade também desapareceria. Assim, o dever fundamental da obediência à Regra Altíssima é apresentado como um dos principais deveres da cidadania. O cumprimento deste dever tem que ser apoiado pelas autoridades estatais com tarefas contínuas e confiáveis, sem pausas, para dar a conhecer o sistema da Constituição. Com a mesma hierarquia que o dever fundamental de obedecer à Constituição é o dever de não prejudicar o outro, o único campo para fertilizar e manter a coexistência comunitária.

O ser humano, a fim de desenvolver seu projeto existencial, relacionar-se-á com bens, tanto materiais como imateriais. Há mínimos e indispensáveis. Portanto, não haverá vida sem bens. A Lei Fundamental tem que catalogar um grupo desses bens. Eles serão chamados de *bens fundamentais.* Eles incluirão todos aqueles estados de coisas ou coisas que, na Regra Altíssima, são julgados como tendo uma certa relação devido a sua primazia, relevância e necessidade, e que devem ser hierarquizados em seu arcabouço jurídico. Entre estes bens fundamentais, podemos distinguir o *mais pessoal,* o *comum* e o *social;* a Lei das leis é também um bem fundamental, neste caso, um bem *coletivo,* e assim o tétrade é completado.

A terceira parte, correspondente ao poder, é organizada por regras secundárias, cuja função é atribuir poderes limitados. Esta função permite administrar, mobilizar e implementar quase todos os processos públicos autorizados pela Lei Básica. As regras secundárias devem cercar, estatuir e regular, com seu desdobramento funcional, o *poder* político do Estado. Um poder que deve ser o resultado de uma agregação ou congregação,

---

[236] ALBERDI, Juan Bautista, *Sistema económico e rentístico da Confederação Argentina, según su constitución de 1853,* Buenos Aires, Librería El Foro, 1993, p. 52.

mais ou menos completa, mas sempre aberta, das individualidades soberanas de cada cidadão.

As regras secundárias devem dividir o poder, atribuir competências, alcançar um certo equilíbrio no estabelecimento de atribuições, determinar controles recíprocos, evitar abuso e concentração de poderes, desenvolver mecanismos de responsabilidade e responsabilização e, acima de tudo, manter a dignidade humana do cidadão incólume, pois ele ou ela deve ser o fundamento de tudo. O poder de cada governante vem da cidadania.

A divisão do poder, projetada com objetivos funcionais em mente, é baseada em uma desconcentração de competências. Assim, a divisão do poder para melhorar e otimizar seu funcionamento é feita vertical e horizontalmente. A divisão vertical do poder político dará origem à forma jurídica do estado: federal, regional ou unitária, dependendo do grau de descentralização ou centralização. Por outro lado, a divisão horizontal do poder dá origem a uma casa republicana, a forma de governo por excelência constitucionalmente assumida na América do Sul. Infelizmente, todas as casas republicanas se inclinam para o absolutismo presidencial como um sistema de governo, um modelo que requer um processo democrático imediato para democratizar seus poderes quase todos abrangentes. Eu sugeri algumas soluções, que deveriam ser aplicadas prontamente para subjugar tal confusão: governo de gabinete, presidencialismo limitado ou colegialidade executiva.

Finalmente, na quarta parte, relativa à reforma, na existência de seres humanos, a mudança, qualquer alteração ou variação, é uma peculiaridade na trajetória de sua vida. A Lei Fundamental, o maior objeto idealizado e criado para autorizar e proteger a paz, também está sujeito a processos de mudança. A Lei das Leis é o único instrumento legal que institui suas próprias condições para sua própria variação. Para realizar esta tarefa, a Lei Fundamental deve recorrer a um modelo auto referencial que determina, por meio de regras secundárias de atribuição de poderes, as etapas do processo de sua *reforma*.

Os processos de reforma geralmente envolvem três etapas: iniciativa, eleição de representantes e deliberação e sanção; entretanto, existem modelos constituintes nos quais um poder constituído (Congresso ou Assembleia) estará encarregado da altíssima configuração da ordem jurídica do Estado.

A variação da Regra Altíssima também deve ocorrer dentro de um processo de mudança absolutamente regulamentado. Dentro destes protocolos, os limites formais e materiais são observados. Estes últimos, mesmo que implícitos, são insuperáveis, e sua abolição levaria ao desaparecimento da república como forma de governo e da democracia como método de orientação política.

Sétimo. A Lei Fundamental deve ser o livro do mundo político e jurídico do Estado. Ela deve proteger e harmonizar toda a ordem jurídica do Estado. A Regra das regras da ordem política e jurídica do Estado tem uma propriedade muito alta: ela também deve programar, postular e detalhar sua autodefesa.

Os *mecanismos de garantia* são uma parte insubstituível de todo o sistema da Constituição. Estas funções serão determinadas pela instituição de regras que atribuirão poderes ou faculdades, conforme o caso. As garantias constitucionais, por meio das quais estes mecanismos são instalados, devem ser garantias do sistema e garantias dos direitos e bens fundamentais. As primeiras apoiarão, através de seus processos, a coerência política e o desenvolvimento jurídico do sistema. A segunda visará o cuidado, restauração ou alcance de um direito ou bem fundamental transgredido, por ação deliberada ou omissão na prestação do vínculo jurídico.

A eficácia dos mecanismos de garantia autorizará um significado a ser dado às próprias pretensões de vigorosa validade que a Lei fundamental deve possuir. Resumindo: uma *garantia* global *do* sistema da Constituição, interessada apenas na defesa de seus processos públicos que devem ser dirigidos à dignidade do cidadão, à origem e ao fundamento de tudo o que deve existir no Estado.

Oitavo. A democracia, que com sua estrutura mestre estabelecerá todas as relações entre as partes do sistema da Constituição, está encarregada de sua tutela e de seu desenvolvimento. Assim, o método democrático, fundado na existência de uma maioria e uma minoria com respeito irrestrito à condição humana, aponta o caminho para uma "terra prometida". Uma promessa secular que induziria o ser humano a seus contornos espaciais. Um governo de cidadania aberto, pluralista e tolerante só pode ser possível adotando o método democrático, pois, com suas vantagens e desvantagens, sempre terá um axioma: a custódia da vida dos seres humanos.

A estrutura democrática pode ser construída sob a condição da existência de uma lei fundamental. A Regra Altíssima é a conjectura inicial da democracia. Ela, graças às regras secundárias e primárias que estabelecerão diferentes alocações e poderes, permitirá que todos os processos públicos que são insinuados num sistema constitucional sejam tentados repetidamente. A regulamentação da democracia na Lei Fundamental complementa o processo público da democracia como regra de reconhecimento da ordem jurídica estatal.

A democracia, com sua promessa da intangibilidade da vida, também oferece apenas um exemplo: um cidadão, um voto, uma decisão soberana. Qualquer afronta ou violência será uma agressão contra a democracia e, na melhor das hipóteses, permanecerá como um pedaço de cristal fino que, quando cai no chão, é danificado para sempre, mesmo que um artista tente reerguê-lo.

Na linguagem da Constituição, a estruturação que o princípio democrático proporcionará fará dele um elemento intangível, chave e determinante do sistema. A democracia jamais autorizará sua própria abolição ou suicídio. Consequentemente, um suposto processo de abolição da democracia não seria uma variação autorizada, pois a cadeia de validade teria sido quebrada. A democracia só deve permitir igual ou mais democracia, e é por isso que não pode sugerir sua própria extinção. Seria absurdo que aqueles que advogam contra a democracia se arrogassem uma suposta democratização do processo que acabaria por derrubá-lo, espancá-lo e aniquilá-lo. É por isso que a democracia, uma vez consagrada no sistema da Constituição, terá que ser considerada como um conteúdo pedregoso, só superável por seu triste e trágico falecimento.

Amanhã, quando os seres humanos inventarem um método superior à democracia, terão que demonstrar como este novo método proibirá absolutamente a eliminação do adversário: a substituição do combate corpo a corpo pelo debate cívico. Finalmente, este novo método, neste novo amanhecer, deverá suprimir "... o golpe de misericórdia do vencedor sobre o vencido pelo voto e a vontade da maioria que permite que o vencido de ontem se torne o *sine effusione sanguinis* de amanhã"[237] , como proposto pela democracia.

Nono. Uma sociedade aberta de cidadãos politicamente livres seria o ambiente ideal para o sistema da constituição. No relacionamento da sociedade com o Estado, seria permitido um vínculo nutritivo. Entretanto, o comprometimento da liberdade social poderia levar a disparidades significativas que comprometeriam a estabilidade do sistema da Constituição.

---

[237] BOBBIO, Norberto, *El problema de la guerra y las vías de la paz*, Barcelona, Gedisa, 2008, p. 19.

O endividamento público do Estado, implantado por autoridades constitucionais impunes, sob padrões de absoluta irresponsabilidade, condiciona abertamente a liberdade social presente e futura dos cidadãos. O sistema constitucional deve conter regras concretas e específicas que limitem a assunção de dívidas, garantam a estabilidade das contas públicas e impeçam a ruína do direito ao desenvolvimento natural de todos os cidadãos.

Um grau de justiça social, no contexto de uma sociedade aberta, deixado à iniciativa dos cidadãos individuais e do Estado, com todos os comportamentos unidos, criaria um vínculo decisivo para a inclusão e o bem-estar geral. Além disso, em algum momento do século XXI, uma natureza totalmente nova de desigualdade se tornará aparente: alguns poucos seres humanos que podem acessar todos os tipos de benefícios da ciência e da tecnologia, e tornar sua "existência com a vida" completamente diferente em suas qualidades artificiais de qualquer coisa que tenha sido conhecida e experimentada, separada da grande maioria dos cidadãos, que não podem desfrutar de tal bem-estar. Este não é o cenário de uma ficção, pois na sociedade aberta surgirá todo um novo conjunto de problemas, já que os seres humanos que desfrutam de pleno bem-estar (riqueza, tempo de vida, resistência a doenças, tamanho da memória, mobilidade, implantes etc.) não terão competição e, portanto, os seres humanos que não podem ser "melhorados"[238] serão totalmente condenados.

A história de qualquer sociedade até os dias de hoje não será mais uma história de lutas de classe, como imaginado por Karl Marx e Friedrich Engels[239]. Não fará mais sentido defini-la como o cenário de confronto entre patrões e trabalhadores, ou entre capital e trabalho, ou entre ricos e pobres, ou entre aqueles que desfrutam e aqueles que sofrem. A nova luta demonstraria a existência de um pequeno coletivo de indivíduos que estariam no topo da sociedade, enquanto mais de 90% dos cidadãos sustentariam seus benefícios por baixo e para sempre.

Assim, uma sociedade aberta, para manter a orientação da razão, terá que desenvolver os mais novos instrumentos para a imutabilidade da Declaração Ecumênica dos Direitos do Homem e do Cidadão de 1789: "Os homens nascem e permanecem livres e iguais em direitos" (art. 1). O

---

[238] HAWKING, Stephen, *Brief Answers to the Big Questions*, Barcelona, Crítica, 2018, p. 115.

[239] MARX, Karl e ENGELS, Friedrich, *The Communist Manifesto*, Madrid, Alianza, 2001 [1848], p. 49.

pilar de uma cultura jurídica baseada no humanismo e na elevação da dignidade de todo ser humano.

Décimo. Até o nascimento de uma Lei fundamental, diferentes cidadãos ou grupos ou facções tentarão cada um lutar por suas reivindicações. Com a criação da Regra Altíssima, sustentada pelo consenso desses cidadãos, o instrumento deverá pôr fim ao conflito sobre o estabelecimento de uma ordem. O sistema da Constituição, ao determinar uma ordem jurídica, deve pôr fim a este conflito e dar origem a um desenvolvimento aberto, crítico e participativo da comunidade de cidadãos, favorecida por seus processos públicos. Assim, a Lei Fundamental, considerada globalmente com todos os seus regulamentos, deve ser a regra que põe um fim à luta ou luta de todos contra todos, sob as condições acima mencionadas.

Com a Lei Básica, os conflitos comunitários não cessam. Somente o conflito relativo à instituição de uma ordem muito alta cessará. Uma vez estabelecida esta ordem por uma Lei Básica, com a mais completa e esmagadora participação dos cidadãos, esta discussão passada deve terminar e conter, desenvolver e estimular a discussão dos problemas presentes e futuros da comunidade. Assim, a paz é uma invenção do ser humano e a Lei Básica, com todos os seus processos públicos detalhados, deve ser dirigida como uma missão para sua manutenção e crescimento.

A regulamentação consistente ou duradoura da paz deve ser impossível ou muito complexa em uma sociedade com índices e níveis acentuados de vulnerabilidade, exclusão, subjugação e pobreza. A paz deve ser social a fim de manter a aventura de sua jornada perpétua. O sistema da Constituição, como um instrumento de paz, deve instruir, com todos os seus processos públicos, as condições necessárias e indispensáveis para o apoio da liberdade, igualdade e solidariedade. Desta forma, a paz será uma jazida inesgotável para todas as fontes que se inclinam para o bem-estar geral dos cidadãos de uma comunidade.

ÚLTIMA PÁGINA

Em "Palavras sobre palavras", eu prometo um *excipit*. Por sua vez, "Inicial" tem origem numa pergunta: existe uma ideia de Constituição, ou a Lei Fundamental é encontrada no "mundo natural"?[240] Nesta tese, inclinei-me abertamente para uma resposta afirmativa à primeira destas perguntas, e conjecturei para sua consagração e desenvolvimento.

A ideia da Constituição como criação de seres humanos é um pensamento cuja alegação e justificativa é feita ao longo deste livro. O sistema da Constituição, basicamente uma combinação de regras que autorizam processos públicos detalhados, é o resultado do pensamento humano. Não há "Constituição" na natureza, embora os seres humanos sempre façam parte da natureza.

As ideias podem ser atemporais quando são julgadas em si mesmas. Com o tempo, elas podem mudar e até mesmo ser substituídas. Entretanto, uma ideação contida em uma soma de palavras argumentadas manterá sua vocação de transcendência. Assim, a Lei Fundamental será sempre o fruto das artes humanas. O sistema da Constituição é uma ideia concebida e concebida pelo ser humano. Assim chegamos ao *excipit* prometido: "uma ideia que foi, é e será artificial por natureza", porque integraremos seu mundo até o fim da perpetuidade e, talvez, o "todo natural" deixará de ser animado pela inspiração da vida.

---

[240] A posição agnóstica sobre várias questões nesta tese levou sem dúvida em conta o reflexo de Baruch Spinoza: "o Ser eterno e infinito, que chamamos Deus ou Natureza, trabalha pela mesma necessidade pela qual existe". E demonstramos, de fato, que a necessidade da Natureza pela qual ela trabalha é a mesma pela qual ela existe". Pela razão ou causa pela qual Deus ou Natureza trabalha e pela qual ela existe é uma e a mesma". SPINOZA, Baruch, *Ethics demonstrated according to the geometrical order*, Madrid, Gredos, 2014, p. 178.

REFERÊNCIAS

AA. VV., *Comentários à Constituição do Brasil*, coordenação científica de Gilmar Ferreira Mendes, José Gomes Canotilho, Ingo Wolfgang Sarlet e Lenio Luiz Streck, São Paulo, Saraiva, 2014.

-*Convenção Americana sobre Direitos Humanos (anotada)*, Buenos Aires, FKA Programa de Estado de Direito para a América Latina e Eudeba, 2014.

-*Garantismo: A veinte años de Notas sobre Derecho constitucional y garantías*, coord. Enrique J. Morales, Buenos Aires, Ediar, 2022.

ACKERMAN, Bruce, *La Constitución viviente*, Madrid, Marcial Pons, 2011.

ALÁEZ CORRAL, Benito, *Los límites materiales a la reforma de la Constitución española de 1978,* Madrid, CEPC, 2000.

-Nacionalidad y ciudadanía ante las exigencias del Estado constitucional", *Revista de Estudios Políticos* (nueva época), nº 127, Madri, janeiro-março de 2005.

-Nacionalidade, cidadania e democracia na configuração da nação/pessoa", *Fundamentos. Cuadernos monográficos de Teoría del Estado, Derecho Público e Historia constitucional*, n.º 7, Oviedo, Junta General del Principado de Asturias, 2012.

-Reforma constitucional y concepto de Constitución", em AA. VV., *Reforma constitucional y defensa de la democracia*, Madrid, CEPC, 2020.

ALBERDI, Juan B., *Bases y puntos de partida para la organización política de la República Arjentina, derivados de la lei que preside al desarrollo de la civilización en América del Sud y del Tratado Litoral de 4 de enero de 1831,* 2ª ed., correjida, aumentada de muchos parágrafos y de un proyecto de Constitución concebido según las bases propuestas por el autor, Valparaíso, Imprenta del Mercurio, Santos Tornero y Cía. 1852.

-Bases *y punto de partida para la organización política de la República Argentina: Organización política y económica de la Confederación Argentina*, Besanzón, Imprenta de José Jacquin, 1856.

-*Complete Works*, Buenos Aires, "La Tribuna Nacional" Press, 1887.

-*Sistema económico e rentístico de la Confederación Argentina, según su constitución de 1853*, Buenos Aires, Librería El Foro, 1993.

ALCHOURRÓN, Carlos, "Conflictos de normas y revisión de sistemas normativos", em ALCHOURRÓN, Carlos e BULYGIN, Eugenio, *Análisis lógico y Derecho*, Madrid, Centro de Estudios Constitucionales, 1991.

ATRIA, Fernando, *La forma del Derecho*, Buenos Aires, Marcial Pons, 2016.

BARROSO, Luis R., *Curso de Direito constitucional contemporâneo*, São Paulo, Saraiva, 2012.

BALBÍN, Carlos F., *Curso de Derecho Administrativo*, Buenos Aires, La Ley, t. I, 2007.

BARICCO, Alessandro, *The Game*, Barcelona, Anagrama, 2019.

BAZÁN, Víctor, *Control de las omisiones inconstitucionales e inconvencionales: Recorrido por el derecho y la jurisprudencia americana y europeos*, Bogotá, FKA Rule of Law Programme for Latin America e Ediciones Nueva Jurídica, 2017.

BENDA, Ernesto; MAIHOFER, Werner; VOGEL, Juan J.; HESSE, Konrad; HEYDE, Wolfgang e outros, *Manual de Derecho Constitucional*, Madrid, Marcial Pons, 1996.

BIANCHI, Alberto B., *Control de constitucionalidad*, Buenos Aires, Ábaco, 2002.

-*La separación de poderes. Un estudio desde el Derecho comparado*, Buenos Aires, Cathedra Jurídica, 2019.

BIDART CAMPOS, Germán J., "La concepción del Derecho en la Constitución Argentina", *Revista de Estudios Políticos*, Madri, 1968, pp. 153-162.

-*El derecho de la Constitución y su fuerza normativa*, Buenos Aires, Ediar, 1995.

-*Tratado elemental de Derecho constitucional*, t. I-A, Buenos Aires, Ediar, 2000.

-A *Constituição que dura. 1853-2003. 1994-2004*, Buenos Aires, Ediar, 2004.

BILBAO, Francisco, "Iniciativa de la América". Idéia de um congresso federal das repúblicas. Post-dictum", em *Cuadernos de Cultura Latinoamericana*, no. 3, Cidade do México, Facultad de Filosofía y Letras, Unión de Universidades de América Latina, UNAM, 1978 [1856].

BOBBIO, Norberto, "Normas primarias y normas secundarias", in *Contribución a la teoría del Derecho*, Madrid, Debate, 1990.

-*El tiempo de los derechos*, Madri, Sistema, 1991.

-*El futuro de la democracia*, Buenos Aires, Planeta-Agostini, 1994.

-*Teoría general del Derecho*, Bogotá, Temis, 1997.

-*General Theory of Politics*, Madrid, Trotta, 2003.

-*El problema de la guerra y las vías de la paz*, Barcelona, Gedisa, 2008.

BÖHME, Gernot e Hartmut, *Fire, Water, Earth, Air: A Cultural History of the Elements*, Barcelona, Herder, 2012.

BONAVIDES, Paulo, *Curso de Direito constitucional*, São Paulo, Malheiro Editores, 2011.

BORGES, Jorge L., "Nueva refutación del tiempo", *Otras inquisiciones*, Buenos Aires, Sudamericana, 2011.

NASCIDO, Max; BRIDGMAN, Percy W.; EINSTEIN, Albert; INFELD, Leopold; JOLIOT-CURIE, Frédéric; MULLER, Hermann J.; PAULING, Linus; POWELL, Cecil F.; ROTBLAT, Joseph; RUSSELL, Bertrand e YUKAWA, Hideki, *Russell-Einstein Manifesto: Uma declaração sobre armas nucleares divulgada à imprensa no Caxton Hall*, Londres, 9 de julho de 1955.

BOVERO, Michelangelo, "Autocrazia elettiva", in *Costituzionalismo.it*, Fascicolo 2, 2015.

BRUNO, Giordano, *La expulsión de la bestia triunfante*, México, D. F., Cien del Mundo, 1991.

BUNGE, Mario, *Las ciencias sociales en discusión*, Buenos Aires, Sudamericana, 1999.

-*Dicionário de Filosofia*, Cidade do México, Siglo Veintiuno, 2001.

-*A la caza de la realidad*, Barcelona, Gedisa, 2007.

-*Filosofía política. Solidaridad, cooperación y democracia integral*, Barcelona, Gedisa, 2009.

CALAMANDREI, Piero, *Instituciones de Derecho Procesal Civil*, vol. III, Buenos Aires, El Foro, 1996.

-Prefácio à edição bilíngue de BECCARIA, Cesare, *De los delitos y de las penas*, Madrid, Trotta, 2011.

-*La constitución inactuada*, Madrid, Tecnos, 2013.

CALVINO, Italo, *Seis propuestas para el próximo milenio*, Buenos Aires, Siruela, 2014.

CÁMPORA (h), Mario, "En los orígenes de los derechos del hombre: la polémica Jellinek-Boutmy", *Contextos*, Defensoría del Pueblo de la Ciudad Autónoma de Buenos Aires, vol. 6, 2013, pp. 129-144.

CAMUS, Albert, *L'Homme révolté*, Paris, Œuvres, Gallimard, 2013.

CARRIÓ, Genaro, *Notas sobre derecho y lenguaje*, Buenos Aires, Abeledo-Perrot, 1994.

CASSAGNE, Juan Carlos, *Los grandes principios del Derecho público (constitucional y administrativo)*, Buenos Aires, La Ley, 2015.

- *Direito Administrativo e Direito Público Geral. Estudios y semblanzas*, Montevidéu - Buenos Aires, BdeF, 2020.

-Bien común e interés público, fines del Estado", *La Nación,* 17/1/2022.

CELOTTO, Alfonso, *Costituzione Ragionata*, Roma, Nel Diritto Editore, 2016.

CHOMSKY, Noam, *Requiem for the American Dream: The Ten Principles of the Concentration of Wealth and Power*, Cidade do México, Sexto Piso, 2017.

COMANDUCCI, Paolo, "Modelos e interpretación de la constitución", em AA. VV., *"Teoría de la Constitución". Ensayos escogidos*, trans. Manuel Ferrer Muñoz, México, Porrúa, 2008.

CONDORCET, *Bosquejo de un cuadro histórico de los progresos del espíritu humano*, introd. y trad. rev. por Antonio Torres del Moral, Madrid, CEPC, 2004.

CORWIN, Edward S., "The Constitution as Instrument and as Symbol", *The American Political Science Review*, Vol. 30, No. 6, American Political Science Association, 1936, pp. 1071-1085.

DALLA VÍA, Alberto R., *Instituciones de Derecho político y constitucional: Teoría del Estado y de la constitución*, t. I. A, Buenos Aires, La Ley, 2013.

DE CABO MARTIN, Carlos, *La reforma constitucional en la perspective de las fuentes del Derecho*, Madrid, Trotta, 2003.

DE LORENZO, Javier, *Un mundo de artefactos: Breve historia de la ciencia y de la técnica*, Madrid, Trotta, 2020.

DESCARTES, René, *Discurso sobre o método. Para dirigir bien la razón y buscar la verdad en las ciencias*, Barcelona, Altaya, 1993 [1637].

-*Les Principes de la Philoshophie. Première partie*, Paris, Delalain Frères, 1885 [1647].

DÍAZ RICCI, Sergio M., *Teoría de la reforma constitucional*, Buenos Aires, Ediar, 2004.

DIAMANTE, Jared, *Armas, Germes e Aço. Breve historia de la humanidad en los últimos 13.000 años* 7ª ed., trans. F. Chueca, Barcelona, Debolsillo, 2011.

-*El mundo hasta ayer: ¿Qué podemos aprender de las sociedades tradicionales*, Madrid, Debate, 2013.

DOLABJIAN, Diego A., *Derecho constitucional profundizado*, Buenos Aires, Ediar, 2017.

EDDINGTON, Arthur, The *Nature of the Physical World*, Buenos Aires, Sudamericana, 1952.

ENGISCH, Karl, *El ámbito de lo no jurídico*, Córdoba (Espanha), Universidad Nacional de Córdoba, 1960.

ERASMUS DE ROTTERDAM, "Querella de la paz". De cualesquiera pueblos echada y derrotada", em *Obras escogidas*, Madrid, Aguilar, 1964, pp. 967-994.

ESQUIÚ, Fray Mamerto, "Sermón por la jura de la Constitución", *Sermones de un patriota*, Buenos Aires, Jackson, 1944.

FARRELL, Martín Diego, *El derecho liberal*, Buenos Aires, Abeledo-Perrot, 1998.

FERRAJOLI, Luigi, *Derechos y garantías. La ley del más débil*, Madrid, Trotta, 1999.

-*Poderes salvajes: La crisis de la democracia constitucional*, Madrid, Trotta, 2011.

-*Principia iuris: Teoría del derecho y de la democracia*, t. 1, Madrid, Trotta, 2011.

-Constitucionalismo principialista y constitucionalismo garantista", em AA. VV., *Un debate sobre el constitucionalismo*, Madrid, Marcial Pons, 2012, pp. 11-50.

-*Constitucionalismo más allá del Estado*, Madrid, Trotta, 2018.

-Per una Costituzione della Terra", em *Open Editions Journals*, Annali X, fevereiro de 2020, disponível em http://journals.openedition.org/tp/1008.

FERRATER MORA, José, *Diccionario de Filosofía*, t. A-D, Barcelona, Ariel, 2009.

FERREYRA, Leandro E., *La regulación de la responsabilidad del Estado*, Buenos Aires, Ediar, 2017.

FIORAVANTI, Maurizio, *Constitución. De la antigüedad a nuestros días*, Madrid, Trotta, 2001.

FREUD, Sigmund, *El malestar en la cultura*, Madrid, Alianza, 2010.

FUENTES-CONTRERAS, Édgar Hernán, *Materialidad de la Constitución*, Bogotá, D. C., Grupo Editorial Ibáñez, 2010.

GARGARELLA, Roberto, *La sala de máquinas de la constitución. Dos siglos de constitucionalismo en América Latina (1810-2010)*, Buenos Aires, Katz, 2014.

-*El Derecho como una conversación entre iguales. Qué hacer para que las democracias contemporáneas se abran -finally- al diálogo ciudadano*, Buenos Aires, Siglo Veintiuno Editores, 2021.

GARZÓN VALDÉS, Ernesto, *Derecho, ética y política*, Madrid, Centro de Estudios Políticos y Constitucionales, 1993.

GIL DOMÍNGUEZ, Andrés F., *Inteligencia artificial y Derecho*, Rubinzal, Buenos Aires, 2019.

GROS ESPIELL, Héctor, *Las Constituciones del Uruguay*, Madrid, Ediciones Cultura Hispánica, 1956.

GUASTINI, Riccardo, *Estudios de teoría constitucional*, México, Fontamara, 2001.

GUIBOURG, Ricardo A., *Pensar en las normas*, Buenos Aires, Eudeba, 1999.

GUTIÉRREZ GUTIÉRREZ, Ignacio, "Tres artículos de la Constitución de Weimar",
Revista de Historia Constitucional, n.º 20, CEPC e Universidade de Oviedo,
2019, pp. 337-350, disponível em http://www.historiaconstitucional.com/index.php/historiaconstitucional/article/view/596.

HÄBERLE, Peter, "Desarrollo constitucional y reforma constitucional en Alemania", *Pensamiento Constitucional*, Ano VII, Peru, Pontificia Universidad Católica del Perú, Fondo Editorial, 2000.

-La Constitución como cultura", *Anuario Iberoamericano de Justicia Constitucional*, n.º 6, Madrid, CEPC, 2002.

-La Constitución en el contexto", *Anuario Iberoamericano de Justicia Constitucional* (AIJC), no. 7, CEPC, Madrid, 2003.

-*El Estado constitucional*, Cidade do México, UNAM, IIJ, 2003.

-*La garantía del contenido esencial de los derechos fundamentales en la Ley fundamental de Bonn*, Madrid, Dykinson, 2003.

-La sociedad abierta de los intérpretes constitucionales: Una contribución para la interpretación pluralista y 'procesal' de la Constitución, *Academia. Revista sobre enseñanza del Derecho*, ano 6, no. 11, Buenos Aires, Departamento de Publicações da Faculdade de Direito da Universidade de Buenos Aires, 2008.

-*Pluralismo y Constitución: Estudios de teoría constitucional de la sociedad abierta*, Madrid, Tecnos, 2013.

-O *princípio da paz: A cultura da paz. El tópico de la teoría constitucional universal*, Buenos Aires e Cidade do México, Ediar e Instituto de Investigaciones Jurídicas da Universidade Nacional Autónoma de México, 2021. HAMILTON, Alexander; MADISON, J. e JAY, J., *The Federalist*, Cidade do México, Fondo de Cultura Económica, 1994.

HARARI, Yuval Noah, *21 lecciones para el siglo XXI*, Madrid, Debate, 2018.

HART, Herbert L. A., *El concepto de Derecho*, Buenos Aires, Abeledo Perrot, 1992.

HAWKING, Stephen, *Historia del tiempo*, trans. M. Ortuño, Barcelona, Crítica, 2013.

-*Breves respuestas a las grandes preguntas*, Barcelona, Crítica, 2018.

HESSE, Konrad, *Escritos de Derecho constitucional*, Madri, CEPC, 1992.

-Constitución y Derecho constitucional", em AA. VV., *Manual de Derecho constitucional*, Madrid, CEPC, 1996.

HOBBES, Thomas, *Leviatã. O la materia, forma y poder de una república eclesiástica y civil*, Buenos Aires, Fondo de Cultura Económica, 2011.

HOBSBAWM, Eric, *War and Peace in the 21st Century*, Barcelona, Crítica, 2006.

HUMBOLDT, Alexander von, *Cosmos. Ensayo de una descripción física del mundo*, Madrid, Consejo Superior de Investigaciones Científicas, 2011.

HUME, David, *Ensayos morales, políticos e literários*, Madrid, Trotta, 2011.

IHERING, Rudolf von, *La lucha por el Derecho*, Bogotá, Temis, 2016.

JAEGER, Werner, *Paideia: Los ideales de la cultura griega*, Cidade do México, Fondo de Cultura Económica, 1993.

JELLINEK, George, *Teoría general del Estado*, Buenos Aires, Albatros, 1943.

KAMMEN, Michael, *Uma Máquina que se ia de si mesma. The Constitution in American Culture*, New York, Random House, 1987.

KANT, Immanuel, *La metafísica de las costumbres*, Madrid, Tecnos, 2008.

-*Contestación a la pregunta: ¿Qué es la ilustración*, Madrid, Taurus, 2012.

KAUFMANN, Arthur, *Teoría de las normas*, Santiago do Chile, Olejnik, 2020.

KELSEN, Hans, *La paz por medio del Derecho*, Buenos Aires, Losada, 1946.

-*Teoría general del Derecho y del Estado*, Cidade do México, Imprenta Universitaria, 1958.

-*Teoría pura del Derecho*, México, Porrúa, 1998.

-La garantía jurisdiccional de la Constitución (la justicia constitucional)", *Anuario Iberoamericano de Justicia Constitucional*, CEPC, nº 15, Madrid, 2011.

KRIELE, Martin, *Introducción a la teoría del Estado. Fundamentos históricos da legitimidade do Estado constitucional democrático*, Buenos Aires, Depalma, 1980.

LAPLACE, Pierre-Simon, *Ensayo filosófico sobre las probabilidades*, Barcelona, Altaya, 1995.

LEIBNIZ, Gottfried, *Discurso de metafísica*, Madri, Alianza, 1982.

-*Filosophical Writings*, Buenos Aires, Editorial Charcas, 1982.

-*Ensayos de Teodicea: Sobre la bondad de Dios, la libertad del hombre y el origen del mal*, Salamanca, Ediciones Sígueme, 2013.

Dissertación sobre casos complejo en Derecho, auto-publicado por Ramón Martínez Tapia (também tradutor), 2015.

-Monadologia", em *Discurso sobre Metafísica. Monadología. Escritos*, Madrid, Gredos, 2015.

LEGALE, Siddharta. *Curso de teoria constitucional interamericana*. 2 ed. Rio de janeiro: NIDH-UFRJ, 2022.

-. La Constitución Interamericana: Los 50 Años de la Convención Americana sobre Derechos Humanos en la Jurisprudencia de la Corte Interamericana de Derechos Humanos. In: OEA. (Org.). *Curso de Direito Internacional XLVI*. 1ed. Rio de Janeiro: OEA, 2019b, v. 1, p. 121

LINARES QUINTANA, Segundo V., "Concepto de Constitución", in *Tratado de la ciencia del Derecho Constitucional argentino y comparado*, t. II, Buenos Aires, Alfa, 1953, pp. 1-93.

LOEWENSTEIN, Karl, *Teoría de la Constitución*, Barcelona, Ariel, 1979.

LUCRETIUS, *De Rerum Natura. Acerca de la naturaleza de las cosas*, edição bilíngüe, Buenos Aires, Editorial Las Cuarenta, 2020.

MACHADO CYRILLO DA SILVA, Carolina, "La posición jerárquica del Derecho Internacional de los Derechos Humanos en las Constituciones sudamericanas", in *Contextos*, publicação do Seminario sobre Derecho Público de la Defensoría del Pueblo de la Ciudad de Buenos Aires, n.° 5, 2013, pp. 124-135.

MAIER, Julio, *Derecho Procesal Penal. Fundamentos*, t. I, Buenos Aires, Editores del Puerto, 2004.

MANILI, Pablo, "Los gobiernos de facto y las normas dictadas por ellos". Evolución de su tratamiento jurisprudencial y nulidad constitucional", em AA. VV, *Constitución de la Nación Argentina y normas complementarias. Análisisis doutrinal y jurisprudencial*, t. 2, Buenos Aires, 2010, pp. 28-44.

MAQUEDA, Juan Carlos, *Reforma política*, Buenos Aires, La Ley, 2002.

MACHIAVELLI, Niccolò, *O Príncipe*, Barcelona, Altaya, 1993.

MARQUARDT, Bernd, *Los dos siglos de Estado constitucional en América Latina (1810-2010). Historia constitucional comparada*, Bogotá, Universidad Nacional de Colombia, 2011.

-Ius *contra Bellum. La promoción del potencial humano a la paz mediante el Derecho Público interno e internacional. Recorrido del último milenio*, Bogotá, Grupo Editorial Ibáñez, 2017.

-A Constituição de Weimar de 1919. El centenario de una estrella del constitucionalismo comparado y carta materna de la democracia social", *Anuario VIII de Constitucionalismo Comparado. Querétaro 1917 & Weimar 1919*, Bogotá, Ibáñez, 2019, pp. 45-155.

-La sexta ola o era del Estado constitucional democrático, social e ambiental en Iberoamérica: Reconstitucionalización y pluralismo tridimensional", *Revista Derechos en Acción*, La Plata, UNLP, 2019-2020, pp. 84-172.

MARSHALL, Thomas H., "Ciudadanía y clase social", *Revista Española de Investigaciones Sociológicas*, no. 79, Madri, 1997.

MARX, Karl e ENGELS, Friedrich, *The Communist Manifesto*, Madrid, Alianza, 2001 [1848].

-*La cuestión nacional y la formación de los Estados*, Cidade do México, Ediciones Pasado y Presente, 1980.

MONDOLFO, Rodolfo, *En los orígenes de la filosofía de la cultura*, Buenos Aires, Hachette, 1960.

MONTAIGNE, Michel de, *Essays,* Barcelona, Galaxia Gutenberg-Círculo de Lectores, 2014.

MONTESQUIEU, *Del espíritu de las leyes*, Barcelona, Altaya, 1993 [original cerca de 1748].

MUÑOZ MACHADO, Santiago, *Vieja y nueva constitución*, Madri, Crítica, 2016.

NINO, Carlos, *Fundamentos de Derecho Constitucional*, Buenos Aires, Astrea, 1992.

O'DONNELL, Guillermo, *Contrapuntos. Ensayos escogidos sobre autoritarismo y democratización*, Buenos Aires, Paidós, 1997.

PAINE, Thomas, *The Rights of Man*, London, Dent & Sons Ltd, 1941.

PÉREZ VELASCO, Andrés, *La Constitución tiene quien la escriba: Implicancias de la Literatura en la definición de los límites al ejercicio del poder*, Buenos Aires, Ediar, 2022.

PIKETTY, Thomas, *El capital en el siglo XXI*, trans. E. Cazenave- Tapie Isoard, Buenos Aires, Fondo de Cultura Económica, 2014.

PLATÃO, *República*, Buenos Aires, Losada, 2007.

POPPER, Karl, *La lógica de la investigación científica*, Madrid, Tecnos, 1962.

-Conjecturas *e refutações: O desenvolvimento do conhecimento científico*, Barcelona, Paidós, 1972.

-*La sociedad abierta y sus enemigos*, Madrid, Paidós, 1992.

-*La responsabilidad de vivir: Escritos sobre política, historia y conocimiento*, Barcelona, Paidós, 1995.

PROTAGORAS y GORGIAS, *Fragmentos y testimonios*, Buenos Aires, Hyspamérica, 1980.

PROUDHON, Pierre-Joseph, "Que la Présidence, c'est la Monarchie", em *Melanges. Articles de Journaux (1848-1852)*, Premier Volume, Paris, Librairie Internationale, 1868 [1848], pp. 160-164.

RADBRUCH, Gustav, *Filosofía del Derecho*, Madri, Revista de Derecho Privado, 1944.

-*El hombre en el Derecho*, Buenos Aires, Depalma, 1980.

ROSANVALLON, Pierre, *La contrademocracia: La política en la era de la desconfianza*, Buenos Aires, Manantial, 2011.

ROSENKRANTZ, Carlos F., "En contra de los 'préstamos' y de otros usos 'no autoritativos' del derecho extranjero", *Revista Jurídica da Universidade de Palermo*, Buenos Aires, Ano 6, no. 1, 2005, pp. 71-96.

ROUSSEAU, Jean-Jacques, *Du contrat social*, Paris, Flammarion, 2001.

RABINOVICH-BERKMAN, Ricardo, *¿Cómo se hicieron los derechos humanos: Un viaje por la historia de los principales derechos de las personas*, Vol. I: "Los derechos existenciales", Buenos Aires, Didot, 2013.

REQUEJO PAGÉS, Juan Luis, *El sueño constitucional*, Oviedo, KRK, 2016.

REVENGA, Miguel, *Presupuestos para la enseñanza del Derecho constitucional*, Peru, Universidad Garcilaso de la Vega, 2010.

-SOBRE A lei constitucional e seus fundamentos (III). El constitucionalismo de los derechos e interpretación de la Constitución", *Revista Derechos en Acción*, n.º 14, La Plata, UNLP, verão 2019-2020.

ROSATTI, Horacio D., *Tratado de Derecho constitucional*, Buenos Aires, Rubinzal Culzoni, 2010.

ROSS, Alf, *Why Democracy?*, Madrid, Centro de Estudios Políticos y Constitucionales, 1989.

-*Em Direito e Justiça*, Buenos Aires, Eudeba, 1994.

-*Teoría de las fuentes del Derecho: Una contribución a la teoría del Derecho positivo sobre la base de investigaciones histórico-dogmáticas*, Madrid, Centro de Estudios Políticos y Constitucionales, 2018.

RUSSELL, Bertrand, *Authority and the Individual*, Cidade do México, Fondo de Cultura Económica, 1950.

-Las formas del poder", em *El poder en los hombres y en los pueblos*, Buenos Aires, Losada, 1960, pp. 36-37.

-*Análise filosófica*, Barcelona, Paidós, 1999.

-*La conquista de la felicidad*, Barcelona, De Bolsillo, 2003.

-Lo que creo", em *Por qué no soy cristiano,* Barcelona, Edhasa, 2004.

SAGÜÉS, Néstor, *Teoría de la Constitución*, Buenos Aires, Astrea, 2004.

SALAZAR UGARTE, Pedro, *La democracia constitucional*: Una radiografía teórica, Cidade do México, UNAM, IIJ, Fondo de Cultura Económica, 2011.

SAMPAY, Arturo, *Constitución y pueblo*, Buenos Aires, Cuenca, 1974.

SÁNCHEZ VIAMONTE, Carlos, *Los derechos del hombre en la Revolución francesa*, Cidade do México, UNAM, Dirección General de Publicaciones, 1956.

SANCINETTI, Marcelo A., *Derechos humanos en la Argentina pós-ditatorial: Juicio a los ex comandantes. Punto final. Obediencia debida*, Buenos Aires, Lerner, 1988.

SARTORI, Giovanni, *Ingeniería constitucional comparada: Una investigación de estructuras, incentivos y resultados*, Cidade do México, Fondo de Cultura Económica, 1996.

SARTRE, Jean Paul, *Las palabras*, Losada, Buenos Aires, 1964.

SCHMITT, Carl, *La defensa de la Constitución*, Madrid, Tecnos, 1983.

-*Teoría de la Constitución*, Madrid, Alianza, 1992.

SERRONI COPELLO, Raúl A., *Diálogo, racionalidad y salud mental,* Buenos Aires, Adip, 1997.

SPINOZA, Baruch, *Tratado teológico-político. Tratado político*, Madrid, Tecnos, 1996.

-*Tratado Político*, Madri, Alianza, 2013.

-, *ética demostrada según el orden geométrico*, Madrid, Gredos, 2014.

TORRES DEL MORAL, Antonio, *Principios de Derecho constitucional español,* Madrid, Universidad Complutense, 2004.

TRIBE, Laurence H., *The Invisible Constitution*, New York, Oxford University Press, 2008.

TURING, Alan, "Computing Machinery and Intelligence", in *Mind. A Quarterly Review of Psychology and Philosophy*, vol. LIX, no. 236, outubro de 1950, pp. 433-460.

TUSHNET, Mark, "The Inevitable Globalization of Constitutional Law", *Virginia Journal of International Law*, Vol. 50, Edição 1, 2009, pp. 985-1006.

VALADÉS, Diego, *El control del poder*, México, UNAM, IIJ, 2000.

-*La lengua del derecho y el derecho de la lengua*, México, Academia Mexicana de la Lengua-UNAM, Instituto de Investigaciones Jurídicas, 2005.

-*El gobierno de gabinete*, Buenos Aires, UNAM-Rubinzal-Culzoni, 2008.

-*Governança. Aspectos constitucionales*, Porrúa-UNAM, Cidade do México, 2018.

VALÉRY, Paul, *Cadernos (1894-1945)*, Colonia (Uruguai), Del Sacramento, 2021.

VANOSSI, Jorge R., *Teoría constitucional*, Buenos Aires, Abeledo-Perrot, 2013.

VATTEL, Emer de, *Le droit des gens ou Principes de la loi naturelle appliqués à la conduite et aux affaires des Nations et des Souverains*, Londres, 1758.

VEBLEN, Thorstein, *Teoría de la clase ociosa*, Buenos Aires, Hyspamérica, 1985.

VERGOTTINI, Giuseppe de, *Diritto Costituzionale comparato*, 5ª ed., Padova, CEDAM, 1999.

- *Direito Constitucional Comparado*, Buenos Aires, Universidade, 2005.

VILLAVERDE MENÉNDEZ, Ignacio, "El constitucionalismo líquido". La dogmática constitucional de los derechos fundamentales del siglo XXI tras 40 años de Constitución española de 1978, AA. VV., *Cuatro décadas de una constitución normativa (1978-2018)*, Madrid, Civitas, 2018, pp. 31-51.

WELZEL, Hans, *Más allá del Derecho natural y del positivismo jurídico*, Buenos Aires, Faira, 2013.

WELLS, Herbert G., *The Time Machine*, Madrid, Cátedra, 2015.

WITTGENSTEIN, Ludwig, *Tractatus Logico-Philosophicus*, Madri, Revista de Occidente, 1957.

WRIGHT, George H. von, "Ser y deber ser", em AA. VV., *La normatividad del Derecho*, Barcelona, Gedisa, 1997.

WRÓBLESKI, Jerzy, *Constitución y teoría general de la interpretación jurídica*, Madrid, Civitas, 1985.

ZAFFARONI, E. Raúl, *Derecho Penal. Parte General*, Buenos Aires, Ediar, 1979.

-*La Pachamama y el humano*, Buenos Aires, Colihue, 2011.

-Descolonización y poder punitivo", *Contextos*, n° 3, Defensoría del Pueblo de la Ciudad de Buenos Aires, 2012, pp. 41-58.

-*El derecho latinoamericano en la fase superior del colonialismo*, Buenos Aires, Ediciones Madres de Plaza de Mayo, 2015.

-Lei, direito penal humano e poder financeiro" (Guatemala Lectures), inédito, gentilmente cedido pelo autor, agosto de 2016.

-O totalitarismo plutocrático corporativo", *Página 12,* 12/8/2017.

-, "Estado gendarme o Estado fraterno", em *La Tecl@ Eñe Revista de Cultura y Política*, disponível em https://lateclaenerevista.com/2018/01/18/estado-gendarme-o-estado-fraterno/, último acesso em 7/10/2018, e em *Revista Derechos en acción*, UNLP, Buenos Aires, 2018, pp. 335-347.

ZAFFARONI, E. Raúl; SLOKAR, Alejandro e ALAGIA, Alejandro, *Manual de Derecho Penal. Parte General*, Buenos Aires, Ediar, 2010.

ZÚÑIGA URBINA, Francisco, *Control de constitucionalidad y sentencia*, Cuadernos del Tribunal Constitucional, n.° 34, Santiago do Chile, 2006.

-Judicatura y activismo judicial", *Revista de Derecho Público*, vol. 73, Departamento de Direito Público, Universidade do Chile, Santiago do Chile, 2010.